经济管理实验实训系列教材

U0519463

供应链模式下物流与电子商务综合实训教程

Comprehensive Trainning Tutorial of Logistics and e-commerce in Supply Chain Mode

主　编　梁云

副主编　陈久梅　刘四青　王荣

西南财经大学出版社
Southwestern University of Finance & Economics Press

经济管理实验实训系列教材
编　委　会

主　任：杨继瑞　郑旭煦

副主任：曾庆均　靳俊喜　罗勇（常务）

委　员（排名不分先后）：

冯仁德　曾晓松　母小曼　梁　云　毛跃一

王　宁　叶　勇　田双全　陈永丽　李大鹏

骆东奇　周昌祥　邹　璇

总 序

高等教育的任务是培养具有创新精神和实践能力的高级人才。"实践出真知",实践是检验真理的唯一标准,也是知识的重要源泉。大学生的知识、能力、素养不仅来源于书本理论与老师的言传身教,更来源于实践感悟与体验。大学教育的各种实践教学环节对于培养学生的实践能力和创新能力尤其重要,实践对于大学生成长至为关键。

随着我国高等教育从精英教育向大众化教育转变,客观上要求高校更加重视培养学生的实践能力。以往,各高校主要通过让学生到企事业单位和政府机关实习的方式来训练学生的实践能力。但随着高校不断扩招,传统的实践教学模式受到学生人数多、岗位少、成本高等多重因素的影响,越来越无法满足实践教学的需要,学生的实践能力的培养越来越得不到保障。有鉴于此,各高校开始探索通过校内实验教学和校内实训的方式来缓解上述矛盾,而实验教学也逐步成为人才培养中不可替代的途径和手段。目前,大多数高校已经普遍认识到实验教学的重要性,认为理论教学和实验教学是培养学生能力和素质的两种同等重要的手段,二者相辅相成、相得益彰。

相对于理工类实验教学而言,经济管理类专业实验教学起步较晚,发展滞后。在实验课程体系、教学内容(实验项目)、教学方法、教学手段、实验教材等诸多方面,经济管理实验教学都尚在探索之中。要充分发挥实验教学在经济管理类专业人才培养中的作用,需要进一步深化实验教学研究和推进改革。加强实验教学基本建设的任务更加紧迫。

重庆工商大学作为具有鲜明财经特色的高水平多学科大学,高度重视并积极探索经济管理实验教学建设与改革的路径。学校经济管理实验教学中心于 2006 年被评为"重庆市高校市级实验教学示范中心",2007 年被确定为"国家级实验教学示范中心建设单位"。经过多年的努力,我校经济管理实验教学改革取得了一系列成果,按照能力导向构建了包括学科基础实验课程、专业基础实验课程、专业综合实验课程、学科综合实验(实训)课程和创新创业课程五大层次的实验课程体系,真正体现了"实验教学与理论教学并重、实验教学相对独立"的实验教学理念,并且建立了形式多样、以过程为重心、以学生为中心、以能力为本位的实验教学方法和考核评价体系。努力做到实验教学与理论教学结合、模拟与实战结合、教学与科研结合、专业教育与创业教育结合、学校与企业结合、第一课堂与第二课堂结合,创新了开放互动的经济管理实验教学模式。

为进一步加强实验教学建设，展示我校实验教学改革成果，由学校经济管理实验教学指导委员会统筹部署和安排，计划陆续出版"经济管理实验教学系列教材"。本套教材力求体现以下几个特点：一是系统性，该系列教材将涵盖经济学、管理学等大多数学科专业的"五大层次"实验课程体系，有力支撑分层次、模块化的经济管理实验教学体系；二是综合性，该系列教材将原来分散到若干门理论课程的课内实验项目整合成一门独立的实验课程，尽量做到知识的优化组合和综合应用；三是实用性，该系列教材所体现的课程实验项目都经过反复推敲和遴选，尽量做到仿真，甚至全真。

感谢该系列教材的撰写者。该系列教材的作者们普遍具有丰富的实验教学经验和专业实践经历，个别作者甚至是来自相关行业和企业的实务专家，希望读者能从中受益。

毋庸讳言，编写经济管理实验教材是一种具有挑战性的开拓与尝试，加之实践本身还在不断地丰富与发展，因此本系列实验教材可能会存在一些不足甚至错误，恳请同行和读者批评指正。我们希望本套系列教材能够推动我国经济管理实验教学的发展，能对培养具有创新精神和实践能力的高级专门人才尽一份绵薄之力！

重庆工商大学校长、教授、博士生导师

杨继绪

2011 年 5 月 10 日

前　言

著名供应链管理专家马丁·克里斯多弗指出："真正的竞争不是企业与企业之间的竞争，而是供应链和供应链之间的竞争"。通用、宝洁、沃尔玛等世界一流的企业已建立了良好的供应链管理系统。供应链改写了企业竞争的规则。高等院校经济管理实验教学改革应把握现实经济活动发展趋势，构建供应链管理（Supply chain management，SCM）模式下综合实训，有效开发实验功能，提高人才培养质量。

本实验教材是在重庆工商大学"SCM（供应链管理）模式下物流与商务综合实训"课程（课程负责人：梁云教授；陈久梅副教授）基础上完善形成的。从2007年起，重庆工商大学在经济管理类本科专业教学培养方案中设计开发了面向全体经济管理类专业学生的综合实验（实训）教学平台。本项目即为首批四大综合实验（实训）之一。本实验（实训）平台以供应链管理的基本思想为基础，以供应链一体化中的物流和商务活动为核心，借助实验场景及信息化实验技术手段，建构由设备、场景、软件、流程、岗位协同构筑的供应链一体化管理模式下的物流和商务综合现场仿真实验环境，为学生提供多角色、全过程模拟供应商、生产企业、商贸企业（电子商务公司、零售企业、国际贸易企业）和物流企业作业流程与管理决策实验，形成仿真化、信息化、现代化的物流与商务现场仿真实验教学条件，旨在经济管理专业学生的实践能力培养上发挥重要作用。

本实验教材设计了从供应商、生产商、零售商到消费者的整条供应链，配合第三方物流管理、运输管理、自动化立体仓库管理、生产物流管理、销售物流管理等软件系统及设备设施环境、办公环境，以实际企业的真实资料作为实验案例背景，遵循"剧情引导（任务引领），仿真现实，角色扮演"的教学思想设计教学内容，组织实训教学。

全书共分为三篇12章。第一篇：概述篇，包括实训的基本原理和组织设计，帮助学生建立起供应链及现代物流与电子商务的基本概念；第二篇：功能实训篇，包括供应链模式下生产物流、运输管理、仓储管理、第三方物流管理、进销存管理及个人网络交易实训（C2C）、网络商贸实训（B2B、B2C），重点是供应链管理系统的主要业务功能与业务操作；第三篇：综合实训篇，包括物流装备和物流技术综合实训、供应链物流管理系统综合实训、供应链一体化桌面沙盘综合实训，着眼于学生对物流装备与技术的掌握、供应链生态系统中企业的经营决策。综合实训以分组和模块化的方式运行，便于培养学生团结协作精神、培养学生跨专业知识综合运用能力。

本书适合于经济管理专业本科学生毕业前校内综合实训；也适用于物流管理、电子商务、市场营销、工商管理、贸易经济等管理类、经济类专业本科生专业实训；也可模块化组合，选择实验实训项目，供专科及高职学生作为掌握实践技能的培训教材；还可作为企业培训教程。

本综合实训项目的开发和实验教材的编写，是国家级示范教学示范中心建设单位——重庆工商大学经济管理实验教学中心的实验教学改革成果；也是重庆市高等教育教学改革重点项目："供应链一体化模式下物流与商务综合现场仿真实验环境建设及功能开发"（项目批准号：0821064，项目负责人：梁云教授）和重庆市高等教育教学改革重点项目："物流本科人才培养模式创新与实践"（项目批准号 09－2－079，项目负责人：张军副教授）成果之一。

全书由重庆工商大学梁云教授担任主编，提出并总体构建供应链模式下综合实训思想、总体设计全书框架结构、制定编写大纲；重庆工商大学陈久梅、刘四青老师担任副主编，协助组织教材编写；北京易通交通信息发展有限公司王荣经理担任副主编，负责组织软件开发。具体章节的编写作者如下：第1、2章由黄辉、张军编写；第3、6章由邱晗光编写；第4、7、11章由陈久梅编写；第5、10章由蒋毅编写；第8、9章由刘四青编写；第12章由王江涛编写。书后附有实训用软件试用版，由北京易通交通信息发展有限公司王荣、胡建辉和王赵方开发并提供，以便于实训教学使用。读者可通过以下地址获得软件：wangzhf @ etrans. com. cn；ligi @ etrans. com. cn；jgjxb @ lt-bu. edu. cn；chenjiumei@163. com。

本书由编委会委员靳俊喜教授主审并给予了许多宝贵的意见，在此表示诚挚的感谢！

由于编者的水平有限，书中不妥之处肯请读者批评指正。

梁云

2011 年 11 月 16 日

目 录

第一篇　概述篇

第二篇　功能实训篇

第三篇 综合实训篇

第一篇　概述篇

概述篇的主要目的是介绍供应链模式下物流与电子商务综合实训课程的总体框架，提供课程的教学组织、实施与成绩评定方面的参考意见，提供功能实训及综合实训所需基础理论。

概述篇的主要内容包括：

1. 综合实训意义及实训内容；

2. 综合实训设计指导思想、任务设计、教学内容设计、教学组织与实施及成绩评定；

3. 供应链概念及供应链的结构；

4. 物流的定义、价值与作用、物流网络节点与通道及物流过程与服务；

5. 电子商务的基本概念、电子商务的类型及特点；

6. 现代物流与电子商务的关系。

第 1 章　供应链模式下物流与电子商务综合实训概述

本章目的和任务

1. 了解供应链模式下物流与电子商务综合实训的意义及主要内容。

2. 了解供应链模式下物流与电子商务综合实训的设计思想、教学组织与实施、实训成绩评定标准。

本章要点

1. 供应链模式下物流与电子商务综合实训主要内容。

2. 供应链模式下物流与电子商务综合实训成绩评定标准。

1.1　供应链模式下物流与电子商务综合实训简介

1.1.1　综合实训介绍

实训，即职业技能实际训练，是学生在校学习阶段，学校遵循人才培养规律与目标，对其进行的职业技术应用能力训练的教学活动过程。实训的基本作用或目的是全面提高学生的职业素质，特别是提高其专业技术的应用能力，使学生更容易适应社会上各用人单位的需求，促进学生更好地就业。然而我们也看到，实训这一教学方法与手段在较长时期以来，主要被用于技术操作流程规范和标准的技能型职业技术应用能力的训练，应用于经济管理类的职业技术应用能力的训练则相对较少。

实训根据不同的分类标准，可以分为很多类型。如根据实训场所不同可以分为校内实训和校外实训之分，根据实训深入程度不同可以分为教学见习、教学实训和生产实训，根据实训形式不同分为技能鉴定达标实训和岗位素质达标实训，根据能力培训的不同有通用技能实训和专项技能实训之分。

大学本科经济管理类各相关专业大多数都具有突出的应用性、实践性和复合性特点，对学生综合能力有较高要求。学生的这种综合能力表现为能够将所学专业知识和方法运用于实践，去发现、分析并解决问题；面对市场竞争环境，能够灵活应变并决策；在工作过程中善于与人沟通，能够进行团队合作等，它是学生一系列能力的综合。这些能力包括：学习能力、发现、分析及解决问题能力、知识应用能力、预测决策能力、沟通能力、语言表达能力、文字表达能力、应变能力、管理能力、信息资料处理能力、研究能力、创新能力等。学生的这些能力的培养和形成，一方面需要从书本上或传统的课堂教学中学习和获得，但更需要深入社会和企业，通过经营管理实践逐步领悟和形成。因此，学生到企业实习或实践就显得非常重要。但由于大学本科教育的大众化，众多的学生到企业实习或实践，存在着企业接收难、安排指导难、教学管理难等一系列难题。因而，各高校一直在寻找一种与学生技能培训类似的手段和途径，让学生的综合能力在学校学习阶段就能够得到良好的培养和锻炼。综合实训就是提高学生的综合素质，培养学生的创新精神与实践能力的重要手段之一。

经济全球化发展促使现代企业经营活动体现为供应链一体化条件下的价值增值活动。供应链一体化管理，融合了现代管理的新思想、新技术，将战略合作伙伴关系、业务流程重组和信息管理等供应链一体化思想应用到企业管理中，把企业资源的概念从单个企业扩大到了整个社会，大量借助于企业的外部资源优势，使企业为了共同的市场机会和利益而结成供应链战略联盟，是一种系统化、集成化、敏捷化的管理模式。

为促进经济管理专业本科学生毕业后更好就业，将综合实训这一教学方式和手段引入本科教学，并从供应链一体化角度设计完整的、系统的、科学的、体现先进管理理念的、符合现代经济运行客观状况的经济管理实训教学实训内容，在学生毕业前对其进行训练。因此，我们设计了供应链模式下物流与电子商务综合实训。

1.1.2 综合实训意义

供应链模式下物流与电子商务综合实训以供应链一体化管理思想为指导，通过让同学动手参与模拟现代物流与电子商务业务的实际运作，亲身体会和感受现代物流与电子商务活动，从而更好地了解和认识物流与电子商务业务的基本活动过程，认识和了解常用物流设备，掌握这些常用设备的操作技能，了解和熟悉物流管理系统的基本作用和功能，掌握物流管理系统的管理操作流程，培养和增强同学们的物流运营操作技能和物流管理系统的技能，掌握网上交易平台的设计与开发、网上交易的商务运营与管理、后台维护与管理等专业技能，促进和提高同学们的动手能力和综合素质。

供应链模式下物流与电子商务综合实训有助于同学们对现代物流业务活动、电子商务交易活动及其管理的系统性认识，锻炼和培养同学们的动手能力，促进和提高同学们的跨专业能力，为同学们即将面临的毕业和就业做好准备。

1.1.3 综合实训内容

供应链模式下物流与电子商务综合实训内容主要包括实训概述、功能实训和综合实训三部分：

实训概述，介绍了供应链模式下物流与电子商务综合实训课程的总体框架，提供课程的教学组织、实施与成绩评定方面的参考意见，提供功能实训及综合实训所需基础理论。主要内容包括综合实训意义、实训内容；综合实训设计指导思想、任务设计、教学内容设计、教学组织与实施及成绩评定；供应链概念及供应链的结构；物流的定义、价值与作用、物流网络节点与通道及物流过程与服务；电子商务的基本概念、电子商务的类型及特点；现代物流与电子商务的关系。

功能实训，介绍供应链模式下物流与电子商务综合实训中生产管理系统、零售管理系统、物流管理系统及电子商务的专项实训项目。各专项实训项目分别在提供所需相关理论的基础上，设计了具体的实训案例资料，并给出了详细的实训步骤。让学生在实训案例资料的任务驱动下，独立完成各项专项实训项目。主要内容包括生产物流管理实训；运输管理实训；仓储管理实训；第三方物流管理实训；进销存管理实训；个人网络交易实训。

综合实训，从物流装备与技术、物流管理系统、网络贸易及供应链一体化几个角度提供供应链模式下物流与电子商务的综合实训，让学生在功能实训的基础上，进行多种综合实训，达到理论知识的综合应用能力及实际动手能力的进一步提升；此外，综合实训多以分组的形式进行，便于学生培养团结协作精神、有利于锻炼学生与人沟通及组织协调能力。主要内容包括物流装备与物流技术综合实训；物流管理系统综合实训；网络商贸综合实训和供应链一体化桌面沙盘综合实训。

1.2　供应链模式下物流与电子商务综合实训教学

1.2.1　综合实训设计指导思想

根据供应链模式下的物流与电子商务综合实训的目的与要求，我们遵循"剧情引导，仿真现实，角色扮演"的教学思想设计教学内容、教学过程的组织和学习成绩的评价。

剧情引导，就是采用编写剧本或小说的形式，将综合实训教学过程中要用到的专业知识的要点呈现出来，以帮助学生回忆或复习曾经学过的知识。这样处理的好处一是将综合实训学习过程中将用到的知识呈现出来，同时又避免了知识呈现形式的"疲劳"；二是让知识点从故事情景中的实际工作者口中表述出来，提高了知识的"可信度"，更易于学生接受，从而有利于刺激唤醒学生的知识记忆；三是通过故事情节的描写，可以引导和启发学生的学习思路、学习方法、学习重点和难点等。

仿真现实，就是通过设计与现实社会、经济、企业相近或相似实训场景或实训内容，将现实的社会经济发展，以及企业经营管理活动过程中碰到的典型现象和典型问题通过仿真进行展示与呈现，形成让学生能够直观地观察现象、观察问题、发现问题的学习情景或环境，让学生的学习过程更加形象与直观。

角色扮演，就是通过组建学习小组（团队），小组（团队）成员各自扮演模拟公司中经营管理者的不同角色（如总经理、财务经理、业务经理等），学生在模拟公司情景条件下，分析公司面临的外部环境，认识公司自身的经营能力，寻找公司进入的目标市场，制订公司的经营计划，进行经营管理决策，制订公司发展战略方案等。在此过程中，部门成员需要分工合作，交流沟通，管理者需要拍板决策，高瞻远瞩，等等。

以上述理念指导供应链一体化下物流与电子商务综合实训教学，通过故事情节引导和呈现知识点，实训环境模拟现实社会经济发展环境和公司经营，学生扮演不同经营管理者角色，模拟公司现代物流与电子商务经营活动，能够让参与综合实训学习的学生不断地体会和感悟分工与合作，交流与沟通，集思广益与果断决策，局部服从总体、最好与合适等，通过这种体会和感悟促进其综合能力与素质进一步提高。

1.2.2 综合实训任务设计

综合实训任务设计，就是设计综合实训任务书或指导书。它是结合物流和电子商务相关知识点和学生能力培养的不同侧重点，通过综合实训项目形式呈现。通过对实践任务的目的、内容、要求等设计，让学生利用所学知识，解决综合实训任务中的问题，从而达到综合实训教学的目的。在进行综合实训任务设计时，具体以怎样的形式或格式呈现实践教学内容，综合实训指导教师可以根据所在学校的要求、教学的需要、学生的情况等灵活处理。

教学环境设计与实践任务设计之间也存在着相辅相承的关系。一方面教学环境设计要结合学生运用知识的能力的培养和锻炼，考虑现实的社会经济发展状况，同时也要考虑实践任务的目的与要求；另一方面实践任务的设计要考虑现实社会经济发展的状况，知识的综合运用等。

1.2.3 综合实训的组织形式

综合实训指导老师根据供应链模式下的物流与电子商务综合实训系统的特点，可以设计出多种多样的教学组织形式。

这些教学组织形式根据进行实践的主体不同，可以分为个人综合实训和团队综合实训；根据综合实训的组织形式不同，可以分为课程综合实训和开放综合实训等。

课程综合实训，是将综合实训纳入培养计划，作为一门单独的课程开设。

开放综合实训，是将综合实训作为经管实训中心的教学课程或项目，面向全校学生开放，由学生自主申报参加。学生取得开放综合实训学习资格后，向学生发放综合实训指导书、实训项目说明书等相关资料，学生按照要求完成综合实训项目任务，撰写实训报告，经实训指导教师评定达到要求即可获得开放综合实训学分。

1.2.4 综合实训的组织实施

根据前述不同的教学组织形式，供应链模式下的物流与电子商务综合实训的实施与组织也有不同。这里以课程实践教学为例，介绍供应链模式下的物流与电子商务综合实训的组织与实施。

1.2.4.1 编写综合实训教学大纲

教学大纲是教学的指导思想和指导方针。因此，为保证教学组织有章可循，首先应编写综合实训教学大纲。

1.2.4.2 建立综合实训学习小组

1.2.4.2.1 综合实训学习小组的作用

供应链模式下的物流与电子商务综合实训是一种集体性学习模式，由3～5位学生组成学习小组，各位同学分工负责，充分发挥各自的特长，密切合作，借助供应链模式下的物流与电子商务综合实训设备、系统等进行实训。小组成员在综合实训进程中，必然经常讨论物流与电子商务活动的相关问题，因而能够相互进行思想的碰撞，相互间得到启发，从而帮助自己深入思考相关问题，理清思路，把握问题的实质；能够相互进行语言的交锋，从而帮助将自己的思想用语言表达出来；理顺思维，增强思想的逻辑性、语言的条理和层次性等。同时，供应链模式下的物流与电子商务综合实训还要求各学习小组撰写综合实训报告和实训总结等，这也需要学习小组各成员彼此进行分工与合作，从而有助于培养同学们的团队合作意识，树立分工协作观念，体会团队工作的酸甜苦辣等。因此，需要建立综合实训学习小组。

1.2.4.2.2　分组需要考虑的因素

（1）人数多少。组建学习小组的主要目的是形成一种讨论、分工与协作的工作环境和氛围，因此学习小组至少 2 人以上，但一般不超过 5 人。超过 5 人就显得过多，容易出现"人多嘴杂"现象，反而影响学习小组的讨论、分工与协作工作。组建学习小组以多少人为宜，没有明确的标准。通常可以从两个方面考虑：全班学生的总人数及小组个数。当班级人数一定，则每一小组人数的多少与小组个数直接相关，小组人数与小组个数成反比。即小组人数少，则小组的个数就多。

（2）男女性别。一般而言，男女生在兴趣、思维模式及学习特征上有一定的区别。学习小组男女生搭配，有利于男女生相互之间取长补短，向对方学习长处。

（3）能力强弱。每个人的能力大小是不同的，掌握知识的广度与深度也有区别，思考问题的视角也有差异。因此，在进行进学习小组分组时应尽可能地考虑这些差异，并进行搭配。这样，能够较好地保证同学们在讨论时，能够从不同的角度层面思考和分析问题，从而形成思想、观点等的碰撞，有利于创新思维的培养。

（4）方便讨论。在供应链模式下的物流与电子商务综合实训过程中，分析讨论是重要的工作内容之一。各小组通过分析讨论，才能对综合实训的内容深入了解和掌握。因此在分组时应考虑小组成员是否方便找到相对集中的时间和地点组织讨论。最方便的是同寝室的同学分为一组，其次是同宿舍楼的同学分为一组，再次是同邻近宿舍楼的同学分为一组。

（5）促进学习。一个学习小组就是一个小的团队。在这个团队中，各成员要能够相互学习、相互促进。因此，促进团队学习，也应是分组必须考虑的因素之一。

1.2.4.2.3　学习小组建立方法

结合学生实际，综合考虑上述影响因素，指导老师可以用多种方法组建学习小组。如自由组合分组、随机抽样分组、教师指定分组或者随意分组等。一般在实际教学工作中，主要采用自由组合分组和随机抽样分组两种。

（1）随机抽样法。随机抽样法有多种，其中最简便的就是简单随机抽样法中的抽签法。即以学生点名册的序号作为每位学生的编号，然后从中随机抽取 3 ~ 5 个编号，组成案例讨论小组。抽签的具体形式有抓阄（将纸签混合放置，用手工摸取）、摸彩、摇号（用机械摇出编号中的任意号码，确定随机中选的单位）等。

（2）自由组合法。自由组合法，就是让学生根据每组人数要求自由组队。

两种组队方式各有特点：随机抽样法能够从程序上保证分组的公正，但可能会在讨论的方便、男女生的搭配等方面不很令人满意。自由组合法能够让学生根据自己的意愿组队，但可能会出现相互熟悉同学都集中在一个队中，这样容易出现一些小组很强，一些小组很弱的现象。为此，建议在实践中采用该法时，加上一些限制条件，如一个小组中必须包括男女生，小组中的成员不能全部是同一寝室的等。

1.2.5 综合实训成绩评定

综合实训成绩评定以主要以实训报告、心得体会和实训现场表现等作为成绩评定依据。综合实训成绩在 60 分以上方可获得相应学分。综合实训成绩评定标准如下：

（1）综合实训成绩由各综合实训任务项目成绩加总组成，各实训任务项目成绩由该任务项目指导教师以百分制给出。综合实训总成绩取得 60 分以上者获得相应的学分。

（2）各等成绩评定标准。

85～100 分：积极认真完成综合实训活动，主动性强，撰写的报告内容完整、真实、体会深刻、针对性强、表述符合知识原理、观点有独到之处、文章用词准确精练、结构合理、逻辑性强；

75～84 分：能按规定完成综合实训活动，配合完成各项工作，撰写的报告内容完整、真实、有体会、表述符合知识原理、文章用词准确精练、结构合理、逻辑性强；

60～74 分：能按规定保证综合实训活动的时间，基本上能完成各项工作，撰写的报告内容完整、真实、有体会、表述符合知识原理、文章结构较为合理、有一定逻辑性；

59 分以下：对综合实训的教学活动走过场，抄袭别人报告或报告内容空洞、观点含糊、文字表述不清或存在知识性错误。

第 2 章 供应链模式下物流与电子商务综合实训基础

本章目的和任务

1. 了解供应链的基本概念，熟悉供应链的结构。

2. 了解物流的基本定义、物流的价值与作用，熟悉物流网络节点及物流通道，熟悉物流过程及服务。

3. 了解电子商务的基本概念，掌握电子商务的类型及特点。

4. 理解电子商务与物流的关系。

本章要点

1. 供应链基本结构。

2. 物流网络节点及物流通道。

3. 电子商务类型及特点。

2.1 供应链

2.1.1 供应链概念

供应链是企业为获得竞争优势，以市场为导向，在将产品或服务提供给最终用户过程中，将供应商、制造商、分销商、零售商和最终用户有效地组织起来而形成的网链。

图 2.1 是对供应链网络结构形象直观的反映。供应链涵盖了供应商到用户之间有关最终产品或服务的一切业务活动，包括零部件、原材料供应商、制造商、批发商、零售商和用户。其中，一般有一个核心企业，这些企业在市场需求驱动下，通过供应链的职能分工与合作（生产、分销、零售等），以商流、物流、信息流、资金流为媒介实现整个供应链的不断增值。同时，供应链上的企业也实现企业自身的目标。从一个更广的范围看，供应链实际上是企业相互间业务合作的一种模式。

实际上，早期人们认为供应链是制造企业的一个内部过程，是指将从企业外采购的原材料和收到的零部件，通过生产和销售等过程传递到用户的一个过程。供应链概念仅仅局限于企业的内部操作，只注重企业个体的自身利益。随着经济全球化、市场国际化和技术进步，供应链的范围扩大到与其他企业的联系，于是学者们认为供应链

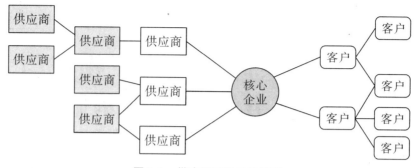

图 2.1 供应链网络结构模型

是一个通过链中不同企业的制造、组装、分销、零售等过程将原材料转换产成品并配送给最终用户的网络结构链，更是一个整合系统。

2.1.2 供应链结构

根据供应链中核心企业的不同，供应链结构可以分为以制造企业为主导的供应链、以零售企业为主导的供应链和以第三方物流企业为主导的供应链。如图 2.2 ~ 图 2.4 所示。

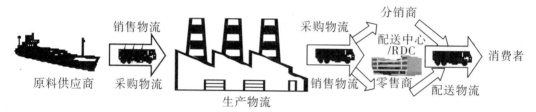

图 2.2 以制造企业为主导的供应链

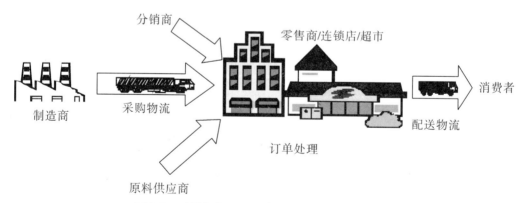

图 2.3 以零售企业（连锁超市）为主导的供应链

在制造商和零售商为主导的供应链中，各个企业一方面有经营业务上的直接联系，但又都有各自的企业发展战略和经营目标。因此，很难让他们从整条供应链角度做出自己的经营决策，尤其是供应链中的核心企业，更可能会借助企业在供应链中的控制

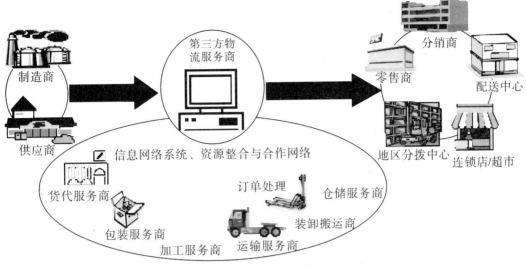

图 2.4　以第三方物流服务商为主导的物流服务供应链

力，对其他企业施加影响，使供应链更有利于本企业发展。此外，这类供应链也更容易出现"牛鞭效应"。

在第三方物流服务商为主导的供应链中，由于第三方物流企业与其他企业之间没有经营业务上的直接联系，只是为这些企业提供物流服务，因此第三方物流企业能够比较超脱地处理供应链上各企业之间的利益，真正从整个供应链角度进行整合优化，从而更好地从供应链角度降低成本，提高整条供应链的效率，加快供应链的反应，加速资金的周转。当然，这类供应链也能够较好地克服"牛鞭效应"。

2.2　现代物流及其发展

将物流作为一门学科进行研究，只是最近五十多年的事。但是，物流活动却和人类的历史一样悠久，尤其是作为物流活动主要表现的交通运输和仓储活动，一直伴随人类发展至今。

进入文明时期的早期人类以直接采集自然界的天然产物为生活资料，为适应自然季节变化保存剩余食物以备需用。在生活与生产活动中则把自己作为运输工具，以肩扛、背驮或头顶为运输方式。其后，学会了驯化牛、马、狗、象和骆驼等野兽，让其为人类驮物拉车。

公元前 11 世纪中国周朝初期，中央为了适应诸侯王国之间政治、军事活动的需要，修建了当时世界第一个"大公路网"，在中央设置了掌管道路的"司空"官职，并建立了驿站制度，在中央到全国主要都城的大道上每隔 30 里设 1 驿站，备良马固车，专门负责传递官府文书、接待往来官吏和运输货物等，形成全国性信息网络和交通运输网络。其传递官府文书的速度可以达到平均每天 500 里，堪称世界上最早的快递系统。这一时期，也开始出现专门用于储存谷物的"仓"、储藏米的"廪"和储存武器的"库"。

世界上所有的文明古国都是早在几千年前就开始了自己的物流活动。公元前3000年左右，埃及为保证修建金字塔的原料供应，修筑了运输建筑材料的大道；公元前2000年左右，意大利修建了一条有路面的道路——巴比伦街道。

一方面，随着生产、交换和消费的发展，运输、储存发展为现代物流；另一方面，现代物流对生产、交换和消费有强大的反作用。特别是随着生产与交换规模的日益扩大、流通范围的日益广泛，这种反作用也随之而增强。

从上述各种关于物流的定义，我们可以看出，物流的定义非常多，人们在不同的时期，站在不同的角度，对物流的理解和认识并不完全相同。既有狭义的认识，也有广义的理解；既抽象概括，也具体翔实。有些定义强调流通，有些又强调技术，或者强调管理。但无论如何定义物流，均离不开实现物品位移（物的流动）这一物流基本目的。实际上，物流就是指运用各种手段，使物品发生位移，满足客户需求的过程。

2.2.1 物流的定义

物流就是有机整合运输、储存、装卸、搬运、包装、配送、流通加工、信息处理等基本功能，实现物品有目地的经济的流动。

物品①的含义非常广泛，泛指各种东西。既可能是原材料、零部件、半成品，也可以是工业品、消费品，既包括有形的产品，也包括服务。

物品的流动是一种有目的的流动。流动的目的多种多样，既希望通过物流降低成本，也需要通过物流保证及时供应；既是为保证企业生产经营的顺利进行，也能够使得社会经济活动更有效率。大多数工商企业将物流作为盈利的重要手段，物流企业则视物流为其盈利的根本。

物品的流动也讲求经济。因为物流过程本身要求一定的付出，或者说需要一定的成本支出，因此如何让物品更经济的流动，就成为人们关心的话题。经济的物流主要表现为两个方面：一方面是从物品流动过程本身来看，投入产出是否经济，即产出能否抵减投入。这是以提供物流服务为盈利目的的物流企业经营管理的目标；另一方面是从物品的流动过程与生产、流通等过程的关联关系看，物品的流动能否让生产、流通等过程更经济。这通常是一个地区（国家）经济（行业经济）发展的促进条件。

为保证有目的的物品流动经济地进行，需要有机地整合运输、储存、装卸、搬运、包装、配送、流通加工、信息处理等各种流动活动，这些活动也就是物流的基本功能。

2.2.2 物流的价值与作用

物流发展到今天，之所以受到人们越来越多的关注，在于其所具有的价值和作用。物流价值的含义有三种理解：一种是经济学意义上的价值，物流创造使用价值和价值；一种是为企业创造利润的能力，帮助企业降低成本，提高顾客价值，形成核心竞争力；

---

① 根据《高级汉语词典》，物，本义：万物；品，本义：众多。《说文》中说：物，万物也；品，众庶也。

一种是物流的作用或重要性，物流有利于宏观经济发展。经济学意义上物流价值主要表现为物流时间价值和空间价值；为企业创造利润的能力，主要表现为物流增值价值；物流的作用或意义主要表现在对经济发展的作用。物流的价值被誉为企业的"第三利润源"。

2.2.3　物流网络节点与通道

2.2.3.1　物流网络节点

物流网络节点，是物流过程中供流动的物品停留和储存，以便进行相关后续物流作业的场所。主要包括工厂、商店、仓库、配送中心、车站、码头等。通常物流节点是物流基础设施最为集中的地方。因此，往往需要大量的相关资源投入建设。根据节点的功能不同，可以分为单一功能节点、复合功能节点和枢纽节点三种类型。

2.2.3.1.1　单一功能节点

单一功能节点只具有某一种物流功能，或者以某种物流功能为主。如专门进行储存、运输、装卸、包装、加工等单一作业，或者以其中一项为主，以其他功能为辅。一般单一功能节点需要的基础设施比较单一和简单，规模往往比较大。这类节点通常都处于物流过程的起点或者终点。实践中，常见的单一功能节点主要有：工厂的原材料仓库，储备型仓库，仅承担货物中转、拼箱、组配的铁路站台，仅供停泊船只的码头等。由于这类节点的业务比较单一，因此比较适合专业化经营。

2.2.3.1.2　复合功能节点

复合功能节点具有两种以上主要物流功能，具备配套的基础设施。这类节点一般处于物流过程的中间。常见的复合功能点有：周转型仓库、港口、车站、集装箱堆场等。如一家跨国家电集团，一个国家的几个城市集中设立物流基地，在销售渠道的末端设立的配送中心或者中转仓库，这些节点往往具有储存、运输、装卸、搬运、包装、流通加工、信息处理等功能中的大部分或者全部。复合功能节点的规模可小可大。小规模的如一家商店为保证商品销售，可能会设一小周转仓库，以完成商品的储存、处理退货、粘贴商品条形码、重新包装商品、为购买大宗商品的顾客发货等等。大规模的如一年处理 80 万 TBU 的大型集装箱堆场，除了储存集装箱以外，还能够完成集装箱掏箱、商品检验、拼箱、装箱等业务，而且集装箱堆场一般都与码头或者港口在一起，其设施设备的规模也很大，有起吊能力达几十吨甚至上百吨的集装箱吊车，大型集装箱专用运输车辆等。

2.2.3.1.3　枢纽节点

枢纽节点的物流功能一般都非常齐全，具备庞大的、配套的基础和附属设施，吞吐能力巨大，辐射范围广，通过节点连接的物流网络非常庞大，对整个物流网络起着决定性和战略性的控制作用。枢纽节点形成后，一般很难改变，它一般也处于物流过程的中间。像辐射欧洲地区、亚太地区市场的大型物流中心，辐射全国市场的配送中心，大型城市的物流基地，全国或区域铁路枢纽、公路枢纽、航空枢纽港等就是这样的枢纽节点。枢纽节点的设施一般具有公共设施性质，因此通常都是专业化经营。如我国上海以洋山港为核心建立的港口群，就是一个国际性物流枢纽节点。

此外，物流网络节点还可以从节点所连接的通道不同、节点的规模、产权状况、供应链中的位置等来划分。

2.2.3.2 物流网络通道

物流网络通道就是连接物流网络中的节点的路线，主要包括公路、铁路、航道、航线、管道等。物流网络通道一般都是通过一定的资源投入建设而成。物流网络通道具有方向性、有限性和选择性等特点。物流网络中的每条通道都有两个物流方向，有起点和终点，但两个节点之间可能有多条通道连接，因此需要选择最短路径。物流网络通道根据通过载体不同分为公路、铁路、航道、航线和管道五类。

2.2.3.2.1 公路

公路是陆地上供汽车等各类机动车通行，以实现旅客和货物位移的通道。公路通道的物流通过量较大，通道连接的节点多样。公路通道是汽车运行的基础设施，由道路、路基、桥梁和隧道等建筑设施组成。连接公路通道的节点很多，主要有企业、配送中心、仓库、火车站、汽车站、机场、港口、码头、堆场等。公路有高速公路和等级公路之分。公路通道上的固定设备较少，高速公路上的设备主要是道路安全、道路指向等方面的设备。汽车是公路通道的活动设备，它也是物流的载体。

2.2.3.2.2 铁路

铁路是陆地上供铁路机车牵引车辆，以实现旅客和货物位移的通道。铁路通道的物流通过量大，可靠性较高。铁路通道是列车运行的基础设施，由轨道、路基、桥梁和隧道等建筑设施组成。连接铁路通道的节点主要是火车站，其按性质不同主要有客运站、货运站、客货运站、编组站、区段站和中间站等。为了保证线路通畅，还需要通信信号设备、检修设备、给水设备等固定设备，如果是电气化铁路还需要供电设备。机车、客车和货车等是铁路通道的活动设备，机车与货车组成的货运列车是物流的载体。

2.2.3.2.3 航道

航道是江河湖海上供船舶通行，以实现旅客和货物位移的通道。航道的物流通过量很大，尤其是海上航道，其物流通过量巨大。航道是轮船航行的基础设施，一般不需要投资专门建设，主要设施和设备是灯塔和航标。连接航道的节点是码头和港口。港口因位置不同有海港、河口港和内河港之分。因使用目的不同有存储港、转运港、经过港之分，因航道辐射范围不同，有地区港、国内港、国际港之分。

2.2.3.2.4 航线

航线是供空中飞机等飞行器通行的通道。航线的物流通过量很小。航线一般也不需要投资建设。航线按性质和作用分为国际航线、国内航空干线和地方航线三种。连接航线的节点是机场。机场有国际机场、国内机场、短途机场之分，也有陆上机场、水上机场之分。

2.2.3.2.5 管道

管道是输送流体货物的通道。管道的物流通过量也很大，但只适合流体性物资通过。管道需要投资建设，但较公路和铁路建设投资少，主要的设施设备是增压设施设备。管道一般埋于地下，占用土地少。管道根据流体不同有成品油管道、天然气管道、煤浆管道等。连接管道的节点是管道输送站，主要有起点站、中间站和终点站。起点站一般临近矿场、企业或港口，中间站主要是增压，终点站一般也临近企业、港口。管道输送站主要的设施设备包括泵房、阀房、储存池或罐等。泵房的作用是向输送管加压，使流体物资流向下一站，阀房的作用是控制管道输送线路或方向，储存池或罐则主要提供暂存空间，是与其他通道进行转换的地方。

此外，根据通道之间的关系不同还可以将通道分为干线通道和支线通道；根据通道流向不同分为上行和下行通道等。

2.2.4　物流过程与服务

2.2.4.1　物流活动过程

物的流动是一个活动过程，总是通过运输、储存、装卸、搬运、包装、流通加工和配送等活动得以实现。这些具体的活动可以区分为基本的物流活动、派生的物流活动和增值的物流活动。

树立正确的物流服务观念是提高服务水平的思想基础。思想是行动的指南，只有思想认识到了，才可能做得到。如果企业或企业全体员工没有从思想上正确认识物流的本质是服务，没有正确认识物流服务是第三方物流企业的立身之本，很难保证企业物流服务水平的提高，很难保证企业提高服务水平的持续性。

物流服务观念是全员的物流服务观念，即不仅企业的管理者，业务部门，而是企业所有部门、全体员工都要树立物流服务观念。也就是说，树立物流服务观念不只是物流业务部门的事，也不只是企业管理部门的事，而是企业从管理者到一般员工都应树立服务观念；不只是企业物流业务部门要树立物流服务观念，企业管理部门、财务部门、营销部门甚至后勤部门也应树立服务观念；不只是采购环节、运输环节、仓储环节要树立服务观念，售后服务等环节也要树立服务观念。只有企业的全体员工、各个部门、所有环节都树立了服务观念，才能保证企业物流服务水平的提高。

2.2.4.2　物流服务能力

具备高超的服务技能是提高服务水平的根本保证。企业物流服务能力主要取决于两方面的因素；员工服务的技术能力和水平，服务设施设备能力和技术含量。因此，实际工作中，企业提高物流服务技能水平主要也从这两方面入手。

首先是加强和提高员工的服务能力和水平。企业可以采用多种形式，如技术竞赛，以师带徒，岗位练习等，增强和提高员工的服务技能水平。为调动员工增强服务技能水平的积极性，应将其纳入员工绩效考评指标体系，从制度上给予保证。

其次就是要积极引进、广泛应用先进的物流设施、设备和技术，如自动分拣系统、自动仓库及管理系统等。为此，企业应结合自身实际，尽力推进企业物流服务机械化、自动化、信息化和网络化，为提高和增强员工服务技能水平奠定坚实的物质基础。

2.3 电子商务及其发展

2.3.1 电子商务概述

电子商务是随着现代计算机、通信和网络技术的迅速发展，特别是互联网的普及而出现并迅速发展起来的一种崭新的商务运作方式。电子商务的迅速发展引发了交易方式的创新甚至革命，这种创新集中体现在商品的流通过程，并由此引起流通模式的变革。

关于电子商务的本质，有狭义和广义之分，宏观和微观之别。

狭义电子商务是企业利用各种电子化技术进行的商务（包括生产经营管理）活动。具体而言，就是运用现代计算机、通讯和网络技术开展的交易或与交易直接相关的活动，即利用互联网络进行交易活动，国外称之为 E - Commerce。

广义电子商务是组织利用各种电子化技术进行的商业活动。具体而言，就是利用现代计算机、通讯和网络技术实现商务活动电子化。简单地说，电子商务就是利用互联网从事商业活动，国外称之为 E - Business。

广义电子商务是在网络的广阔联系、信息技术与传统资源相互结合的背景下应运而生的一种能够跨越时间与空间的相互关联的商务活动。它不是传统意义上的面对面交易，或通过面对面交谈方式进行的商务活动，而是一种系统的、完整的电子化、网络化商务活动。它包括交易方案的提出、设计、实施等过程，内容涉及商务应用的各个方面。因此广义电子商务较狭义电子商务的范围更广，即广义电子商务包括狭义电子商务。

从宏观上讲，电子商务是在通过电子手段建立一种新的经济秩序，它不仅涉及电子技术和商业交易本身，而且涉及诸如金融、税务、教育等社会其他层面。

就微观而言，电子商务是指各种具有商业活动能力的实体（如生产企业、商贸企业、金融机构、政府机构、个人消费者等）利用网络和先进的数字化传媒技术进行的各种商业贸易活动。

因此，电子商务的本质就是商务活动电子化、信息化和网络化。

电子商务及其一般的运行环境，如图 2.5 所示。

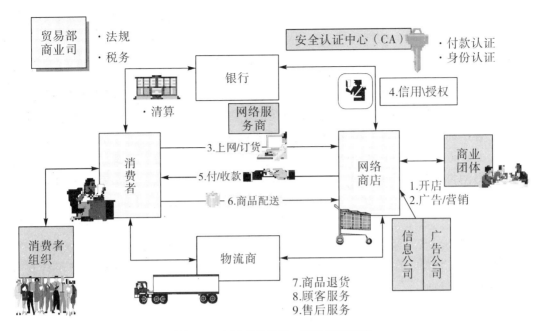

图 2.5　电子商务及其一般的运行环境

2.3.2　电子商务的类型

根据交易中主体的不同，电子商务可分为企业与企业之间的电子商务、企业与个人之间的电子商务、个人与个人之间的电子商务、企业与政府之间的电子商务等几种类型。

2.3.2.1　企业与企业之间的电子商务（简称 B2B）

B2B 是目前最重要和最受企业重视的一类电子商务。它是不同企业之间利用国际互联网或其他网络就每笔交易寻找最佳合作伙伴，共同完成从定购到结算的全部交易活动。这些活动主要包括向供应商订货，签约，接受发票，使用电子资金转移、信用证或银行托收等方式进行付款，以及处理商贸过程中发生的相关事项，如索赔、商品发送管理和运输跟踪等。B2B 这种类型的电子商务经营金额大，所需的各种软硬件环境较复杂，但发展最为迅速。全球最大的 B2B 服务平台是中国的阿里巴巴（www.alibaba.com.cn）。

实际应用中，B2B 可细分为特定企业间的电子商务与非特定企业间的电子商务两种。

特定企业间的电子商务，是过去一直有交易关系或者今后也一定要继续进行交易的企业间围绕交易进行的各种商务活动。特定企业间的电子商务的开展既可以利用公用网络进行交易，也可以利用企业间专门建立的网络完成。其中通过建立专用网或增值网进行电子数据交换（EDI），完成特定企业间电子商务活动的历史较长，早在 20 世纪 60 年代就开始应用。

非特定企业间的电子商务，是过去不相识或过去不曾有过交易关系的企业，在开放的网络中就每笔交易寻找最佳伙伴，并与伙伴一起完成从订购到结算的全部交易活动。此种电子商务最大的特点是，交易双方不以永久、持续交易为前提。

2.3.2.2　企业与个人之间的电子商务（简称 B2C）

B2C 是公众最熟悉的一种电子商务类型。它是消费者个人利用互联网直接参与经济活动的形式，这种形式基本类似于电子化的零售。由于因特网供了双向的交互通信，节省了客户和企业双方的时间和空间，大大提高了交易效率，节省了各类不必要的开支。因此，近年来，随着互联网的迅速发展和应用的日益普及，出现了大量的网上商店，网络销售得到了迅猛发展。消费者个人通过网上商店买卖的商品可以是实体化的，如书籍、鲜花、服装、食品、汽车和电视等等；也可以是数字化的，如新闻、音乐、电影、数据库、软件及各类基于知识的商品。此外，在因特网上还有许许多多各种类型的商业中心、虚拟商店和虚拟企业，专门为顾客提供各种与商品销售有关的服务，如旅游安排、订票、在线医疗诊断和远程教育等。中国目前著名的 B2C 服务平台有当当网（www. dangdang. com）和卓越网（www. joyo. com）。

2.3.2.3　个人与个人之间的电子商务（简称 C2C）

C2C 是一种比较特殊的电子商务，是指不同的个人之间通过互联网完成商务活动，最典型的 C2C 商务活动如网上拍卖。中国目前最大的 C2C 服务平台是淘宝网（www. taobao. com）。

2.3.2.4　企业与政府之间的电子商务（简称 B2G）

B2G 覆盖企业与政府各部门间的各项事务。例如企业与政府各部门之间各种手续的报批；政府部门通过因特网发布采购清单，企业以电子化方式响应；税务部门通过网络以电子数据交换方式完成对企业和电子交易的征税等。

2.3.3　电子商务的特点

电子商务通过计算机网络进行，并在世界各地完成各种商务活动、交易活动、金融活动以及各种相关的综合服务活动，相对于传统商务表现出自己的特点。

2.3.3.1　商务电子化

电子商务通过因特网为平台的计算机互联网络进行交易。贸易双方从磋商、签订合同到支付等过程均通过计算机互联网络完成，无需当面进行，整个交易过程完全电子化、数字化、虚拟化。对卖方来说，可以到网络管理机构申请域名，制作主页，组织产品信息上网。买方可以根据自己的需求，利用虚拟现实、网上聊天等新技术进行选择，并将需求信息反馈给卖方。通过这种信息的推拉互动，签订电子合同，完成交易并进行电子支付。整个交易都在网络这个虚拟的环境中进行。

2.3.3.2　实时动态性

与传统商务相比，以因特网为平台的电子商务活动没有时间和空间限制。商品的、交易的、资金的、促销的各种信息随时都可以不断更新。无论是买者还是卖者，无论是企业还是消费者个人，都可以通过因特网发布或获取各自所需要的信息，随时更新自己的信息，并通过这些信息帮助自己进行经营决策或消费决策。如在传统商务条件下，交易完成之后，可能要等两到三天，交易资金才能到账，而在电子商务条件下，交易完成时，交易资金就能实时到账。

2.3.3.3　社会协同性

电子商务的最终目标是实现商品的网上或电子化交易。这是一个相当复杂的过程，除了要应用各种有关技术和其他系统的协同处理来保证交易过程的顺利完成外，还涉及许多社会性的问题。如商品和资金流转方式的变革；法律的认可和保障；政府相关部门的支持和统一管理；公众对网络化电子购物的认可和接受程度等。这些问题都涉及全社会，不是一个企业或一个领域能解决的，需要全社会的努力和整体的实现，才能最终体现出电子商务相对于传统商务的优越性。

2.3.3.4　商务系统性

电子商务的交易活动过程涵盖商品浏览、订货、销售处理、发货、资金支付和售后服务等业务。因此，电子商务的开展需要消费者、厂商、运输商、报关公司、保险公司、商检部门和银行等主体的参与。这些参与主体通过计算机网络组成一个复杂的网络系统。该系统的各组成部分相互作用，相互依赖，协同处理，形成一个密切联系的连接全社会的信息处理大环境。在这个大环境下，商贸业务的手续得以简化，业务开展的速度得以加快，更重要的是整个商贸业务的发生、发展和结算过程得到了规范，从根本上保证了电子商务的正常运作。

2.3.3.5　效率高效性

传统商务用信件、电话和传真传递信息，因此必须有人员参与，每个环节都要花不少时间。此外，可能由于人员合作和工作时间等问题，会误传信息或延长传输时间，失去最佳商机。而电子商务利用互联网络将贸易中的各种商业报文（单据、单证）标准化、电子化，确保商业报文能在世界各地准确且快速地完成传递，并由计算机自动处理，如原料采购、产品生产、需求与销售、银行汇兑、保险、货物托运及申报等过程无须人员干预，在最短的时间内完成。电子商务克服了传统商务费用高、易出错、处理速度慢等缺点，极大地缩短了交易时间，使整个交易高效进行。

2.4　现代物流与电子商务

和传统商务过程一样，电子商务过程也包含四"流"，即商流、资金流、信息流和物流。商流主要表现为买卖关系，是商品或服务的所有权转移过程，也是商品或服务的价值实现过程；资金流主要是指资金的转移过程，包括付款、转账、兑换等。信息流包括商品、促销营销、技术支持、售后服务等信息的提供，也包括询价单、报价单、付款通知单等商业贸易单证的流动，还包括交易方的支付能力、支付信誉、中介信誉等信息的收集与传递等。物流主要指实体移动过程。虽然知识类商品（如电子出版社、信息咨询服务等）和数字化商品（如音乐、电影等）可以直接以网络传输的方式完成"物流"，但对于绝大部分具有实体形态的商品来说，仍然必须经由传统的销售渠道完成"物流"。物流活动的完成，标志着电子商务过程的结束。因此，电子商务在解决商流（所有权转移）、资金流（支付）、信息流（信息交换）等问题后，最后必须解决物流（实体移动）问题。商流是载体，物流是基础，信息流是桥梁，资金流是目的，商流、物流、信息流和资金流相互联系，共同构成了电子商务活动过程。（如图 2.6 所示）。

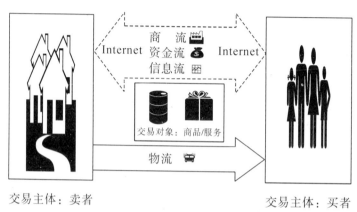

图 2.6　电子商务基本模式

2.4.1　物流是电子商务发展的关键制约因素

电子商务提供了一个虚拟的网络交易环境，但需要转移商品实体的交易最终是否能够顺利进行，离不开物流的支持和保证。

传统商务中，卖方会通过各种途径获得市场需求信息，了解市场需求，向买者传递各种产品相关信息；买者会通过各种途径获得产品信息，了解产品的价格、功能和质量等信息；买卖双方相互寻找对方，然后准备进行交易，当买卖双方的买卖关系确定之后，当面进行交易，然后卖者根据买者要求送货，或者买者自己提货运走。也就是说，传统商务的商流、资金流、信息流和物流虽然存在分离现象，但物流与其他三流所消耗的时间差不突出。电子商务中，买卖双方通过互联网能够在很短的时间内完成信息流、商流和资金流，但物流却需要花很长的时间才能完成，物流与其他三流所消耗的时间差非常突出。比如，花几分钟或几个小时的时间在网上寻找并购买东西，却需要等几天甚至更长的时间才能收到东西。由此，电子商务对物流过程的时间消耗提出了非常高的要求。因为，只有当买者所购买的商品或服务最后被送到手中，整个电子商务活动才结束。所以，从这个意义上说，物流是影响电子商务发展的关键因素，是电子商务活动过程顺利进行的基础。建立面向电子商务的物流系统是电子商务全面应用的基础和保障。没有物流系统的保障，就没有真正意义上的电子商务的普及应用，电子商务的高效率也不能真正体现出来。

2.4.2　电子商务是物流现代化的重要手段

物流现代化是指物流在总体上达到或超过时代的先进水平，包括物流观念、设施、设备、技术、管理等各个方面都达到或超过时代的先进水平。物流现代化的关键是物流电子商务化。

物流电子商务化是指利用互联网技术、现代信息技术、电子技术，来完成物流全过程的协调、控制和管理，实现从生产商到最终客户的所有中间过程服务。其最显著的特点是各种软件技术与服务的融合应用，即通过网络技术、信息技术、电子技术在整个物流交易过程中的应用，对物流信息及物流过程进行准确、及时的监控，加快了物流、信息流和资金流的流动速度，有效地减少库存，提高物流效率和效益。

为达到电子商务物流服务的信息化、自动化、智能化和网络化要求，物流服务系统必须引入电子商务技术手段。因为，将电子商务应用于物流活动过程，能够帮助物流服务提供商在第一时间掌握市场需求的变化，以最快的速度处理信息，提高管理效率，促进供应链上的企业通过信息共享，广泛利用企业自身、客户、合作伙伴和市场变化等各方面的信息资源，优化资源配置，构建有效的价值链，实现供应链物流一体化，能够促进和带动企业物流现代化发展。随着计算机技术的不断普及，网络技术的不断完善，电子商务势必取得长足发展和应用，物流电子商务化和物流现代化将真正得到实现。

综上所述，现代物流与电子商务相互依存，互为依托。

扩展阅读

材料 1：利丰集团的供应链管理

利丰集团是一家以香港为基地的大型跨国商贸集团，其特色为运用供应链管理概念来经营出口贸易、经销批发和零售三项业务。利丰于 1906 年创立于广州，是中国目前历史最悠久的民间华资商贸公司。利丰集团旗下设有利丰贸易、利和经销和利丰零售三家公司。

利丰贸易经营出口贸易，在 40 多个国家及地区设立了 70 多间分公司，为欧美及日本客户管理及统筹高流量消费品的原料采购、制造及出口。该公司拥有雇员约 6000名，2004 年度的营业额逾 60 亿美元。利和经销于 2004 年在香港上市，是一家立足亚洲的综合分销服务供货商，主要服务那些有意进军亚洲的消费品及保健产品品牌商。利和经销业务遍布亚洲 9 个经济体系，为营销、物流及制造三项核心业务提供全面的综合分销服务。利丰零售公司现有两大连锁店业务：OK 便利店及玩具"反斗城"。目前零售业务已遍布香港、台湾及东南亚等市场，并已在广州开展业务。

一、内外贸合并运作，在全球开展零售及分销业务

为抓住全球经济一体化及中国加入 WTO 带来的机遇，利丰集团并未囿于国与国之

间的边界，而是以全球的视野，利用内外贸交叉和合并的运作方式把国内外的资源和市场连接起来，为其全球业务的开拓和发展做出了新一轮的战略部署。

1. 从出口到内销——进军亚太地区及中国市场

利丰集团期望能在全球贸易进一步开放的环境下，将其本来用于出口欧美业务的供应链管理模式，反过来应用在把境外的产品出口到亚太地区及中国市场上。

（1）利丰集团在1988年收购了老牌英资集团英之杰在亚太地区的市场推广及相关业务，成立了利和经销。作为亚洲一家综合分销服务供货商的业务开展，这里举一个为英国斯林百兰床褥营销的例子。利和经销在亚洲22个经济体系拥有斯林百兰的品牌权利，为了更有效地销售和经营该产品，利和经销在马来西亚、泰国、印尼、中国内地的哈尔滨和上海共设有5座制造厂房，以供应本土市场的需求。

此外，除了为境内外企业在中国境内提供物流服务外，利和经销亦希望在出口物流方面为欧美的客户提供增值服务，例如在保税区内为境外客户提供配货及组装服务，务求利用中国土地及人力资源相对廉宜的优势，把在内地不同工厂生产的产品整合并储存在保税区内，再做出综合货品分配。利丰根据客户的指示，例如海外客户旗下的各个零售店对不同种类产品的不同需要而进行拣货、流通加工、配货及装箱，然后再付运。务求产品在运抵外国后无须再通过配送中心，便可直接运抵客户旗下的零售点，从而为客户省却大量的费用及时间。

（2）随着中国内地市场的开放，众多原先向利丰订货的面向欧美市场的欧美品牌商，纷纷计划进军这里和亚洲其他地区，希望借助利丰在亚太区的分销网络，把他们的产品打进亚洲各国市场。在此情况下，利丰与这些欧美品牌商的业务合作模式有了新的进展：一方面，利丰作为熟悉亚洲采购业务的出口贸易商，仍继续为这些欧美品牌商担任供货商的角色；而另一方面，利丰亦作为一个销售商，为这些欧美品牌商在亚太区推销产品。

（3）此外，利丰在国内的零售业务亦有所扩展。其中，以香港为基地的OK便利店亦于2004年开始进军内地，在广州开设分店。在开拓市场之余，OK便利店亦与众多境外背景的零售商一样，开始采购具有竞争力的内地产品，转过来供应香港市场。

2. 开拓欧美及全球市场

除亚太区及中国内地市场外，利丰凭借其广阔的采购网络、产品开发能力及多元化的客户基础，与一些著名的欧美服装及家庭用品品牌商订立特许经营权协议，代理生产并销售他们的名牌产品，打进欧美的主要零售市场。

二、供应链管理运作机制

1. 软三元的概念

利丰把供应链管理看成是在成本结构中争取"软三元"。多年来，企业均致力于减省生产成本，令许多产品的制造成本已经到了减无可减的地步。利丰发现，如果一件商品在美国的零售价是四元的话，其出厂价仅为一元。若要从生产成本减省5至10美分都是十分不容易的；然而，要从出厂价至零售价之间的三元中减低成本以增加利润，却是可行的。这"软三元"包括了产品设计、原材料采购、物流运输、批发零售、融资和信息管理等成本。利丰就是从一个中介贸易商逐步增值为客户的全球供应链管理者，为客户提供这"软三元"里的服务。

2. 利丰贸易公司的供应链管理例子——全球采购及生产

以利丰贸易公司为例，其供应链管理的主要运作过程如下：

首先，主动接触作为主要销售市场的美国和欧洲的大型百货公司或其他客户，向其提出生产及供货计划，以争取订单。

假若利丰贸易公司与客户协议生产万件成衣，客户在提出对产品的基本要求，如设计概念、流行趋势、款式等资料后，利丰贸易则会提出相应的初步设计方案，做出3～4个不同的设计样板，提出不同原料、布质、剪裁、颜色等选项，连同有关的资料让客户选择。客户在决定采用的规格后，利丰贸易将根据订单将整个生产过程分解，在每一个环节上寻求最佳解决方法。利丰贸易将在全球范围内进行生产及资源配置，并协调整个生产过程——从原材料采购到完成最终产品。例如一件成衣，可能布料来自韩国，拉链来自日本，衬里来自中国台湾，纽扣来自中国内地，卷标和其他辅料来自中国香港，衣服可能在南亚染色，在中国内地缝制，然后送回香港作质量检验和包装，再出货给欧洲或美国的货主。在整个供应链的运作过程中，利丰贸易需要保证不同国家和地区的原材料能顺利运到装配制造的地方，令所有成品品质如一，因为在一般情况下，一个工厂是没有足够的生产能力去完成整个订单的，通常需要多达20多个工厂同时进行生产。

在整条供应链中，利丰贸易在香港地区进行高附加值的前期和后期工作，而将供应链的中间段即低附加值的生产过程外包给其供货商去做。

3. 利丰为客户提供全面的供应链管理服务

为了使整条供应链的运作更加有效和顺畅，利丰继续开发更全面的供应链管理服务。除了负责市场调查、产品设计与开发、原材料采购、选择供货商和进行生产监控等一系列以产品为中心的工作外，利丰还负责处理各项进出口清关手续和当地物流安排，包括办理进出口文件、安排出口运输和当地运输等。另外，利丰亦会选择性地对有潜质的原材料供货商、工厂、批发入口商和零售商等进行融资，使供应链上供求双方的各个节点的企业都能够以最佳状态运作。事实上，利丰会对整条供应链进行分解，对每个环节进行分析与计划，如制订策略性的库存安排和库存补充等方案，力求不断优化整条供应链的运作。

借助于供应链管理，利丰的客户可以得到几个好处：一是将完成订单的时间大大缩短，更快的周转速度使客户减少了库存成本；二是由于拥有全球供货网络及规模经济，以及了解各制造商的生产能力和相关信息，利丰可以以比竞争对手更低的成本更灵活地供货。

三、利丰经验对国内零售商及经销商的启示

从利丰集团开拓国内外零售及分销业务的经验，可以得出以下两点启示：

1. 企业发展战略必须内贸外贸并重

企业在制定发展战略时应内外贸兼顾，以抓住全球市场机遇，积极开拓国内外市场，并灵活地整合国内外资源，为企业寻找新的利润空间。

今后，企业的业务不应再局限于只是做"内贸"或"外贸"。做内贸还是外贸应该是每个企业在商业决策时的自然选择。真正的内外贸一体化的关键，其实还是企业在面对全球市场时能够科学决策、灵活调配以寻找新的商机的问题。利丰的经验正是充分利用自身优势，体现出内外贸交叉和合并运作的灵活性。

以利和经销中的物流业务为例，一方面，利丰坚持开拓亚洲包括中国内地市场，并为这些地区提供物流服务：另一方面，利丰亦瞄准亚洲国家与欧美各国相比之下的成本优势，以寻找新的商机。例如利丰策划在中国内地的保税区内为欧美客户进行配货及组装，务求产品在外国无需经过配送中心，便可直接运抵欧美客户旗下的零售商，为欧美客户省却大量物流费用。

再以利丰在欧美开展的特许经营销售业务为例，利丰利用在亚洲的采购力量，再配合在欧美的庞大的商品设计队伍，以及与一些大型连锁零售商的联系，为一些国际著名品牌商品在欧美市场销售创造新的利润源泉。

此外，利丰还在亚洲开展批发零售业务，亦会适应市场的需要，在当地建设或长期租用厂房，在进口之余亦会采购当地资源，实行当地设计、当地采购、当地生产及当地销售的策略。

2. 企业必须重视供应链管理

在全球化及分工日益细化的趋势下，企业与企业之间的竞争已发展为供应链与供应链之间的竞争。当最终客户选择了一件产品，该产品整条供应链上的成员都会受惠：如果最终客户不要这件产品，等于整条供应链上的成员都被淘汰了。而有效的供应链管理，则能够提升整条供应链的竞争力，使该供应链上的企业能在激烈的国际市场竞争中屹立不倒。

供应链管理是一套企业管理哲学，可以引申到任何行业，因此，供应链管理不单在各制造工业成为提升竞争力的重要手段，在第三产业中亦举足轻重。

当前中国经济运行面临的一个大问题，是总体经济格局仍然重生产、轻流通。虽然产品的制造成本很低，可是总成本中的"交易成本"却很高，中国在加入 WTO、进一步融入全球经贸体系、关税的保护罩作用消减后，中国生产和流通企业必须提高效率，以市场为导向，从不同方面为产品增值，才能在国际竞争中呈现竞争力。

材料2：重庆的主要物流节点与通道

一、重庆的主要物流节点

2009 年 8 月，国家发改委正式行文将重庆"三基地四港区"物流规划作为对接国家《物流业调整和振兴规划》的主枢纽平台。这是全国相关物流规划尚未正式出台以前，国家发改委正式行文确认的第一个物流布局规划，为重庆"三基地四港区"规划建设的全面提速及重大物流项目的加快实施创造了必备条件，如图 2.7 所示。

"三基地"是指结合全国 18 个铁路集装箱节点之一的团结村集装箱中心站，规划布局的铁路物流基地；围绕全国枢纽机场之一的重庆江北机场，规划布局的航空物流基地；围绕全国高速公路重要枢纽节点，规划布局的公路物流基地。"四港区"则是结合长江水运资源和国家批准的内陆唯一的保税港区优势，规划布局的寸滩港港区、果园港港区、东港港区以及黄谦港港区 4 个水运物流枢纽。

图 2.7　重庆市主要物流节点分布图

作为全国 9 大物流区域中心城市之一的重庆将在 2020 年以前，建设成为长江上游的经济中心和综合交通枢纽。"三基地四港区"规划是重庆对接《物流业调整和振兴规划》的主枢纽平台，其内部交通均为多式联运。建成后，货物可通过铁路、水运、航空、公路快速周转，通达非常便捷，以上项目将在 2020 年前全部投入使用。"三基地四港区"预计总投资上百亿元，加之周边交通改造项目，总投资将达二百亿元以上。目前，寸滩港三期、果园港、东港等港区均已开工建设，位于巴南南彭公路物流基地也正在规划中。

国家确认重庆"三基地四港区"规划，为重庆重大物流项目的加快实施创造了必备条件。重庆近期已在香港、新加坡等地举行招商推介会，吸引企业参建。目前全球有新加坡亚星集团、辉联、讯通、凝聚船务、总统轮船、叶水福等企业对重庆物流项目兴趣浓厚。

二、重庆交通运输通道

为将重庆建设成为全国重要的物流枢纽，重庆市于 2009 年提出"一江两翼连三洋"国际物流大通道战略规划，见图 2.8 所示。"一江"是指通过长江通达太平洋。"两翼"中的"西北翼"是指通过兰渝铁路，由新疆阿拉山口出境，经泛亚铁路到达荷兰鹿特丹港通达大西洋。"西南翼"是指通过黔渝铁路、由云南出境，经缅甸石兑港通达印度洋和中东地区。"两翼"物流线建成后，物流时间将分别比以前缩短 30 天和 15 天，彻底改变目前重庆出海货物经上海出口时间过长的现状，增强"重庆造"产品在世界的竞争力。重庆西部现代物流园作为全市规划建设的三基地四港区中起步最早、起点最高的物流园区，在该规划中起着至关重要的作用。目前团结村铁路集装箱中心站已承担全市铁路集装箱 70 % 以上的货运量，兴隆场铁路编组站建成后将承担兰渝铁路货运列车的集中编组任务，使物流园成为全市铁路物流的核心和多式联运体系的最重要组成部分，在全市乃至全国现代物流产业发展中将占据重要位置。

到 2010 年，重庆市高速公路已经形成"二环八射"近 2000 公里的高速公路骨架网。"二环"即内环高速公路、外环高速公路；八条射线分别是重庆—成都、重庆—遂宁、重庆—南充、重庆—邻水（通向陕西）、重庆—湖北（规划中有两条高速公路，一条在长江北岸，为万宜高速公路，一条在南岸，从邻水—垫江—忠县—石柱到湖北利

图 2.8 重庆国际物流大通道示意图

川）、重庆—长沙的渝湘大通道、重庆—贵阳、重庆—泸州—昆明（是规划中的东南亚出海通道）。这八条通道全部打通后，无论是连接西部各省，还是通向东南沿海，重庆都将成为连接东西部的交通枢纽。重庆的铁路已经建成"一枢纽六干线"铁路网，即重庆铁路综合枢纽，成渝铁路、襄渝铁路、渝黔铁路、渝怀铁路、渝遂铁路、达成铁路等六条干线铁路，以及正在规划建设中的兰渝铁路、宜万铁路、沪汉渝蓉铁路、渝滇铁路、郑渝（昆）铁路、成渝快速干线等铁路网；重庆未来的铁路发展将达到"1小时成都、2小时贵阳、3小时西安（昆明、郑州）、4小时武汉（长沙）、5小时兰州、6小时广州、7小时北京、8小时上海"的通达目标。重庆的水路运输通道为"一干两支"，即长江黄金水道和嘉陵江、乌江两条支流。重庆的航空运输发展将形成"一大三小"机场格局，即江北国际机场和万州五桥机场、黔江舟白机场、渝东北支线机场。

材料3：上海洋山港物流

洋山港区位于距离上海市南汇区芦潮港32公里的浙江省崎岖列岛海区的小洋山岛上，距国际远洋航道104公里，港区航道全长67公里，是离上海最近的具备15米以上水深的天然港址。通过东海跨海大桥与上海综合交通运输网络连接，可充分发挥上海经济腹地广阔、箱源充足的优势，将成为世界最大规模集装箱港区之一。

一、洋山港地理位置

洋山深水港区总体规划是依托大、小洋山岛链形成南、北两大港区，采用单通道形式，分四期建设。规划至2020年，北港区（小洋山一侧）可形成约11公里深水岸线，建成深水泊位30多个，预算总投资500余亿元，建成后的洋山港区集装箱年吞吐能力达1300万TEU，上海港洋山深水港区将跻身于世界大港之列。大洋山一侧南港区岸线将作为2020年以后的规划发展预留岸线。从远景看，洋山港区发展潜力巨大，总体规划共可形成陆域面积20多平方公里，深水岸线20余公里，布置50多个超巴拿马型集装箱泊位，形成2500万标准箱以上年吞吐能力。

洋山港将主要承担腹地内远洋箱源和国际中转箱业务，集装箱规划吞吐量2005年为220万TEU，2010年为550万TEU，2020年为1340万TEU。规划船型以第五、六代集装箱船为主，并可考虑接纳8000TEU超大型船舶。

二、洋山港远期规划

1. 一期规划

洋山深水港区一期工程主要由以下三部分组成：洋山深水港区、东海大桥和芦潮辅助作业园区。三者之间在总体布局、功能定位、业务运作等方面有机衔接，连为整体，共同构成洋山深水港区项目的港口核心。深水港一期工程在小洋山至镬盖塘一线先期建设 5 个集装箱深水泊位，码头岸线全长 1600 米，码头前沿及航道设计水深约15.5 米，可停靠第五、第六代集装箱船，同时兼顾 8000TEU 的大型集装箱船舶靠泊作业。设计年吞吐能力 220 万 TEU，实际通过能力将达 300 万标准箱以上。港口水域面积 316.7 万平方米，陆域面积 134 万平方米。码头堆场面积 86 万平方米，平面箱位25386TEU，箱容量 90050TEU，重箱堆 5 层，61110TEU，空箱堆场 23979TEU，危险品堆场 3136TEU，冷藏箱堆场 1825TEU。码头配置外伸距为 65 米、负荷量 65T 的集装箱桥吊共 15 台；堆场配置 40.5T、60T 的龙门起重机 45 台；堆高机 8 台；正面吊 2 台；集卡 68 辆；港区设置集卡进场道口 12 道，出口道口 7 道。

2. 二期规划

根据上海市政府统一部署，并结合洋山深水港区开发进度安排，一期工程西侧的二期工程 4 个泊位、1400 米岸线 2006 年年底基本建成并投入试运营。届时整个洋山港通过能力将超过 550 万 TEU。

三、洋山港航运优势

洋山深水港区一期工程建成开港、保税港区封关启用，标志着上海国际航运中心建设取得了重大突破，为加快确立东北亚国际航运中心地位，推进我国由航运大国迈向航运强国，创造了更好的基础和条件。

洋山深水港区和保税港区是上海国际航运中心的核心工程。洋山深水港区一期工程投入运营，在国际航运中心硬件设施方面取得重大突破，将改写上海没有 −15 米以上深水航道和深水码头、泊位的历史，第五、第六代集装箱船可以全天候满载进港作业，为提升上海港的枢纽地位，加快国际航运中心建设，提供了非常好的硬件设施条件。

与此同时，上海国际航运中心洋山深水港区开港暨洋山保税港区的启用，在国际航运中心"软环境"方面取得重大突破。国际航运中心的形成，只有硬件还不够，还必须有软件支撑，要有吸引力的国际中转政策。2005 年 6 月，国务院正式批准设立我国第一个保税港区——洋山保税港区。它由规划中的小洋山港口区域、东海大桥和与之相连的陆上特定区域组成。其中，小洋山港口区域面积 2.14 平方公里；陆地区域位于上海市南汇区芦潮港，面积 6 平方公里。洋山保税港区实行封闭管理，港区和陆地区域参照出口加工区的标准建设隔离监管设施。

洋山保税港区集目前国内保税区、出口加工区、保税物流园区三方面的政策优势于一体。主要税收政策为：国外货物入港区保税；货物出港区进入国内销售按货物进口的有关规定办理报关手续，并按货物实际状态征税；国内货物入港区视同出口，实行退税；港区内企业之间的货物交易不征增值税和消费税等。洋山深水港区与洋山保税港区两者互为依托、相辅相成，既大大提升了航运基础设施的能级，又扭转了我国与周边国家港口竞争的政策劣势，对显著增强上海国际航运中心的集聚辐射和国际中转功能，具有非常重大的促进作用。

上海洋山港具有以下四点优势：

优势一：具备建设－15米水深港区和航道的优越条件。洋山海域潮流强劲，泥沙不易落淤，海域海床近百年来基本稳定。

优势二：能确保船舶航行及靠离泊安全。港区工程方案经过模型试验反复论证，表明工程实施后，对自然条件基本无影响，能维持原有水深，而且大小洋山岛链形成天然屏障，泊稳条件良好。

优势三：工程技术经济可行。工程水域地质条件良好，具备建港条件；另外，建设长距离跨海大桥世界上也有先例。

优势四：符合世界港口向外海发展的规律。

材料4：海尔物流的新型运作模式

海尔物流成立于1999年，依托海尔集团的先进管理理念以及海尔集团的强大资源网络构建海尔物流的核心竞争力，为全球客户提供最有竞争力的综合物流集成服务，成为全球最具竞争力的第三方物流企业。海尔物流注重整个供应链全流程最优与同步工程，不断消除企业内部与外部环节的重复、无效的劳动，让资源在每一个过程中流动时都实现增值，使物流业务能够支持客户实现快速获取订单与满足订单的目标。

一、海尔的JIT（Just In Time）运作模式

海尔市场链流程再造与创新过程中，JIT采购配送中心整合海尔集团的采购与配送业务，形成了极具规模化、网络化、信息化的JIT采购及配送体系，海尔物流JIT采购管理体系，实现为订单而采购，降低物流采购成本，推行VMI模式，建立与供应商的战略合作伙伴关系，实现与供应商的双赢合作。目前，JIT采购面向包括50余个世界500强企业的供应商实施全球化采购业务，在全面推进实施寄售采购模式的同时可为用户提供一站到位的第三方服务业务。

海尔物流JIT配送管理体系，提高原材料配送的效率，"革传统仓库管理的命"。通过建立了两个现代智能化的立体仓库及自动化物流中心及利用ERP物流信息管理手段对库存进行控制，实现JIT配送模式。从物流容器的单元化、标准化、通用化到物料搬运机械化，到车间物料配送的"看板"管理系统、定置管理系统、物耗监测和补充系统，进行了全面改革，实现了"以时间消灭空间"的物流管理目标。

目前，JIT配送全面推广信息替代库存，使用电子标签、条码扫描等国际先进的无纸化办公方法，实现物料出入库系统自动记账，达到按单采购、按单拉料、按单拣配、按单核算投入产出、按单计酬的目标，形成了一套完善的看单配送体系。

先进的JIT采购及配送管理体系、丰富的实践运作经验、强大的信息系统，海尔JIT采购配送中心将打造出新时代的采购配送流程。

二、海尔的新物流服务

1. 循环取料 & 过站物流服务

海尔物流在一级配送网络、区域内分拨网络的基础上建立了区域间配送体系。各

配送中心的网络，除了能满足区域内配送外，还建立了直接送达其他配送中心的区域间配送网络，使以前的单点和线，形成星罗棋布的网，形成完善的成品分拨物流体系、备件配送体系与返回物流体系。目前网络的类别有：零担、班车、专线、整车配送等，以满足不同客户的需求。大批量订单，提供"B2B，B2C 的门对门"的运输配送。零散、小批量的订单，以运筹优化的观点，安排合理的配送计划，实现一线多点配送，为客户提供完善的 24 小时物流服务，形成一个以干线运输、区域配送、城市配送三级联动的运输配送体系；同时配合海尔集团的家电销售网络到三四级的推进，将形成一个深度和广度覆盖的综合物流服务网络。

2. 新型供应商管理库存

VMI（Vendor Managed Inventory）供应商管理库存，是目前国际上领先的供应链运作模式。其以用户和供应商双方都获得最低成本为目的，在一个共同的协议下由供应商或第三方管理库存，并使库存管理得到持续改进的合作性策略。这种库存管理策略体现了供应链的集成化管理思想，在大型制造企业中的作用尤其重要。

VMI - HUB 是海尔物流为了集中管理供应商的库存而建立的原材料中转集散中心，供应商大批量、少批次入库，需求方小批量、多频率订单采购出库，集中物流配送既减少供应商的供货成本又提高供货及时率，既减少需求方仓库面积又提高其生产灵活性。

VMI - HUB 模式给海尔供应商带来的好处：

（1）提高运作效率

供应商送货到 VMI - HUB，剩下的全部由海尔物流来做，减少了送货环节，实现了送货零等待，更重要的是避免了 T-1 不到位索赔。

（2）减少运作环节

物流 VMI 是独家可代理供应商向外检报验的机构，把最头疼的报验环节外包，省却供应商无限烦恼。

（3）降低运作成本

当供应商在 VMI 的库存低于安全库存时，系统自动报警通知供应商补货，按批次不必按订单集中送货，减少送货频次，降低供应商成本。

（4）提高管理水平

通过 VMI 的信息系统，供应商不但可以随时查询自己的库存和出入库情况，同时实现了 JIT 一直要求的 T-2 备货共享信息，成为真正合格的供应商。

海尔物流根据海尔集团流程再造的经验可以提供整个供应链管理专家咨询及服务，包含诸如物流网络策略、运输设计、仓储设计和模拟，以及作业改进和库存分析等。通过 IT 系统形成简单快捷、自动化的流程。

3. 新的增值物流服务

海尔物流可以根据客户需求提供打码、再包装、扫描等业务，设计业务流程规避风险、保险、货单抵押、再加工等增值服务，使物流服务升级实现精细化物流的目标。

海尔物流能够结合自身的优势特点以及每个行业不同的特性，为客户量身定制个性化的物流解决方案，目前已经在汽车行业、快速消费品行业、家具行业、IT 行业、电子电器行业、石化行业等多个领域开展个性化物流方案设计，为 GE、SGMW、IKEA、FOXCONN、DOW、AVAYA、伊利、张裕等国内外知名企业提供物流供应链服务。

材料 5：淘宝网

淘宝网成立于 2003 年 5 月 10 日，是由阿里巴巴公司投资 4.5 亿元创办的购物网站。淘宝成立后短短的两年时间内，就成长为国内网络购物市场的第一名，占据了中国网络购物 70% 左右的市场份额。截至 2006 年 12 月，淘宝网注册会员超过 3000 万人，2006 年全年成交额突破 169 亿元。根据 Alexa 网站 2007 年 5 月 18 日的数据，淘宝网是目前中国访问量最大的电子商务网站，居于全世界网站访问量排名的第 32 位，中国第 6 位。因此探讨淘宝网的盈利模式对于研究我国 C2C 电子商务网站盈利模式具有代表性。

从提供的服务上看，和所有 C2C 电子商务网站一样，淘宝最基础的服务是提供一个交易平台。这个平台允许卖家在上面开设店铺、发布待出售的物品信息，也允许买家浏览和查找物品信息，并出价购买。除此之外，淘宝也提供一些配套服务，这些配套服务主要可以分为网上支付、诚信安全和即时通讯三大方面。在网上支付方面，淘宝提供支付宝服务。在诚信安全方面，淘宝首先会对在其网站上开设店铺的卖家进行身份认证，以求保证交易对象的真实身份。其次，淘宝提供了一套信用评价的系统。最后，淘宝还提供网络警察的服务，这些"网络警察"主要负责跟踪监视淘宝网的日常在线交易，并不断制定和完善系统流程中的安全保护措施，以减少和避免网络交易中诈骗行为的发生。在即时通讯方面，淘宝推出了阿里旺旺和站内信件功能，以方便买家和卖家进行沟通交流。

淘宝与阿里巴巴的关系也值得关注。淘宝由阿里巴巴公司创立，而阿里巴巴是我国乃至全球的第一家 B2B 电子商务网站。在淘宝诞生之前，阿里巴巴已经成为知名的电子商务网站，并且已经成功地实现了盈利。如果说阿里巴巴是自手起家的话，那么淘宝可以算是"含着金钥出生"了。正是在这一背景下出生的淘宝才没有盈利的压力，可以从一开始就宣布"免费三年"。此外，当初推出淘宝的时候，有人就推测马云打算利用阿里巴巴和淘宝来打造一艘电子商务的航空母舰。而 C2C 电子商务的发展趋势似乎也在印证着这一点：C2C 电子商务网站的发展使得一些卖家开始通过 B2B 电子商务网站寻找货源，从而拉近了 C2C 和 B2B 的关系，出现了一种两者结合形成 B2B2C 的趋势。

虽然有着阿里巴巴的支持，但和其他所有网站一样，淘宝仍然需要考虑盈利的问题。本来，通过"免费三年"，在市场份额上，淘宝已经赶上并超越了易趣，照理说三年期限一满，淘宝就可以慢慢从免费向收费过渡了。然后就在这个时候，腾讯推出了拍拍网，也宣布"免费三年"，为了避免被拍拍像当初自己超越易趣一样超越，淘宝只能延长了免费的期限。因此，直到现在，淘宝还没有能够实现盈利。虽然淘宝现在仍然实行免费政策，但是，它也积极地进行过或进行着一些盈利的尝试：

一、招财进宝

"招财进宝"是淘宝网历时半年时间研发出来，并于 2006 年 5 月 10 日推出的竞价排名服务，是淘宝网为愿意通过付费推广，而获得更多成交量的卖家提供的一种增值服务。具体的做法是，淘宝将用户搜索某个关键词所返回的商品结果页面分为了上下两个部分，上面是招财进宝，而下面是和原来一样按照商品下线时间所排列的搜索结果信息。而卖家想要将自己的商品信息放在搜索结果页面上面较显著的"招财进宝"中，就需要向淘宝网支付一定的费用。据淘宝网提供的说明显示，卖家根据自己在"招财进宝"页面上出售单个商品的利润情况，与淘宝网协议约定支付固定的费用，并依据实际成交数量及协议价格向淘宝支付费用，而卖家的商品在"招财进宝"页面的排名高低将根据卖家实际成交量的高低，以及协议费用情况实时更新。

从本质上讲，"招财进宝"是淘宝推出的一项增值服务。从形式上讲，它是对搜索引擎的"竞价排名"盈利方式的一种借鉴。由于 C2C 电子商务网站具有商品信息庞杂的特点，因此在搜索商品信息的时候就必然面临着一个如何对结果进行排序的问题。在推出招财进宝之前，淘宝的做法是按照商品下线时间进行排序，这确是一种较为公平的方法。然而，众所周知，排在结果列表越前的商品越容易得到买家的关注，因此当然也会有卖家愿意付出一定的代价以求将自己的商品信息排在搜索结果列表的靠前的位置。因此，淘宝试图在商品信息搜索方面借鉴搜索引擎的"竞价排名"也是十分自然的。而且，作为一项增值服务，淘宝仅仅向愿意使用这一服务的卖家收费，这种做法显然比强制性地对所有卖家收取费用更容易为人接受。

可惜的是，招财进宝却并不成功。由于损害到了一些不愿意或没能力支付招财进宝费用的卖家的利益，招财进宝遭遇到众多卖家的联合反对，乃至罢市抗议。加上拍拍网趁机推出"蚂蚁搬家"，并给出一系列优惠措施争夺淘宝的用户，使得淘宝最后不得不在 2006 年 6 月 12 日正式停止了招财进宝服务，并将在此期间产生的所有招财进宝服务费都全额退还给卖家。

关于招财进宝失利的原因，马云承认一是产品本身有问题，另外是准备不够充分，考虑不周，再加上来自竞争对手的干扰，招财进宝的推出不合时宜。这种说法同外界的评价基本吻合。但是，马云也表示，淘宝不会完全放弃未来收费的想法，"收费的基础是别人靠你赚钱了，如果店主们每个月可以赚 5000 元，我向他要回 5 元钱，又有什么关系？"此外，也有不少业内专家认为，淘宝已经具备了收费的条件，它能够给用户带来巨大的价值，在不久的未来，淘宝完全可以找到一个比较好的收费方式。而且，在众多业内专家看来，在探索电子商务收费模式上，马云推出"招财进宝"这样的竞价排名收费服务，在模式上其实颇具创新意义，与收取登录费、成交费等方式相比，顺应了互联网潮流。

二、向商城用户收费

据称淘宝前不久改版以后，已经开始对商场的用户进行收费。网上的一篇文章披露，"淘宝已经开始悄悄地面向淘宝商城用户开始收费了，并且第一个星期内就收到了20 万"。淘宝的这次收费尝试吸取了上次推出"招财进宝"的高调姿态，非常的谨慎。而针对商城会员开始收取一定的费用与阿里巴巴的诚信通会员收费模式有着异曲同工之妙，淘宝对卖家加入商城的资格要求跟阿里巴巴普通会员需要提供企业营业执照等资料通过第三方认证才可以获得诚信通会员资格非常的相似，两者的本质都是让会员为自己得到的某种意义上的信用认证付费，同时据此得到更好的营销支持和客户服务。所以，估计淘宝网会继续加大对商城的支持力度，争取把一些高质量的卖家都发展成商城用户，为扩大日后的收费规模打下基础。另外，淘宝商城通过三包服务和先行赔付制度确保了商城的交易秩序，为淘宝整个交易规模的进一步扩张消除了隐患。

淘宝的"品牌商城"版块上有一个"加入商城"的链接，点击进入，可以看到关于如何加入淘宝商城的详细说明。除了对加入商城的优势、加入商城的资格、加入商城的流程等进行了介绍以外，该说明也提到加入商城的用户需要交一定的商品保证金和相应的店铺服务费。虽然没有找到更为具体的收费标准，不过这证实了淘宝已经开始对商城用户收费的说法。笔者认为，淘宝开始悄悄地对商城用户收费，无疑是其在吸取了招财进宝失利的教训以后所采取的一项更好的盈利措施。这说明淘宝已经认识到其卖家身份的多样性，并开始明确地对其加以区别，然后对其中的部分具有一定实力和支付能力的卖家提供更多的增值服务，并收取相应的费用。这种做法优于招财进宝的地方在于，它将商城卖家单独地区分了出来，而这些卖家往往也是愿意支付一定费用的用户。在品牌商城经营起来以后，再为其提供其他一些增值服务并收取费用是较为现实的。例如，淘宝可以在这部分卖家中推行类似于招财进宝的竞价排名服务。由于与其他卖家已经区别开来，分别位于不同的版块，因此这种竞价排名对不愿参与的卖家的影响也相应地小多了，更有可能得到顺利的推行。而如果推行顺利的话，商城用户很可能将为淘宝带来大量的利润。

三、淘宝网现金流运作模式

根据淘宝网的规则，网上交易成功后，买方将资金打到淘宝网支付宝的账户，同时通知卖方发货。同城的货物需要1-2天到货，异地则需要5-7天不等。货到后，买方确认无误通知网站付款，淘宝网会将资金从支付宝账户打入买方的账户。整个支付流程就是这样的。在这个流程中，资金从买方付出到卖方收到，大约需要3-7天的时间。而这段时期，这部分资金是属于淘宝网的。

网站如果每天的成交量到达一定的规模，资金的沉淀期又比较固定，并且可以形成规律可以预测的话，和银行就没有区别了。在每天的收付头寸间，会有一个稳定的正差额头寸，这部分差额如果被网站稳妥地拿出来做短期投资，如果差额头寸月均、旬均甚至年均保持稳定并不断增长，甚至可以做长期投资。而且没有任何风险，和银行资金运作的道理是一样的。

2007年3月14日，支付宝正式公布收费细则。支付宝非签约商家（4月2日之前未与支付宝公司签署收费协议的商家）发生交易按3%的费率进行系统自动扣费，如需升级为签约商家享受更低费率（最高不超过1.5%）。可见，支付宝已经开始试图通过收取交易服务费用来增加收入。不仅如此，"通过支付宝，买家支付的货款需要暂存在支付宝公司，等收到货物后再确定付款给卖家。而且支付宝账户里的资金无法即时提现到银行账户，于是很多卖家的支付宝账户都会存有相当的资金，需要过一段时间才能统一提现，严重影响了资金的周转率。而买家也不愿意将钱转到银行账户，以免下次购物时又需要使用网上银行给支付宝账户充值"。于是支付宝庞大的沉淀资金,就为淘宝提供了大量的现金流,而淘宝则可以对其进行充分的利用。

四、广告收入

淘宝在 2007 年春节之前一直拒绝在网站上刊出广告。淘宝高管表示,之所以拒绝广告并非淘宝不需要钱,而是在 2007 年之前淘宝客户还没有积累到一定的数量。同时,广告的推出或多或少会影响用户的使用体验。因此淘宝对放置广告一直持谨慎态度。

但是经过 5 年的发展,目前淘宝已经是一个日成交额超 1 亿元人民币、用户超过 4100 万的购物网站,每天拥有 1.8 亿的页面浏览量,无疑这些数据让淘宝决心涉足广告盈利模式。实际上在宣布正式试水广告网络营销模式之前,淘宝从 2007 春节之后已经开始尝试在淘宝网页放置广告。先是在网页的底部,之后是在网页的右侧。据淘宝高管表示,从目前的效果来看用户并未觉得反感,不过也强调一旦用户觉得反感"我们就撤下"。

目前淘宝网有着极大的传媒价值,网络广告是它的一个有益补充。但是广告会对用户的浏览造成一定干扰,如何在不干扰到用户的情况下起到预期的广告效果,这对于淘宝网而言将是个考验。面对业界的疑虑,淘宝高管强调淘宝将会以"不影响免费用户的利益"为宗旨来发展广告盈利模式。同时表示,依靠广告淘宝就可以完成盈利,因此"三年不收费"的承诺不会改变。

五、支付宝对非淘宝商家的收费

自从 2003 年 10 月支付宝交易服务在淘宝网推出,短短三年时间内迅速成为使用极其广泛的网上安全支付工具,目前支付宝公司是国内领先的提供网上支付服务的互联网企业,用户覆盖了整个 C2C、B2C 以及 B2B 领域。与此同时,凭借在电子商务支付领域先进的技术、风险管理与控制等能力赢得了中国工商银行、中国建设银行、中国农业银行、招商银行等国内主要银行的大力支持,支付宝已经创造性地成功解决了电子商务的安全支付问题。

随着整个电子支付行业迅速地发展,为了规范电子支付市场,促进行业的良性发展,支付宝从 2007 年开始,对淘宝以外的商家收取一定比例的技术服务费,同时对使用支付宝进行网上支付的所有买家,将继续提供免费服务,用户在使用支付宝进行充值、支付、提现等操作时,将不收取任何费用。

六、淘宝旺铺

淘宝旺铺是淘宝为卖家提供的一项增值服务功能,它为卖家提供了更专业、更个性的店铺页面,并提供了更强大的功能,对塑造店铺形象,打造店铺品牌起到了至关重要的作用。目前旺铺功能已对全体淘宝卖家开放,具体费用如下:消费者保障计划卖家:90 元/季;普通卖家(非消保):150 元/季。

七、消费者保障计划

"消费者保障服务"是针对买家购物安全的套餐服务,目前推出的服务有"先行赔付"服务,"假一赔三"服务,"7 天无理由退换货"服务,"虚拟物品闪电发货"服务,其中先行赔付是基础服务。淘宝网除了会在加入"消费者保障服务"的店铺和宝贝页面加上醒目标志外，也会在全网中建立"消费者保障服务"专区，让更多买家搜索到您的宝贝，从而树立起值得信赖的服务品牌。"消费者保障服务"为消费者网络购物提供全面保障。申请加入"消费者保障服务"的店铺，在通过淘宝网的资格审核后，将和淘宝网签署"消费者保障服务协议"，并缴纳诚信押金，若卖家对自己申请的服务承诺不能履行，则买家有权依据相关规则向淘宝发起投诉，淘宝将依据相关规则处理，以保障消费者合法权益。此计费用太高，需要成本达 2000 之多，普通小卖家很难接受。

八、总结展望

淘宝的免费模式给整个网络购物市场带来了经营理念的变化。在中国，免费的吸引力是巨大的，因此，淘宝在短时间就集聚了大量的人气，而原本易趣的用户也不断向淘宝流失。当然，淘宝的武器并不仅仅是免费。在服务、用户体验、配套服务方面，淘宝也一直一丝不苟地完善着自己。而且，由于使用免费模式，淘宝允许商家与买家直接沟通，并提供配套使用的即时通讯工具，使得其社区感更强。此外，在营销方面，淘宝也略胜一筹。虽然一开始易趣垄断了几大网站的广告，但淘宝仍设法在各种小网站上做广告，其效果不仅不次于易趣，成本反而更小。不仅如此，淘宝还自成立起就派专人负责监控各大网络论坛，时刻保持对网民的影响力，以"市场公关战"激励网民尝试淘宝的免费服务。总之，免费加上一系列的措施，使得淘宝在我国 C2C 电子商务网站的竞争中脱颖而出，并将易趣甩在了后面。

免费"一招治天下"的时期已经过去了，免费策略已经不能成为淘宝用户增长的原动力和市场竞争的杀手锏。淘宝该考虑如何巩固现有的用户群，实现与其他 CZC 平台上的竞争差异，就必须把重点放到服务种类的增加与质量的提高上。淘宝要让卖家能够在其平台上赚钱，已经赚到钱的人赚到更多的钱，诸如推出一些竞价排位的市场营销策略。无疑这些市场营销策略只能靠收费方式来解决。种种迹象表明，目前淘宝就有心要开始收费，只不过遭遇"招财进宝"风波之后，迫于舆论压力，不敢放手去推进，只好把时间定到两年之后。

淘宝免费至今，拥有了超过半数以上的市场份额，我们仍然无法给其下一个"成功"的评语。关键原因在于淘宝还没有寻找到一个好的商业模式，保证平台顺利发展下去。光靠无节制的"烧钱"，而不能获得任何收益，即使平台上异常繁荣，也不能算是成功。毕竟，这不是慈善事业。淘宝和支付宝收费是时间的问题，然而，需要用什么样的策略展开收费，收费后如何面对免费者的竞争是现阶段最需要考虑的问题。建议淘宝收费前，要有一定时间内的宣传期，让用户有相当长时间的准备期，可以给新闻媒体足够的时间去讨论收费的利弊。

第二篇 功能实训篇

　　功能实训篇的主要目的是介绍供应链模式下物流与电子商务综合实训中生产管理系统、零售管理系统、物流管理系统及电子商务的专项实训项目。各专项实训项目分别在提供所需相关理论的基础上，设计了具体的实训案例资料，并给出了详细的实训步骤。让学生在实训案例资料的任务驱动下，独立完成各项专项实训项目。

　　功能实训篇的主要内容如下：

1. 生产物流管理实训；

2. 运输管理实训；

3. 仓储管理实训；

4. 第三方物流管理实训；

5. 进销存管理实训；

6. 个人网络交易实训。

第 3 章 生产物流管理实训

本章目的和任务

1. 深入了解企业的采购、生产、原材料和成品仓储及运输等核心业务流程。
2. 熟悉企业生产物流信息管理系统的功能。
3. 熟练操作企业生产物流信息管理系统，领悟企业生产物流业务流程与信息系统中信息流的联系。

本章要点

1. 企业生产物流信息管理系统的功能。
2. 企业生产物流业务流程与信息流的联系。
3. 企业的采购、生产、原材料和成品仓储及运输等核心业务信息管理系统的熟练操作。

3.1 实训目的

通过实训，熟悉并掌握生产企业内部的采购管理、原材料运输及库存管理、在制品物流管理、成品库存管理、分销物流管理等业务环节的相互关联及软件操作；掌握应收/应付款的定价、结算、审核的相互关联及软件操作；理解并掌握生产物流管理的业务流程及生产物流管理系统的主要功能模块。

3.2 实训要求

实训严格按照企业完整的生产物流管理业务流程进行。通过实训，要求学生了解生产物流管理的真实经营模式及业务流程、掌握生产物流信息管理系统的功能模块、业务流程及实际操作。实训结束后对实训结果进行分析，并撰写实训报告。

3.3　实训理论基础

3.3.1　生产物流的概念

生产物流是以购进生产所需要的原材料、设备为始点，经过劳动加工，形成新的产品，然后供应给社会需要部门为止的全过程的物流形式。该过程要经过原材料及设备采购供应阶段、生产阶段、销售阶段，这三个阶段便产生了生产企业纵向上的三段物流形式。

3.3.2　生产物流的内容

3.3.2.1　原材料及设备采购供应阶段的物流

原材料及设备采购供应阶段的物流是企业为组织生产所需要的各种物资供应而进行的物流活动。它包括组织物科生产者送达本企业的企业外部物流和本企业仓库将物资送达生产线的企业内部物流。物流的采购与供应历来就是企业生产的重要前提。

3.3.2.2　生产阶段的物流

生产阶段的物流是指企业按生产流程的要求，组织和安排物资在各生产环节之间进行的内部物流。生产阶段的物流主要包括物流的速度，即物资停顿的时间尽可能的短，周转尽可能地加快；物流的质量，即物资损耗少，搬运效率高；物流的运量，即物资的运距短，无效劳动少等方面的内容。

3.3.2.3　销售阶段的物流

销售阶段的物流是企业为实现产品销售，组织产品送达用户或市场供应点的外部物流。对于双方互需产品的工厂企业，一方的销售物流便是另一方的外部供应物流。商品生产的目的在于销售，能否顺利实现销售物流是关系到企业经营成果的大问题。销售物流对工业企业物流经济效果的影响很大，当成为企业物流研究和改进的重点。

3.3.2.4　返品的回收物流

所谓返品的回收物流是指由于产品本身的质量问题或用户因各种原因的拒收，而使产品返回原工厂或发生结点而形成的物流。

3.3.2.5　废旧物资物流

废旧物资的物流主要是指对生产过程中的废旧物品，经过收集、分类、加工、处理、运输等环节，且可转化为新的生产要素的全部流动过程。废旧物流又可分为废品回收物流和废弃物流两个部分。废品回收物流是指对生产中所产生的废弃物品经过回收、加工等可转化为新的生产要素的流动过程；而废弃物流则是指不能回收利用的废弃物，只能通过销毁、填埋等方式予以处理的流通过程。

3.3.3　主生产计划管理

主生产计划（Mster Production Schedule），简称 MPS。MPS 是闭环计划系统的一个部份。MPS 的实质是保证销售规划和生产规划对规定的需求（需求什么，需求多少和什么时候需求）与所使用的资源取得一致。MPS 考虑了经营规划和销售规划，使生产规划同它们相协调。它着眼于销售什么和能够制造什么，这就能为车间制订一个合适的"主生产进度计划"，并且以粗能力数据调整这个计划，直到负荷平衡。主生产计划说明在可用资源条件下，企业在一定时间内，生产什么？生产多少？什么时间生产？

主生产计划编制过程包括：编制 MPS 项目的初步计划、进行粗能力平衡、评价 MPS 三个方面。涉及的工作包括收集需求信息、编制主生产计划、编制粗能力计划、评估主生产计划、下达主生产计划等。制订主生产计划的基本思路，可表述为以下程序：

（1）根据生产规划和计划清单确定对每个最终项目的生产预测。它反映某产品类的生产规划总生产量中预期分配到该产品的部分，可用于指导主生产计划的编制，使得主生产计划员在编制主生产计划时能遵循生产规划的目标。

（2）根据生产预测、已收到的客户订单、配件预测以及该最终项目的需求数量，计算毛需求量。需求的信息来源主要：当前库存、期望的安全库存、已存在的客户订单、其他实际需求、预测其他各项综合需求等。某个时段的毛需求量即为本时段的客户订单合同以及预测之关系和。"关系和"指的是如何把预测值和实际订单值组合取舍得出的需求。这时，MPS 的毛需求量已不再是预测信息，而是具有指导意义的生产信息了。

（3）根据毛需求量和事先确定好的批量规则，以及安全库存量和期初预计可用库存量，自动计算各时段的计划产出量和预计可用库存量。

（4）自动计算可供销售量供销售部门机动销售选用。

（5）自动计算粗能力，用粗能力计划评价主生产计划方案的可行性。粗能力计划是对生产中所需的关键资源进行计算和分析。关键资源通常指瓶颈工作中心。粗能力计划用于核定主要生产资源的情况，即关键工作中心能否满足 MPS 的需要，以使得 MPS 在需求与能力中取得平衡。

（6）评估主生产计划。一旦初步的主生产计划测算了生产量，测试了关键工作中心的生产能力并对主生产计划与能力进行平衡之后，初步的主生产计划就确定了。下面的工作是对主生产评估。对存在的问题提出建议，同意主生产计划或者否定主生产计划。如果需求和能力基本平衡，则同意主生产计划；如果需求和能力偏差较大，则否定主生产计划，并提出修正方案，力求达到平衡。调整的方法是：改变预计负荷，可以采取的措施主要有，重新安排毛需求量，并通知销售部门拖延订单，终止订单等。改变生产能力，可以采取的措施主要有申请加班、改变生产工艺提高生产率等。

（7）在 MRP 运算以及细能力平衡评估通过后，批准和下达主生产计划。

3.3.4 物料需求计划管理

物资需求计划（Material Requirement Planning，MRP）是指根据产品结构各层次物品的从属和数量关系，以每个物品为计划对象，以完工时期为时间基准倒排计划，按提前期长短区别各个物品下达计划时间的先后顺序，是一种工业制造企业内物资计划管理模式。MRP 是根据市场需求预测和顾客订单制定产品的生产计划，然后基于产品生成进度计划，组成产品的材料结构表和库存状况，通过计算机计算所需物资的需求量和需求时间，从而确定材料的加工进度和订货日程的一种实用技术。

一般来说，物料需求计划的制订是遵照先通过主生产计划导出有关物料的需求量与需求时间，然后，再根据物料的提前期确定投产或订货时间的计算思路。其基本计算步骤如下：

（1）计算物料的毛需求量。即根据主生产计划、物料清单得到第一层级物料品目的毛需求量，再通过第一层级物料品目计算出下一层级物料品目的毛需求量，依次一直往下展开计算，直到最低层级原材料毛坯或采购件为止。

（2）净需求量计算。即根据毛需求量、可用库存量、已分配量等计算出每种物料的净需求量。

（3）批量计算。即由相关计划人员对物料生产作出批量策略决定，不管采用何种批量规则或不采用批量规则，净需求量计算后都应该表明有否批量要求。

（4）安全库存量、废品率和损耗率等的计算。即由相关计划人员来规划是否要对每个物料的净需求量作这三项计算。

（5）下达计划订单。即指通过以上计算后，根据提前期生成计划订单。物料需求计划所生成的计划订单，要通过能力资源平衡确认后，才能开始正式下达计划订单。

（6）再一次计算。物料需求计划的再次生成大致有两种方式，第一种方式会对库存信息重新计算，同时覆盖原来计算的数据，生成的是全新的物料需求计划；第二种方式则只是在制定、生成物料需求计划的条件发生变化时，才相应地更新物料需求计划有关部分的记录。这两种生成方式都有实际应用的案例，至于选择哪一种要看企业实际的条件和状况。

3.4 实训内容

3.4.1 案例资料

大冶制造是一家汽车发动机制造企业。哈维公司是大冶制造的直接供应商，主要为大冶制造提供发动机气缸。为了提高管理效率，大冶制造和哈维公司计划实现采购物流管理、生产物流管理、原料库存管理、成品库存管理、成品运输管理的信息化。实训中需要完成的业务操作如下：①大冶制造公司首先需要在采购管理系统中对供应商哈维公司的相关信息进行维护，包括公司信息、联系人员信息、货物信息、登录人员信息等；②大冶制造公司根据以往发动机气缸需求进行预测，向哈维公司发出发动机气缸采购订单，并完成采购气缸的入库及在库管理；③大冶制造公司根据接受的产品需求订单数量以及销售预测，制订主生产计划和物料需求计划，然后根据物料需求计划采购缺乏的物资；④生产完成后，完成 A 型发动机的入库操作；⑤完善客户商都汽贸公司的客户资料，并实现对客户商都汽贸公司的发动机销售业务以及采购发动机的成品运输业务的信息化管理。

具体业务如下：

2011 年 5 月 24 日，大冶制造公司向哈维公司采购 A 型发动机气缸 10 套，要求送达时间是 2011 年 6 月 16 日 12：00 前。

2011 年 6 月 16 日，大冶制造公司将送达的 A 型发动机气缸 10 套送入原材料自动立体仓库，分别存放于 A10101 库位 5 只、A10102 库位 5 只，并完成送检工作。

2011 年 6 月 17 日，大冶制造公司开始制订生产计划和物料需求计划。期初库存是 10 台 A 型汽车发送机、安全库存是 50 台 A 型汽车发送机、主生产计划的批量 80 台。总计划周期 12 期，需求时区是 1－5 期，计划时区是 6－10 区，预测时区是 11－12 期。采购员根据物料需求计划进行补充订货。

2011 年 6 月 30 日，大冶公司完成 10 台 A 型汽车发动机的入库核销工作。

2011 年 7 月 1 日，大冶制造公司向商都汽贸公司销售 10 台 A 型汽车发动机，大冶制造公司库房管理部门需要完成出库操作，并委托易运物流公司完成成品运输操作。其中易运运输公司需向客户收取的出库费用为 20 元、搬运费用为 5 元、其他费用为 20 元。

3.4.2　操作步骤

以下实训使用的是易通交通信息发展有限公司《生产物流管理系统》（教学版）。该软件根据国内企业生产物流管理的实际需要设计开发而成，它以企业内部管理为基础，包括原料仓储、成品仓储、成品运输、采购管理、生产管理、销售管理、合同管理、资源管理、结算管理和系统管理等模块，覆盖企业生产物流管理的各个环节，按照企业完整的业务流程来实例教学，有利于帮助学生了解企业生产物流管理的真实经营模式。

3.4.2.1　实训角色分配

实训开始，首先需要完成分组、用户及角色分配，见表 3.1 所示（为了保证系统有足够的业务量，建议担任客户企业的学生数量适当增加）。

表 3.1　　　　　　　　　　　　　　角色扮演

角色名称	角色代码	用户名	密码
客户企业 1			
客户企业 2			
供应商 1			

表3.1(续)

角色名称	角色代码	用户名	密码
供应商2			
系统管理员（01）			
订单管理员（02）			
原材料运输管理员（03）			
产成品运输管理员（04）			
物料清单维护员（05）			
生产计划员（06）			
供应商信息管理员（07）			
采购订单管理员（08）			
原材料库存管理员（09）			
成品库存管理员（10）			

各角色的主要职责和系统权限如下：

系统管理员（01）：主要职责是对公司组织机构、系统角色、系统用户、项目组织、业务基本参数配置等进行设置和完善。系统管理员在整个系统中占有重要的位置，系统所有的操作基于系统管理员的设置之下，只有完善了系统管理员的设置才能进行相关业务运作和关联操作。权限："系统管理"所有功能权限。

订单管理员（02）：主要职责是对业务范围内的客户进行基本信息和货品及订单信息的录入和管理。客户管理员在系统中与系统管理员具有同样重要的位置，所有要执行的业务操作要在建立了客户信息之后在相应的客户之下来执行，也是系统执行任务所必须具备的基础条件之一。权限："客户管理系统"所有权限。

原材料运输管理员（03）：主要职责是负责根据采购订单将采购部门订购的原材料按时送达库房，主要完成运输委托单、运输路单的建立、维护以及货物的在途跟踪。权限："原材料运输管理系统"所有权限。

产成品运输管理员（04）：主要职责是负责根据客户订单，将客户订购的货物按时送达客户，主要完成运输委托单、运输路单的建立、维护以及货物的在途跟踪。权限："产成品运输管理系统"所有权限。

物料清单维护员（05）：主要职责是根据产品机构情况建立并维护各种产品的物料清单。权限："物料管理系统"所有权限。

生产计划员（06）：主要职责是根据销售部门提供的产品需求预测以及库存管理部门提供的产成品库存情况制订生产计划，然后根据生产计划计算物料需求计划。权限："生产计划管理管理系统"所有权限。

供应商信息管理员（07）：主要职责是对业务范围内的供应商进行基本信息和货品信息的录入和管理。供应商信息管理员在系统中与系统管理员具有同样重要的位置，所有要执行的业务操作要在建立了供应商信息之后在相应的供应商之下来执行，也是系统执行任务所必须具备的基础条件之一。权限："供应商信息管理系统"所有权限。

采购订单管理员（08）：主要职责是负责采购订单的录入。权限："采购订单管理系统"所有权限。

原材料库存管理员（09）：主要职责是执行相应的原材料入库业务，明确入库货物的明细和数量、形态、入库时间及具体地点；执行相应的原材料出库业务。明确出库货物的数量、形态和具体的库存库位；对所管理的库房内所有货物进行货物的盘点，发生库存差异之后进行库存调整，以便及时调整货物的存储量，满足供给和避免浪费储力资源。权限："原材料库存管理系统"功能权限。

产成品库存管理员（10）：主要职责是执行相应的产成品入库业务，明确入库货物的明细和数量、形态、入库时间及具体地点；执行相应的产成品出库业务。明确出库货物的数量、形态和具体的库存库位；对所管理的库房内所有货物进行货物的盘点，发生库存差异之后进行库存调整，以便及时调整货物的存储量，满足供给和避免浪费储力资源。权限："成品库存管理系统"功能权限。

3.4.2.2 采购管理实训

采购管理系统可以实现采购管理中对供应商信息的建立与维护，如供应商基本信息、发货单位以及登录账号信息，还可以实现原材料采购过程中的采购订单信息的建立与维护，如采购订单的编号、供应商、订单到达时间等等。采购管理系统的主界面，如图 3.1 所示。

图 3.1 采购管理系统主界面

3.4.2.2.1 添加供应商基本信息

在采购管理系统中添加供应商哈维公司的基本信息。首先单击操作界面顶端"采购管理"进入采购管理。单击左侧菜单栏中的"供应商基本信息"进入供应商基本信息管理界面，如图 3.2 所示。

单击页面下方的"添加供应商"，可录入哈维公司的相关信息，如图 3.3 所示。需要录入的供应商哈维公司的信息包括：供应商名称、供应商地址、联系人、联系人职务、联系电话、税务人登记号等信息。

在供应商基本信息管理界面中，单击"库房租用"，为供应商哈维公司分配租用库

图 3.2 供应商信息维护界面

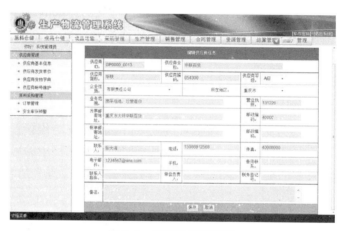

图 3.3 新增供应商界面

位，如图 3.4 所示，完成供应商添加工作。此外，在供应商基本信息管理界面中还提供了对刚才定义的供应商哈维公司相关信息的"编辑、删除"等维护功能。

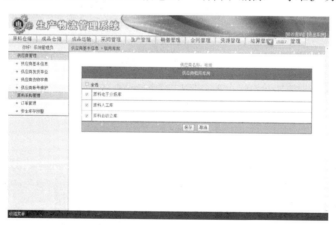

图 3.4 供应商库位分配操作

3.4.2.2.2 添加供应商发货单位

在建立供应商哈维公司的基本资料后，需要添加哈维公司的发货单位信息。单击左侧菜单栏中的"供应商发货单位"进入供应商发货单位管理界面。在页面中选择供应商哈维公司，然后点击"进入"，即可进入供应商哈维公司的发货单位维护界面。在供应商发货单位维护界面中点击"新增发货人"，录入发货人"哈维责任有限公司第一责任分厂"的相关信息即可完成发货单位新增工作，如图 3.5 所示。此外，在供应商发货单位管理界面提供了对供应商发货单位信息的"编辑、删除"等维护功能。

图 3.5　新增发货人界面

3.4.2.2.3　添加供应商货物

在完善哈维公司的发货单位信息后，还需要添加哈维公司供应的产品信息。单击左侧菜单栏中的"供应商货物字典"进入供应商货物字典管理界面。在供应商货物字典管理页面中选择哈维公司，然后点击"进入"，即可对哈维公司的产品信息进行维护，如图 3.6 所示。

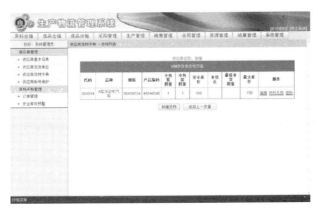

图 3.6　供应商货物字典维护界面

在供应商货物字典管理页面中点击"新增货物"（注：在安全库存中输入 100 个，在最大库存中输入 150 个），录入 A 型发动机气缸的相关信息，即可完成货物新增工作，如图 3.7 所示。此外，在供应商货物字典维护界面提供了对供应商货物信息的"编辑、删除"等维护功能。

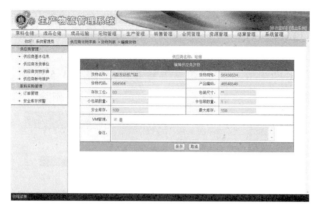

图 3.7　新增货物界面

3.4.2.2.4　维护供应商账号

最后需要为供应商哈维公司分配登录系统的账号。单击左侧菜单栏中的"供应商账号维护"进入供应商账号管理界面。在页面中选择哈维公司，然后点击"进入"，即可进入供应商账号维护界面。在供应商账号维护界面中点击"新增用户账号"，录入账号的相关信息即可完成新增账号工作，如图 3.8 所示。

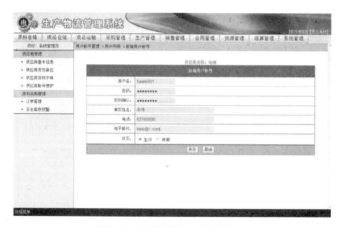

图 3.8　新增供应商账号界面

3.4.2.2.5　建立原材料采购订单

在采购系统中建立采购订单主要通过两种方式建立：手动新增和根据系统建议新增。单击采购系统页面左边原材料采购管理中"订单管理"进入订单管理界面。根据实训案例，向哈维公司采购 A 型发动机气缸 10 套，要求到达送达时间是 2011 年 6 月 16 日 12：00 前。单击页面中"新增补货通知"，即可开始定义补货通知，如图 3.9 所示。

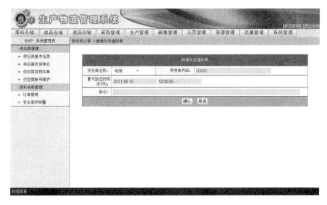

图 3.9 新增补货通知界面

在供应商中选择哈维公司，完善到货时间等信息，即可完成补货通知定义。对刚建立的补货通知，单击"发货明细"，定义需要采购的物资 A 型发动机气缸，如图 3.10 所示。

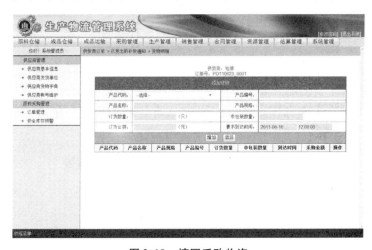

图 3.10 填写采购物资

在完成原材料采购订单定义后，需要在补货通知管理界面中对采购订单进行确认，单击页面右端对应采购通知的"接受"即可，并使之生效，如图 3.11 所示。

图 3.11 原材料采购订单确认

系统会根据物资的最小库存量自动建议应该进行补充物资。单击采购系统页面左边原材料采购管理中"订单管理"进入订单管理界面。单击页面中"系统建议补货"，即可开始根据系统建议自动补货，如图 3.12 所示。在界面中选择"发出补货通知"，即可直接建立发货通知单，后续实训流程与手工建立采购订单类似。

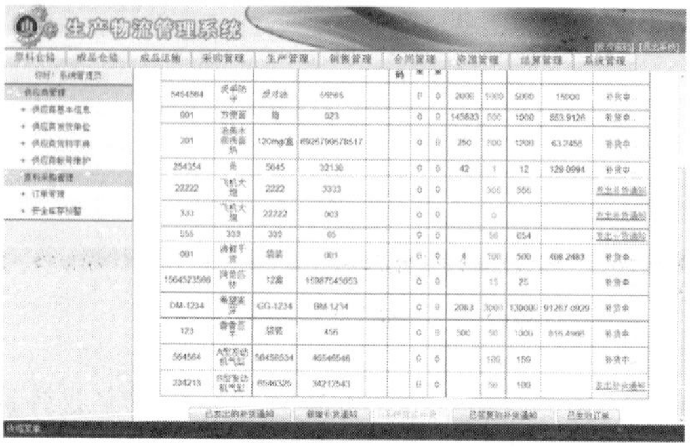

图 3.12　系统建议补货界面

3.4.2.3　原料库存管理

3.4.2.3.1　添加入库委托

在采购管理系统中建立哈维公司的账户信息、制定采购订单后，需要在原料库存管理系统完成原材料入库操作。单击"原料仓储"进入原料库存管理系统，如 3.13 所示。

图 3.13　原材料库存管理系统

单击"入库委托"，即可进入入库操作界面，如图 3.14 所示，在界面中即可发现向哈维公司订货的订单。

对该订单单击"委托单明细"即可建立委托入库单，如图 3.15 所示。在入库库房中选择对应库位（原料自动立体库），单击"保存"即可。在入库操作界面单击对应订单的"受理"，即可建立入库单。

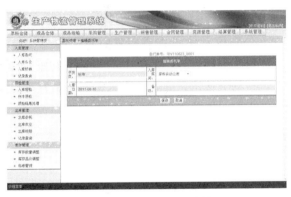

图 3.14　入库操作界面

图 3.15　建立委托入库单

3.4.2.3.2　完成入库作业

进入入库作业，即可发现刚才建立的来自哈维公司原材料的入库单，在操作界面中可以完成入库单的查询、检查和核对及打印等工作，在经核实订单无误后，单击"完成"即可开始入库工作，如图 3.16 所示。

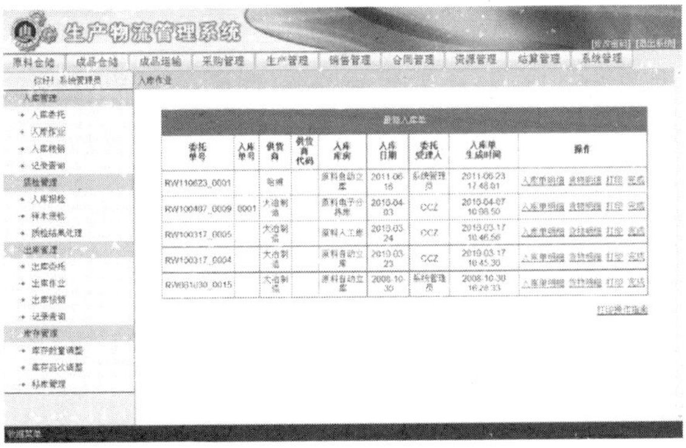

图 3.16　入库作业界面

3.4.2.3.3　入库核销

进入入库核销，单击哈维公司采购订单对应的"货物明细"，即可对订货通知中的每项物资进行核实，如图 3.17 所示。

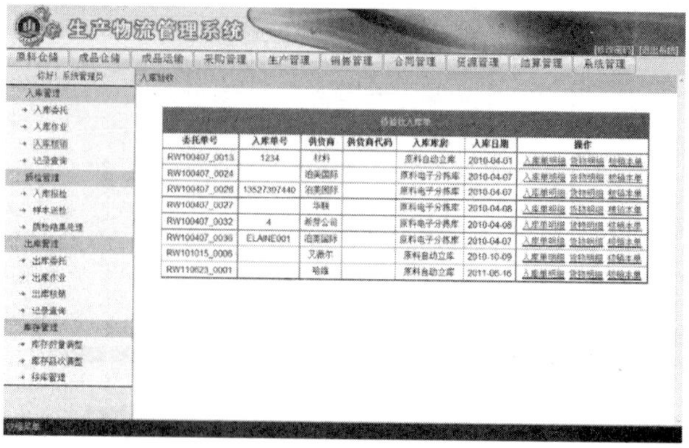

图 3.17　入库核销界面

在物资核销界面中，分别填入 A 型发动机气缸对应的出厂检验单号、材质单号、入库数量、库位分配、原料状态等资料后，单击"核销本物资"可完成入库单中 A 型发动机气缸的核销工作。在物资核销完成后，还需要将 A 型发动机气缸进行送检操作，才能完成入库通知的核销工作，如图 3.18 所示。

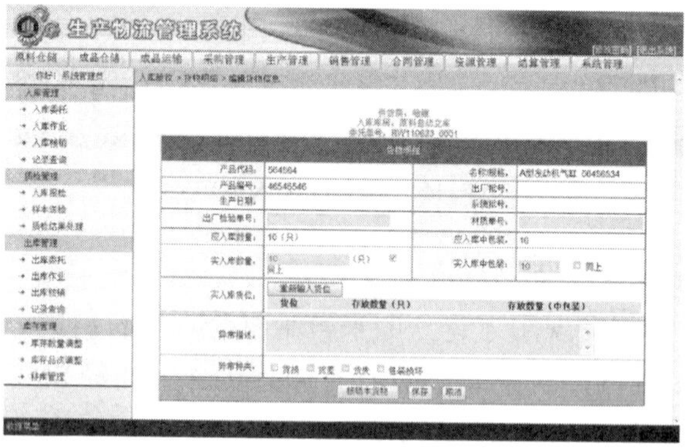

图 3.18　物资核销界面

在物资核销中，需要为 A 型发动机气缸分配存放的仓库和库位。单击"重新分配库位"，即可出现库位选择界面，在安排数量中填入该库位存放的 A 型发动机气缸数量即可完成库位分配工作，如图 3.19 所示。

图 3.19　库位分配

3.4.2.3.4　原料质检管理

进入质检管理中的入库报检界面，选择哈维公司送检的 A 型发动机气缸，点击"完成报检"，即可生成报检单，如图 3.20 所示。

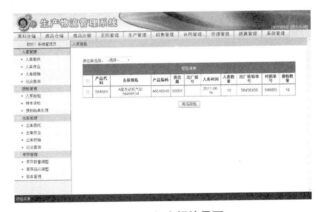

图 3.20　入库报检界面

进入样本送检界面，选择哈维公司送检的 A 型发动机气缸，点击"送检"，即可启动物资的送检流程，如图 3.21 所示。

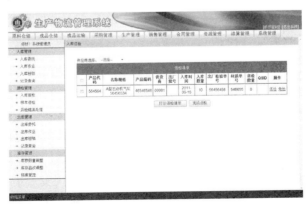

图 3.21　样本送检界面

在送检物资检测完成后，开始质检结果处理程序。在送检结果中，填入 A 型发动机气缸的 QSID 后，然后再单击"完成送检"，即可完成 A 型发动机气缸送检工作，如图 3.22 所示。

图 3.22　填写送检物资相关信息

进入"质检结果处理"界面，单击"结果处理"，可以根据质检结果进行相应的处理。在入库订单的所有物资都核销完成并完成质检工作后，即可完成入库通知单的核销工作，如图 3.23 所示。

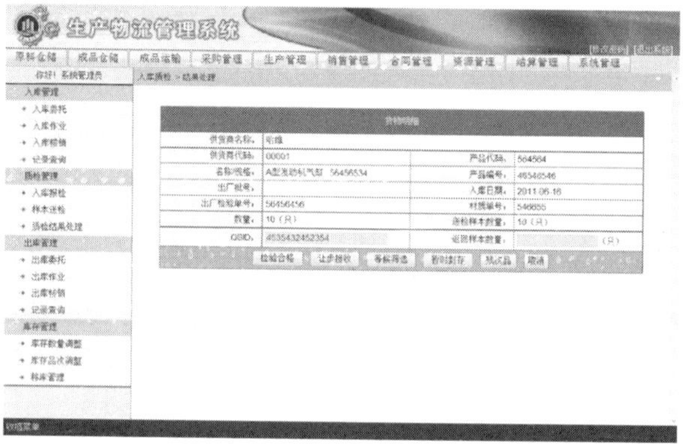

图 3.23　质检结果处理界面

3.4.2.4　生产管理实训

3.4.2.4.1　建立物料清单

物料清单（Bill of Materials，简称 BOM）是描述企业产品组成的技术文件。它表明了产品的总装件、分装件、组件、部件、零件直到原材料之间的结构关系以及所需的数量，是 MRPII 系统中计算 MRP 过程中的重要控制文件。

大冶制造公司主要生产汽车发动机。一台汽车发动机需要供应商哈维公司提供的一个气缸铸造件。首先需要建立顶层汽车发动机的有关信息，然后建立底层发动机的有关信息，最后建立两者之间的数量联系。

单击物料管理中的"产品信息管理"，进入产品信息管理界面，如图 3.24 所示，在产品信息管理界面中可以定义和修改产品的 BOM。

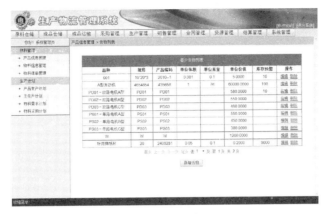

图 3.24　产品信息管理界面

在产品信息管理界面中，单击"新增货物"，即可开始添加大冶制造发动机物料清单中顶层产品的相关资料，如图 3.25 所示。

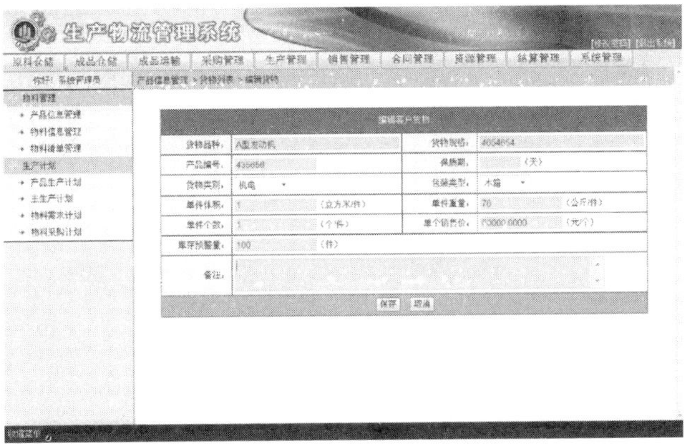

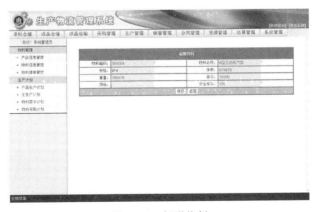

图 3.25　添加顶层产品资料

单击物料管理中的"物料信息管理"，进入物料信息管理界面，单击"新增物料"，如图 3.26 所示，就可以添加供应商哈维公司提供的发动机气缸相关信息。

图 3.26　新增物料

单击物料管理中的"物料清单管理",如图 3.27 所示,可以建立产品与原材料之间的关联关系。

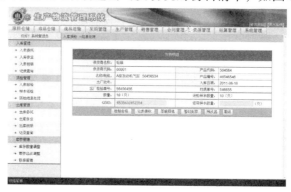

图 3.27　物料清单管理界面

单击"查看物料",然后再单击"新增物料",建立一台发动机与一个发动机气缸之间的对应关系,从而建立大冶制造公司发动机的物料清单,如图 3.28 所示。

图 3.28　二级物料信息界面

3.4.2.4.2　制订产品生产计划

进入生产计划中的"产品生产计划",对大冶公司的 A 型汽车发动机单击"销售预测与实际需求",可以录入 A 型汽车发动机的销售预测和实际需求,如图 3.29 所示。

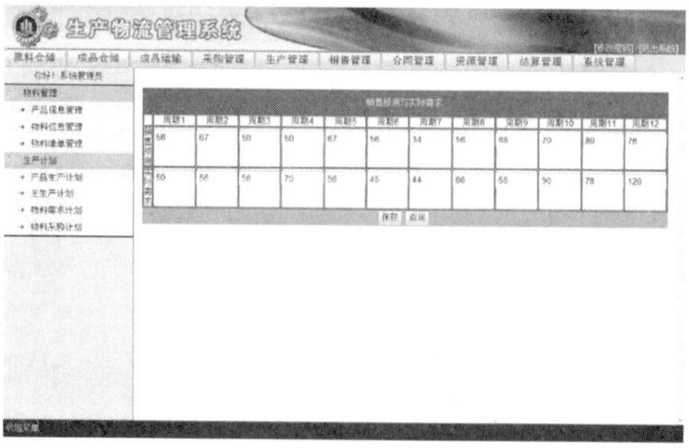

图 3.29　销售预测与实际需求

对大冶公司的 A 型汽车发动机单击"库存与生产数量"即可定义 A 型汽车发动机期初库存、安全库存和 MPS 批量，如图 3.30 所示。

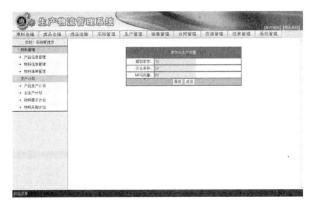

图 3.30　定义期初库存、安全库存和 MPS 批量

在完成周期配置后，对大冶公司的 A 型汽车发动机单击"MPS 计划"即可获取主生产计划，如图 3.31 所示。

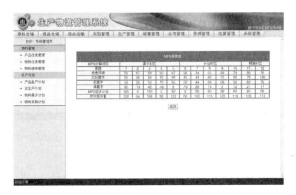

图 3.31　生成主生产计划

进入主生产计划中"物料需求计划"，对大冶公司的 A 型汽车发动机单击"计算订单"，即可完成物料需求计划的计算。在大冶公司完成汽车制造后，需要将成品纳入库房进行管理，主要需要完成以下工作：入库管理和出库管理。

3.4.2.5　产成品库存管理

在大冶公司完成汽车制造后，需要将成品 A 型汽车发动机纳入库房进行管理，主要需要完成以下工作：入库管理和出库管理。

3.4.2.5.1　制作入库单

单击"成品仓储"进入成品库存管理系统，进入"入库委托"，如图 3.32 所示，然后单击新增委托单，建立 A 型汽车发动机入库通知单。

在入库委托界面，单击"货物明细"增加需要入库的 A 型汽车发动机，填写出厂批号、生产日期等基本信息后，即可完成 A 型汽车发动机入库通知单的建立工作，如图 3.33 所示；在入库委托界面，单击"受理"，即可生成入库单。

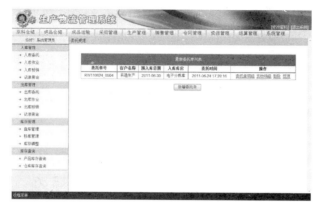

图 3.32　入库委托

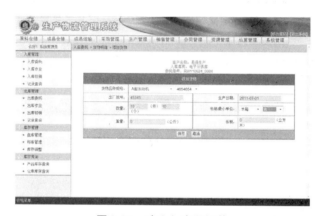

图 3.33　建立入库通知单

3.4.2.5.2　入库核销

成品库存管理系统中，单击"入库作业"，选择大冶公司 A 型发动机对应入库单中"完成"即可完成入库作业操作。成品库存管理系统中，单击"入库核销"，选择大冶公司 A 型发动机对应入库单中"货物明细"，如图 3.34 所示，即可开始对入库单开始进行核销。

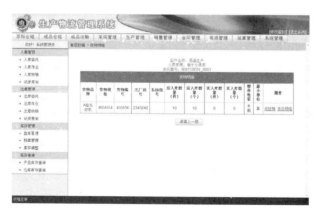

图 3.34　入库物资核销

在货物明细界面，单击"待核销"，在为入库物资 A 型汽车发动机分配库位后，即可完成入库核销工作，如图 3.35 所示。

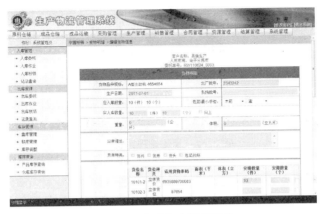

图 3.35　完成入库核销工作

3.4.2.5.3　制作出库单

进入"出库委托"，如图 3.36 所示，单击"新增委托单"，开始建立 A 型汽车发动机出库通知单。

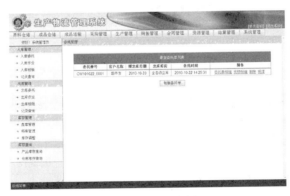

图 3.36　出库委托

3.4.2.6　销售管理

销售管理系统可以实现销售管理中对客户信息的建立与维护，如客户的基本信息、收货单位、货物字典以及登录账号信息，还能实现销售过程中的采购订单信息的建立与维护，如采购订单的编号、供应商、订单到达时间等等。销售管理系统的主界面如图 3.37 所示。

图 3.37　销售管理系统

3.4.2.6.1　添加客户基本信息

在销售管理系统中添加客户商都汽贸公司的基本信息。单击操作界面顶端"销售管理"进入销售管理系统。单击左侧菜单栏中的"客户基本信息"进入供应商基本信息管理界面，如图 3.38 所示。

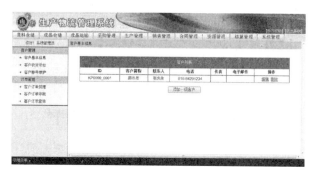

图 3.38　供应商基本信息管理界面

单击页面下方的"添加一级客户"，可录入商都汽贸公司的相关信息，如图 3.38 所示。需要录入的客户信息包括：客户名称、客户地址、联系人、联系电话、税务人登记号等信息。此外，在客户基本信息管理界面中还提供了对客户信息的"编辑、删除"等维护功能。

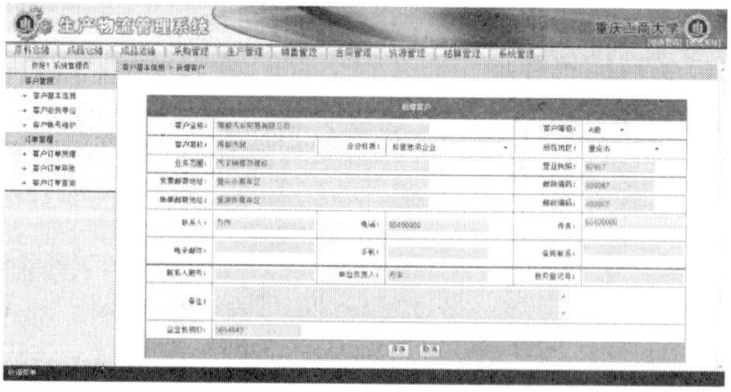

图 3.39　添加一级客户

3.4.2.6.2　添加客户收货单位

在建立客户商都汽贸公司的基本资料后需要添加汽贸公司的收货单位信息。单击左侧菜单栏中的"客户发收货单位"进入客户发收货单位管理界面。在页面中选择客户商都汽贸公司，然后点击"进入"，即可进入客户收货单位维护界面。在客户收货单位维护界面中点击"新增收货人"，录入收货人的相关信息即可完成收货单位新增工作。此外，在客户收货单位管理界面，如图 3.40 所示提供了对客户收货单位信息的"编辑、删除"等维护功能。

图 3.40　录入收货人的相关信息

3.4.2.6.3　维护客户账号

最后需要为客户分配登录系统的账号。单击左侧菜单栏中的"客户账号维护"进入客户账号管理界面。在页面中选择商都公司，然后点击"进入"，即可进入客户账号维护界面。在客户账号维护界面中点击"新增用户账号"，录入账号的相关信息即可完成新增账号工作，如图 3.41 所示。

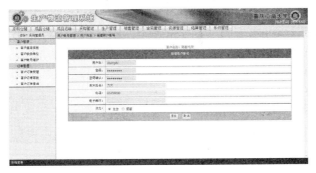

图 3.41　录入账号的相关信息

3.4.2.6.4　管理客户订单

单击"新增订单"即可开始填写客户订单的相关信息。在填写完成订单基本信息后，单击"货物明细"，选择采购的具体货物"A 型汽车发动机"，如图 3.42 所示，即可完成订单录入工作。

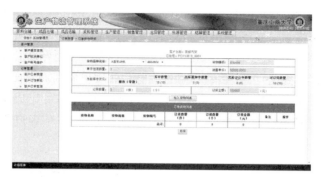

图 3.42　选择订购货物

3.4.2.7　成品运输管理

成品运输管理实训的主要目的是实现 TG 汽车公司与商都汽贸公司之间运输管理的信息化，从而提高运输管理的效率。成品运输管理实训需要完成的主要工作包括：运输委托、运输订单、运输调度、运输监控、单据核销等主要功能。成品运输管理系统的功能主界面如图 3.43 所示。

图 3.43　成品运输管理系统

3.4.2.7.1　制作运输订单

进入运输管理系统，单击"订单录入"进入运输订单信息管理界面，单击"新增订单"即可开始为 TG 汽车公司添加 A 型汽车发动机的运输订单的相关资料，如图 3.44 所示。

图 3.44　新增订单

3.4.2.7.2　制作运输调度运单和路单

进入成品运输管理系统，单击"调度运单"进入运输调度信息管理界面，选择运输的起始地和目的地即可查询运输订单（实训案例中运的起始地和目的地均为重庆，因此均需选择西南地区），查询结果如图 3.45 所示。

图 3.45　运输订单查询结果

选择运单"商都汽贸"，在承运商中选择案例中拟定的易运运输，即可完成运单的调度工作，如图 3.46 所示。

图 3.46　完成运单的调度

在界面图 3.47 中，选中刚完成调度的运单，即生成路单。

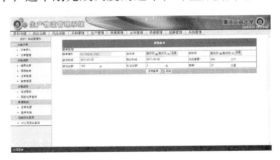

图 3.47　生成路单

在路单中填入燃油定额、机油定额，如图 3.48 所示，即可完成路单的生成工作。

图 3.48　填写路单信息

3.4.2.7.3　核销路单

进入成品运输管理系统，单击"路单核销"进入路单核销管理界面，在初选条件里面输入"承运商：易运运输"，便可查询到刚建立的路单，在货物运输完成后单击"核销"，在填入实际使用的燃油和机油数量后，单击"保存核销记录"即可完成路单注销工作，如图 3.49 所示。

图 3.49　路单注销

3.5　实训思考与练习

1. 生产物流管理中采购、运输、生产、销售等业务环节之间的相互关联如何？
2. 生产物流管理中生产计划和物流需求计划是如何制订的？
3. 你认为生产物流最难管理的地方在哪里？为什么？有何建议？

第 4 章　运输管理实训

本章目的和任务

1. 深入了解运输的基本概念、运输方式，掌握运输业务流程。

2. 熟悉运输管理系统的主要功能模块、掌握各功能模块实现的主要功能，熟练掌握并完成各种业务的软件操作。

3. 了解运输企业岗位设置及工作过程，了解运输管理软件对运输企业日常业务操作及管理的辅助支持功能。

本章要点

1. 运输业务流程。

2. 运输管理系统的主要功能模块。

3. 运输管理系统的软件操作。

4.1　实训目的

熟悉运输委托及订单管理员角色职能，掌握运输委托及订单管理各业务环节间的相互关联；熟悉运单调度员角色职能；掌握运单调度各业务环节间的相互关联；熟悉路单调度员角色职能；掌握路单调度各业务环节间的相互关联；熟悉运输监控员角色职能；掌握运输监控各业务环节的相互关联。

4.2　实训要求

实训课前认真阅读实训目的及实训理论基础，为实训课作好充分准备。实训开始之前，认真分析实训的案例资料，根据所学知识整理出实训的主要流程。实训过程中认真完成各实训步骤并做好实训记录。实训结束后对实训结果进行分析，并撰写实训报告。

4.3　实训理论基础

4.3.1　运输的概念

运输是人和物的载运及输送。本文中专指"物"的载运及输送。它是在不同地域范围间（如两个城市、两个工厂之间，或一个大企业内相距较远的两车间之间），以改变"物"的空间位置为目的的活动，对"物"进行空间位移。和搬运的区别在于，运输是较大范围的活动，而搬运是在同一地域之内的活动。

4.3.2　运输的地位

4.3.2.1　运输是物流的主要功能要素之一

按物流的概念，物流是"物"的物理性运动，这种运动不但改变了物的时间状态，也改变了物的空间状态。而运输承担了改变空间状态的主要任务，运输是改变空间状态的主要手段，运输再配以搬运、配送等活动，就能圆满完成改变空间状态的全部任务。在现代物流观念未诞生之前，甚至就在今天，仍有不少人将运输等同于物流，其原因是物流中很大一部分责任是由运输担任的，是物流的主要部分，因而会出现上述认识。

4.3.2.2　物流货物运输是社会物质生产的必要条件之一

物流货物运输是国民经济的基础和先行。马克思将运输称之为"第四个物质生产部门"是将运输看成是生产过程的继续，这个继续虽然以生产过程为前提，但如果没有这个继续，生产过程则不能最后完成。所以，虽然运输的这种生产活动和一般生产活动不同，它不创造新的物质产品，不增加社会产品数量，不赋予产品以新的使用价值，而只变动其所在的空间位置，但这一变动则使生产能继续下去，使社会再生产不断推进，所以将其看成一种物质生产部门。

物流货物运输作为社会物质生产的必要条件，表现在以下两方面：在生产过程中，运输是生产的直接组成部分，没有运输，生产内部的各环节就无法连接；在社会上，运输是生产过程的继续，这一活动联结生产与再生产，生产与消费的环节，联结国民经济各部门、各企业，联结着城乡，联结着不同国家和地区。

4.3.2.3　物流货物运输可以创造"场所效用"

场所效用的含义是：同种"物"由于空间场所不同，其使用价值的实现程度则不同，其效益的实现也不同。由于改变场所而最大限度发挥使用价值，最大限度地提高了产出投入比，这就称之为"场所效用"。通过运输，将"物"运到场所效用最高的地方，就能发挥"物"的潜力，实现资源的优化配置。从这个意义来讲，也相当于通过运输提高了物的使用价值。

4.3.2.4　物流货物运输是"第三个利润源"的主要源泉

物流货物运输是运动中的活动，它和静止的保管不同，要靠大量的动力消耗才能实现这一活动，而运输又承担大跨度空间转移之任务，所以活动的时间长、距离长、消耗也大。消耗的绝对数量大，其节约的潜力也就大。

从运费来看，运费在全部物流货物运输费中占的比例最高，一般综合分析计算社会物流货物运输费用，物流货物运输费在其中占接近五成的比例，有些产品运费高于产品的生产费。所以节约的潜力是大的。

由于运输总里程大，运输总量巨大，通过体制改革和运输合理化可大大缩短运输吨公里数，从而获得比较大的节约。

4.3.3　运输方式

运输方式是客、货运输所赖以完成的手段、方法与形式，是为完成客货运输任务而采取一定性质、类别的技术装备（运输线路和运输工具）和一定的管理手段。

4.3.3.1　运输方式的分类

按运输设备及运输工具不同，运输方式可分为公路运输、铁路运输、水上运输、航空运输和管道运输等。

4.3.3.1.1　公路运输

公路运输是主要使用汽车，也使用其他车辆（如人、畜力车）在公路上进行货客运输的一种方式。公路运输主要承担近距离、小批量的货运和水运、铁路运输难以到达地区的长途、大批量货运及铁路、水运优势难以发挥的短途运输。由于公路运输有很强的灵活性，近年来，在有铁路、水运的地区，较长途的大批量运输也开始使用公路运输。

公路运输的主要优点是灵活性强，公路建设期短，投资较低，易于因地制宜，对收到站设施要求不高。可以采取"门到门"运输形式，即从发货者门口直到收货者门口，而不需转运或反复装卸搬运。公路运输也可作为其他物流运输方式的衔接手段。公路运输的经济半径，一般在 200 公里以内。

4.3.3.1.2　铁路运输

铁路运输是使用铁路列车运送客货的一种运输方式。铁路运输主要承担长距离、大数量的货运，在没有水运条件的地区，几乎所有大批量货物都是依靠铁路，是在干线运输中起主力运输作用的物流运输方式。

铁路运输优点是速度快，运输不大受自然条件限制，载运量大，运输成本较低。主要缺点是灵活性差，只能在固定线路上实现运输，需要以其他运输手段配合和衔接。铁路运输经济里程一般在 200 公里以上。

4.3.3.1.3　水路运输

这是使用船舶运送客货的一种物流运输方式。水路运输主要承担大数量、长距离的运输，是在干线运输中起主力作用的运输形式。在内河及沿海，水路运输也常作为小型运输工具使用，担任补充及衔接大批量干线运输的任务。

水路运输的主要优点是成本低，能进行低成本、大批量、远距离的运输。但是水路运输也有显而易见的缺点，主要是运输速度慢，受港口、水位、季节、气候影响较大，因而一年中中断运输的时间较长。

4.3.3.1.4　航空运输

航空运输是使用飞机、直升机及其他航空器运送人员、货物、邮件的一种运输方式，具有快速、机动的特点，是现代旅客运输，尤其是远程旅客运输的重要方式；为国际贸易中的贵重物品、鲜活货物和精密仪器运输所不可缺。

航空运输的主要优点是速度快、机动性大、舒适安全、基本建设周期短、投资小。航空运输的主要缺点是飞机机舱容积和载重量都比较小，运载成本和运价比地面运输高。由于飞行受气候条件限制，其正常、准点性容易受到影响。

4.3.3.1.5　管道运输

管道运输是用管道作为运输工具的一种长距离输送液体和气体物资的运输方式，是一种专门由生产地向市场输送石油、煤和化学产品的运输方式，是统一运输网中干线运输的特殊组成部分。有时候，气动管（pneumatic tube）也可以做到类似工作，以压缩气体输送固体舱，而内里装着货物。管道运输石油产品比水运费用高，但仍然比铁路运输便宜。大部分管道都是被其所有者用来运输自有产品。

此方式的主要优点是运输量大，劳动生产率高；建设周期短，投资少，占地少；运输损耗少，无"三废"排放，有利于环境生态保护；可全天候连续运输，安全性高，事故少；以及运输自动化，成本和能耗低等明显优势。主要缺点是灵活性差、成本高。

4.3.3.2　运输方式的合理选择

在各种运输方式中，如何选择适当的运输方式是物流合理化的重要问题。一般来讲，应从物流系统要求的服务水平和允许的物流成本来决定。可以使用一种运输方式也可以使用联运方式。

决定运输方式，可以在考虑具体条件的基础上，对下列五个具体项目认真研究考虑：

4.3.3.2.1　货物品种

关于货物品种及性质、形状，应在包装项目中加以说明，选择适合这些货物特性和形状的运输方式，货物对运费的负担能力也要认真考虑。

4.3.3.2.2　运输期限

运输期限必须与交货日期相联系，应保证运输时限。必须调查各种运输工具所需要的运输时间，根据运输时间来选择运输工具。运输时间的快慢顺序一般情况下依次为航空运输、汽车运输、铁路运输、船舶运输。各运输工具可以按照它的速度编组来安排日程，加上它的两端及中转的作业时间，就可以算出所需的运输时间。在商品流通中，要研究这些运输方式的现状，进行有计划的运输，希望有一个准确的交货日期是基本的要求。

4.3.3.2.3　运输成本

运输成本因货物的种类、重量、容积、运距不同而不同。而且，运输工具不同，运输成本也会发生变化。在考虑运输成本时，必须注意运费与其他物流子系统之间存在着互为利弊的关系，不能只考虑运输费用来决定运输方式，要由全部总成本来决定。

4.3.3.2.4 运输距离

从运输距离看，一般情况下可以依照以下原则：300 公里以内，用汽车运输；300～500 公里的区间，用铁路运输；500 公里以上，用船舶运输。一般采取这样的选择是比较经济合理的。

4.3.3.2.5 运输批量

再看一下运输批量的影响，因为大批量运输成本低，应尽可能使商品集中到最终消费者附近，选择合适的运输工具进行运输是降低成本的良策。一般来说，15～20 吨以下的商品用汽车运输；15～20 吨以上的商品用铁路运输；数百吨以上的原材料之类的商品，应选择船舶运输。

4.3.4 运输的业务流程

不同运输方式，不同装载方式（零担、整车），不同运输范围（国内或国际），其业务流程各不相同。在此仅以公路零担货物运输为例介绍运输的业务流程。

4.3.4.1 货主货物托运受理

零担货物始发站负责承运的物流业务人员根据货物的性质及受运限制等业务规则（零担货运承运注意事项或零担货物承运管理规则）和本企业营运范围内的线路、站点、到达站点的装卸能力、有关规定来承接托运零担货物，办理托运手续。受理托运时，物流业务员必须严格遵守物流公司承运货物的有关规程，根据托运要求向货主托运人询问清楚后认真填写托运货票，并交由托运人审核无误后方可承运。

4.3.4.2 收货验货贴标

物流零担货物受理人员在填写好托运货票后，必须马上对单验货，认真点件交接，做好记录，按托运货票编号填写标签及有关标志，对笨重货物，贵重货物，易损坏的货物以及其他易出危险应打上醒目标志，实施重点移交。物流财务人员按规定收取运杂费，并将货票客户联交由货主并提醒货主再次审核，其余联按规定分类陈放。

4.3.4.3 货物分类入库

在办理完相关托运手续后，负责办理手续的物流业务员应按规定及时将货交由负责保管的仓库人员。负责保管的仓库人员应及时填写货物入库大单，严格按货物种类、急缓要求、运输方向、到达站点实施分类码放。零担货物在仓库的存放时间短，周转快，应主要控制货物的出入库效率和库内存放货位的管理。货物进出仓库要严格执行照单入库或出货，做到以票对货，票票不漏，货票相符。

4.3.4.4 货物配载装车

（1）按车辆容载量和货物的形状、性质进行合理配载，依据货票填写好货物装车清单，对不同到达站点要分单填制。

（2）将装车货物货票附于装车清单后面。

（3）按到达站点先后和货物运输实际要求点件装车。

（4）装卸人员要严格按照装卸作业要求装车。

（5）对不便要求司机点件移交的车辆，装完车后，要按规定打上铅封，但相关货票清单必须交由司机，由司机交由到达站。

4.3.4.5　货物运输

公路零担运输车辆应按时发车，按规定线路行驶，中途卸货站要由中途站的值班人员在行车路单上鉴定到发车时间与装卸车后货物的装载状况。

4.3.4.6　货物到站卸货

车辆到站后，到达站仓库负责人员应首先查验货物车载外围状况，如无异常方可卸货，如有异常情况，应及时向承运司机问明情况，并依据规定进行相应处理。

4.3.4.7　验货对单入库

在卸货入库的过程中，到达站的仓库负责人员核对随车来的托运货票和清单，按照票、单、货相符的原则验货入库。发现货票不符、有票无货、有货无票、票单不清、货物破损等情况，立即与发送站核对，超越处理权限的应报请有关负责人协同处理。

4.3.4.8　货物仓储保管

在货物入库的过程中，仓库负责人员应根据货物的性质，从安全和加速货物流通，提高经济效益出发，对货物进行分类码放。

4.3.4.9　交付和中转

货物入库后，仓库负责人员应及时通知收货人提货，对指定送货上门的货物，及时联系客户，按规定给客户送货上门，并办理好相关手续。对中转货物应按规定及时通知相关业务人员进行中转，并回收保管好中转单据，作好登记，以便备查。

公路货物运输流程的各个环节就是这样有机地联系在一起的，统一构成了零担货物运输系统。物流企业因为他们服务的货主不同，在作业流程上也会有很大的差异。但不管差异有多大，如托运受理、分货、入库、装车、运输、达到卸货、清货、交付这些基本流程总是不可或缺的。

4.4　实训内容

4.4.1　案例资料

"易通运输"是一家提供运输服务的物流企业，为"百汇集团"下设"百汇1店"来自"北京百货公司"的黑人牙膏及签字笔两种产品提供运输服务。自身没有车辆以及在集货过程中需暂存物品的仓库。于是租用"顺子运输"的车辆完成运输；租用"放心仓储有限公司"在北京的电子分拣库完成集货过程中物品的储存。因此，"易通运输"需分别与客户"百汇"、运输资源供应商"顺子运输"以及仓储资源供应商

"放心仓储"签订合同。

具体业务如下:

2011 年 6 月 27 日,客户委托"易通运输"完成来自"北京百货公司"黑人牙膏 2 件、签字笔 10 件至重庆的运输任务。黑人牙膏的运输费用 4 元/件,签字笔的运输费用 5 元/件。

2011 年 6 月 27 日,租用"顺子运输"的车辆完成客户委托物品在北京的集货过程,并完成黑人牙膏及签字笔在"放心仓储"北京电子分拣库的入库。

2011 年 6 月 27 日,客户的委托正式转为订单。

2011 年 6 月 27 日,将客户订单拆分成两个运单,以便将该客户不同产品与其他客户的同类产品进行配装运输;根据运单生成相应的路单,即安排不同车辆分别完成上述两种物品的运输;根据路单完成黑人牙膏及签字笔在放心仓储北京电子分拣库的出库。

2011 年 7 月 2 日,在途跟踪,货物正常。运输路线及时间按计划进行。

2011 年 7 月 3 日,在途跟踪,货物正常,但由于车况的问题,比计划延误 5 小时。

2011 年 7 月 4 日,在途跟踪,签字笔出现少量破损,到达跟踪点时间顺延 5 小时。跟踪结束。

2011 年 7 月 5 日,物品送达,客户完成签收,司机与客户办理交接手续;完成运输过程中签字笔出现异常情况的处理。

2011 年 7 月 12 日,车辆返回北京,司机办理路单的核销工作。

2011 年 7 月 15 日,公司完成运输应收/应付款的结算。

4.4.2 实训过程

实训过程主要有两步:

第一步,本企业的信息、客户信息(包括客户的基本信息、客户的货物字典及客户的收发货单位信息)、物流资源信息(包括运输资源供应商、仓储资源供应商)等基础资料录入运输管理系统。

第二步,完成运输任务的委托、集货调度、运单调度、路单调度、在途跟踪以及送达签收等一系列的业务操作。

实训过程采用的是易通交通信息发展有限公司开发的《运输管理系统》(教学版)。该软件以企业内部管理为基础,包括运输管理、异常管理、合同管理、客户管理、资源管理、结算管理和系统管理等模块,如图 4.1 所示。覆盖运输的各个环节,自动交换各部门间的业务数据,实现企业内部信息共享,使物流的全过程"融会贯通"。在加强内部管理的同时,通过互联网、远程通讯等工具实现货物跟踪、网上查询等功能,从而全面实现物流管理的系统化、网络化、现代化,帮助学校了解运输企业的真实经营模式,按照企业完整的业务流程来实例教学,仿真实践。

图 4.1　运输管理系统管理

4.4.2.1　基础资料设置

基础资料设置主要是为管理系统正常运行所需录入的一些基础数据，主要包括本企业基本资料、运输资源资料、客户资料、合同管理。其中，本企业基本资料包括企业分支机构所在地及联系方式、系统角色设置及权限分配、系统用户设置及权限分配、项目设置及人员构成、基本参数设置；运输资源资料包括供应商名称及联系方式、车辆管理；客户资料包括客户一级机构及二级机构的名称及联系方式、货物字典及对应的收发货单位信息；合同管理包括客户/供应商/承运商合同管理、标准合同文本管理。

4.4.2.1.1　本企业基本资料

（1）分支机构管理。

分支机构是企业的一个组成部分，它在经营业务、经营方针等各方面都要受到公司总部不同程度的控制。分支机构不是独立的法律主体，但通常是一个独立的会计个体。点击"分支机构管理"进入到分支机构管理页面，系统管理界面见图 4.2 所示。

图 4.2　分支机构管理

在该页面中可对已存在的分支机构信息进行修改。点击"添加下属机构"进入到新增下属机构页面。在该页面中输入下属机构的全称、简称、所在地、负责人、地址、邮编、电话、传真和电子邮件信息。

（2）系统角色管理。

系统角色是权限的集合主体，是指系统中的工作或位置，它代表了一种资格、权利和责任，反映了系统内部一项具体的工作职责，被授予某种角色的用户将具备一定的职权。点击"系统角色管理"，并输入角色名称、说明、排序。点击"菜单分配"可完成相应角色的权限分配，见图 4.3 所示。

图 4.3　系统角色管理

（3）系统用户管理。

系统中的用户主要有系统管理员和操作员两大类。其中操作员可根据岗位设置进一步细分。系统用户管理除了设置系统用户名、密码外，还需分别对其分配权限。点击"系统用户管理"——"新增用户"，可对用户的基本信息进行设置，见图 4.4 所示。

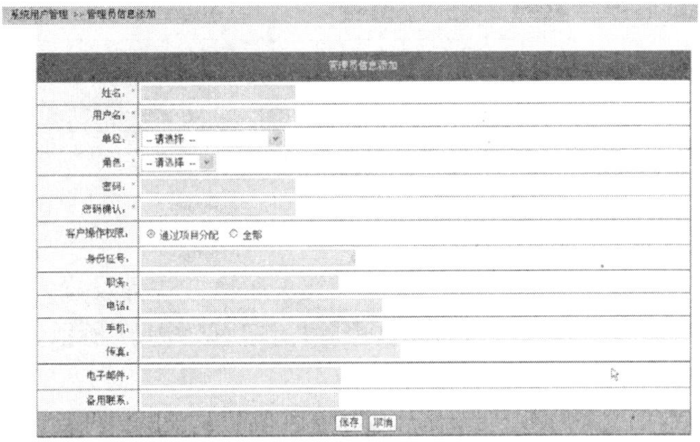

图 4.4　系统用户管理

在图 4.4 中，"单位"由"分支机构管理"处产生，"角色"下拉框信息由"角色管理"处生成，"客户的操作权限"包括"通过项目分配"和"全部"，见图 4.5 所示。注："通过项目分配"是指通过给用户分配项目来完成业务操作。

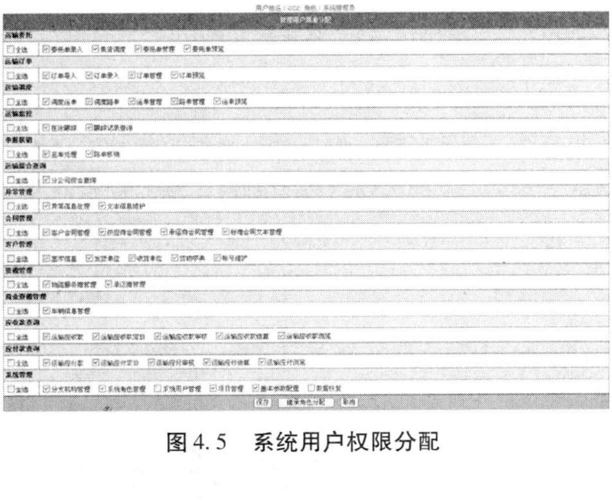

图 4.5　系统用户权限分配

（4）项目管理。

项目是指一系列独特的、复杂的并相互关联的活动，这些活动有着一个明确的目标或目的，必须在特定的时间、预算、资源限定内，依据规范完成。项目管理是指把各种系统、方法和人员结合在一起，在规定的时间、预算和质量目标范围内完成项目的各项工作。实训用软件涉及的项目管理，主要指项目名称、客户、服务类型、服务内容及项目成员等基本信息的管理。点击"业务项目管理"，可完成上述信息的编辑，见图4.6所示。

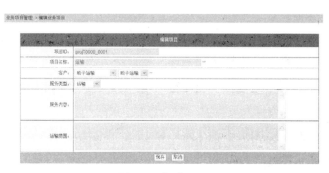

图4.6　新增项目

（5）基本参数设置。

基本参数设置主要包括客户等级、货位种类、运输方式等设置。点击"基本参数设置"，可对已存在的参数信息进行编辑和删除操作，见图4.7所示。关于运输方式的理论知识请参阅"4.3.3 运输方式"部分。

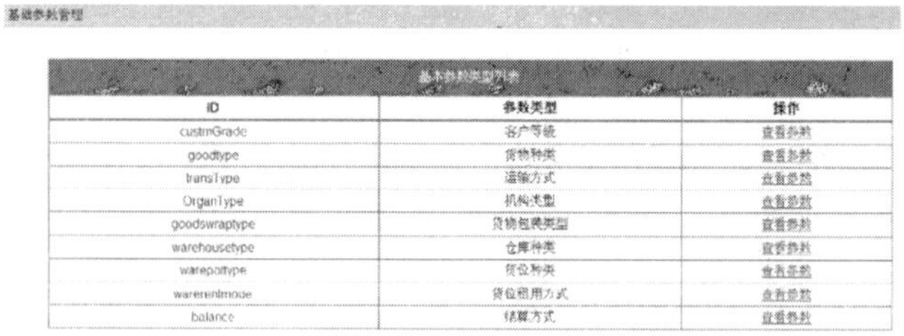

ID	参数类型	操作
custmGrade	客户等级	查看参数
goodtype	货物种类	查看参数
transType	运输方式	查看参数
OrganType	机构类型	查看参数
goodswraptype	货物包装类型	查看参数
warehousetype	仓库种类	查看参数
warepatype	货位种类	查看参数
warementmode	货位使用方式	查看参数
balance	结算方式	查看参数

图4.7　基本参数设置

4.4.2.1.2　资源管理

运输资源是指可支配的运输用车辆、集货过程中暂存货物的仓库等物流资源。实训用软件需要的运输资源资料主要包括运输过程中所用车辆的提供商及车辆信息、集货过程中暂存货物所需仓储资源的供应商及其提供的仓库及货位信息等，见图4.8所示。

图4.8　资源管理

（1）物流服务商管理。

此处的物流服务商指的是提供仓储资源的企业。该实训用软件是假定运输企业自身并不拥有仓储资源，而是从其他企业租用仓储资源为客户完成仓储服务。点击"资源管理"——"物流服务商管理"，可对仓储资源提供商信息进行添加、修改和删除。在该页面中，录入物流服务商全称"放心仓储"、物流服务商简称"放心仓储"及其联系人等基本信息，见图 4.9 所示。

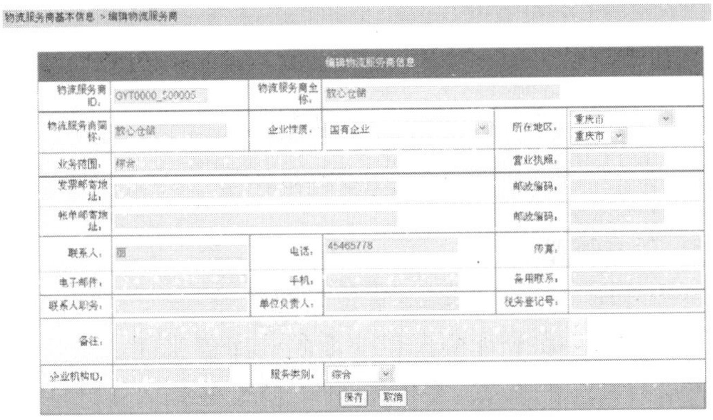

图 4.9　物流服务商管理

（2）承运商管理。

此处的承运商指的是提供运输用车辆的企业。该实训用软件是假定运输企业自身并不拥有运输用的实体资源，而是从其他企业租用车辆为客户完成运输服务。单击"承运商管理"——"新增承运商"，可对承运商信息进行添加、修改和删除。此处录入承运商单位全称"顺子运输"及其联系人等信息，见图 4.10 所示。

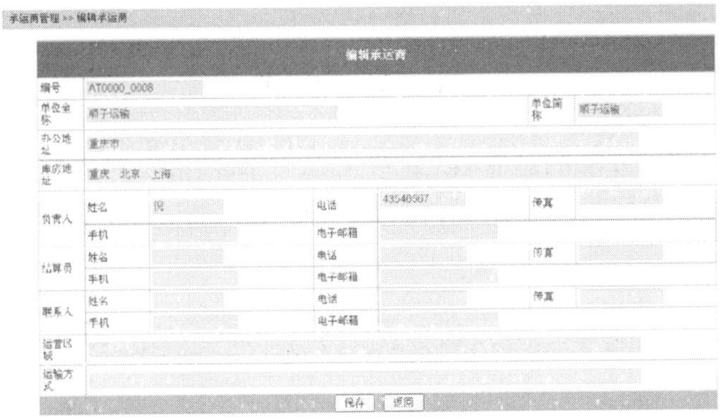

图 4.10　承运商管理

（3）车辆信息管理。

为了便于对集货过程中车辆的调度、运输调度过程中运单和路单的制订、运输实施过程中车辆的跟踪、运输完成时的运单签收及路单核销等工作的顺利开展，必须在系统中录入车辆基本信息。单击"车辆信息管理"——"新增车辆"，进入到车辆信息管理页面。在该页面中录入车牌号、行驶证号、驾驶员、联系电话、品牌、车型、车辆性质、发动机号、车架号、自重等信息，见图 4.11 所示。

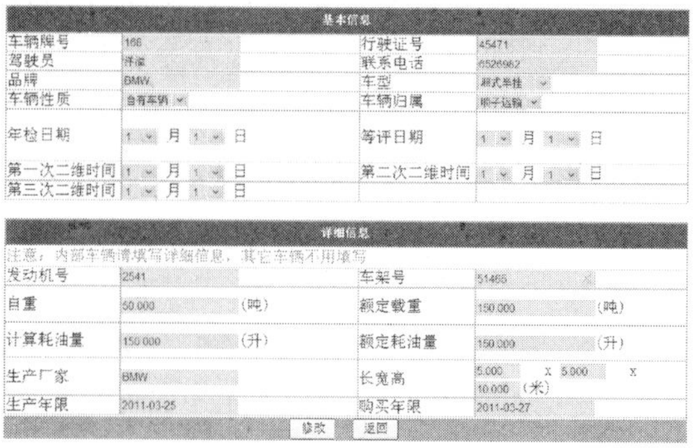

图 4.11　车辆信息管理

（4）仓库/货位信息管理。

点击"商业资源管理"——"仓库/货位信息管理"——"新增仓库"，进入到图 4.12 所示页面。在该页面中将仓库资源供应商的仓库信息逐一录入，其中仓库种类是根据基本参数设置进行相应的选择。因此，当"仓库种类"信息栏中找不到供应商提供的仓库种类时，需在基本参数设置中去增加。"租用方式"信息栏的处理与"仓库种类"信息栏相同。此处录入"放心仓储有限公司"在北京的"电子分拣库"基本信息，见图 4.12 所示。

图 4.12　新增仓库

再次点击"仓库/货位信息管理"，可对已存在的仓库列表信息进行修改。点击"货位信息"可进行库房货位的设置，点击"授权库管"可给仓库管理人员授权，见图 4.13 所示。

图 4.13　新增货位

特别说明：只有获得授权的人员才能完成该仓库出入库及在库管理的相关作业，否则当出入库的委托单处理结束后，没有授权的人员打开作业界面将看不到由委托转换得到的订单信息，也因此无法完成相关作业。

4.4.2.1.3 客户资料

此处说的客户就是运输合同中的委托人。本实训中即指委托“易通运输”完成运输活动的“百汇集团”。“易通运输”需要与“百汇集团”签订运输合同，但实际发生仓储业务的是“百汇集团”的分店“百汇 1 店”。在此，需分别将“百汇集团”及“百汇 1 店”的基本信息、物品信息及每种物品对应的收发货单位信息分别录入系统。

（1）基本信息。

点击“客户管理”——“基本信息”，点击“添加一级客户”，录入客户名称“百汇集团”、联系人“小二”等基本信息，见图 4.14 所示。

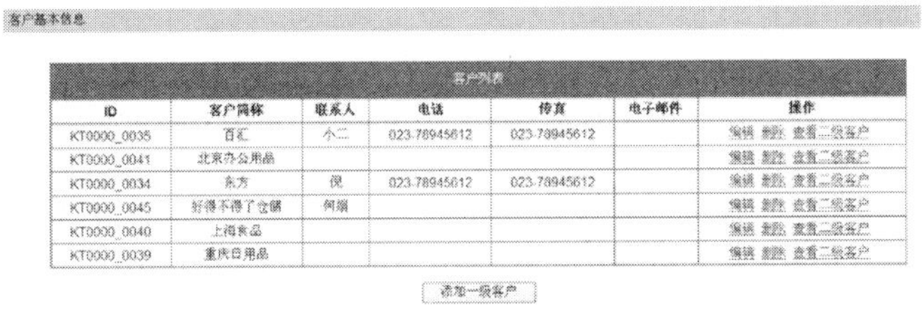
客户基本信息

客户列表

ID	客户简称	联系人	电话	传真	电子邮件	操作
KT0000_0035	百汇	小二	023-78945612	023-78945612		编辑 删除 查看二级客户
KT0000_0041	北京办公用品					编辑 删除 查看二级客户
KT0000_0034	东方	倪	023-78945612	023-78945612		编辑 删除 查看二级客户
KT0000_0045	好得不得了公司	何娟				编辑 删除 查看二级客户
KT0000_0040	上海食品					编辑 删除 查看二级客户
KT0000_0039	重庆日用品					编辑 删除 查看二级客户

添加一级客户

图 4.14 客户基本信息

此实训用软件假定客户都是两级的，即总部与分支机构组成。签订合同时是与一级客户进行，而具体发生任务是与二级客户发生。在图 4.14 所示页面，找到相应的“一级客户名”，点击“查看二级客户”，进入到二级客户列表。点击“添加二级客户”按钮，输入二级客户全称、客户简称、业务范围等信息。此处，在一级客户“百汇集团”下分别设置“百汇 1 店”、“百汇 2 店”两个二级客户，见图 4.15 所示。

说明：如果只有一个客户信息，没有一级二级之分的话，请在设置完一级客户基本信息后，点击“添加二级客户”按钮，将一级客户的基本信息在二级客户信息录入页面重复输入一次。

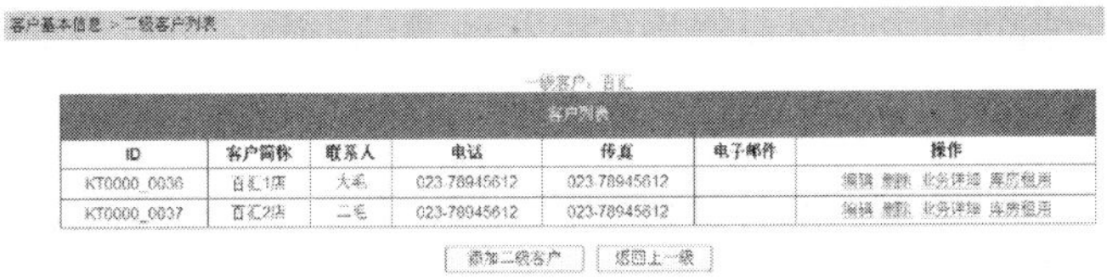
客户基本信息 > 二级客户列表

一级客户：百汇

客户列表

ID	客户简称	联系人	电话	传真	电子邮件	操作
KT0000_0036	百汇1店	大毛	023-78945612	023-78945612		编辑 删除 业务详细 库房租用
KT0000_0037	百汇2店	二毛	023-78945612	023-78945612		编辑 删除 业务详细 库房租用

添加二级客户　返回上一级

图 4.15 二级客户列表

由于运输企业通常有多个客户，对于不同客户在使用仓储资源的时候需指定仓库名称。因此，应针对每个二级设置库房租用信息。点击“库房租用”，选择要租用的库房。

（2）发货单位。

点击“发货单位”，选择客户，以编辑客户的发货单位信息，见图 4.16 所示。案例中的客户是“百汇 1 店”，其发货单位是“北京百货公司”。在此点击“新增发货人”可将“北京百货公司”的基本信息录入系统中；对于已经录入系统的发货单位，可在发货单位列表中点击发货单位对应“操作”栏的“编辑”项进行信息的编辑。

图 4.16　客户发货单位

（3）收货单位。

点击"收货单位"，选择客户，以编辑客户的收货单位信息，见图 4.17 所示。案例中的客户是"百汇 1 店"，其收货单位就是"百汇 1 店"。在此点击"新增收货人"可将"百汇 1 店"的基本信息录入系统中；对于已经录入系统的收货单位，可在收货单位列表中点击收货单位对应"操作"栏的"编辑"项进行信息的编辑。

图 4.17　客户收货单位

（4）货物字典。

点击"货物字典"，选择客户，以编辑客户货物信息，见图 4.18 所示。案例中的客户是"百汇 1 店"，其货物有黑人牙膏及签字笔两种。分别点击"新增货物"以录入两种货物编码、单位体积、单位价值等基本信息及库存预警数量。如果设置了库存预警数量，当库存数量低于该值时，系统将自动报警。对于已经录入系统的货物信息，可在货物列表中点击货物名称对应"操作"栏的"编辑"项进行信息的编辑。

图 4.18　客户货物字典

4.4.2.1.4　合同管理

运输合同是托运人将货物交付给承运人，由承运人负责货物的运输，并由托运人支付运输费的合同。

该实训案例中，"易通运输"为客户提供运输服务，但由于自身并不直接拥有运输资源，需向"顺子运输"租用车辆为其客户完成货物的运输，租用"放心仓储有限公司"在北京的电子分拣库完成集货过程中物品的储存。因此，"易通运输"需与客户"百汇集团"签订货物的运输外包合同，需与运输资源提供商"顺子运输"签订车辆租用合同,与仓储资源提供商"放心仓储有限公司"签订仓库租用合同。

(1)客户合同管理。

点击"客户合同管理",进入到合同管理页面,见图4.19所示。在该页面中选择客户,相应的合同将显示在客户合同列表中,在该表中可对其进行修改操作。此页面仅需输入与合同相关的信息,合同本身还是以双方签字盖章的纸质材料进行保存。

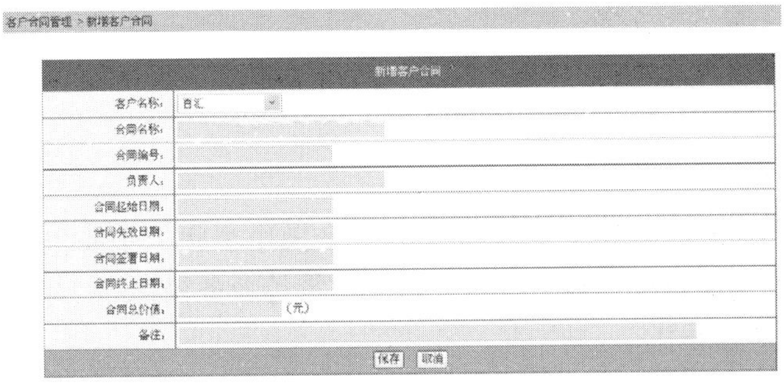

图4.19　客户合同管理

(2)供应商合同管理。

单击"供应商合同管理",进入到合同管理页面,见图4.20所示。在该页面中选择供应商名称,它相应的合同列表将显示在供应商合同列表中,在该表中可对其进行修改操作。

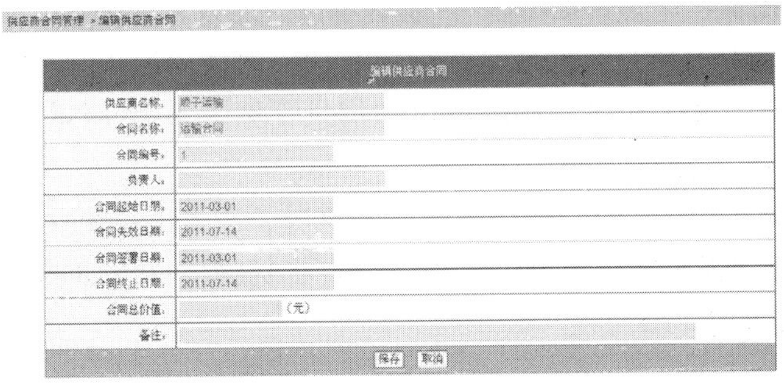

图4.20　供应商合同管理

(3)标准合同文本管理。

企业在经营过程中,往往需要与多家企业签订合同。但这些合同通常可以分为几类,相同种类的合同在主体格式条款及内容上有很多相似之处。为了使得合同标准化、也为了节省重复劳动,合同文本的标准化显得非常必要。点击"标准合同文本管理"——"新增合同文本",可编辑新的合同文本,见图4.21所示。该实训案例中,存在三类合同:第一类是与客户签订的货物运输合同,第二类是与仓储资源供应商签订的仓库租赁合同,第三类是与运输资源供应商签订的车辆租赁合同。

图 4.21　标准合同文本

4.4.2.2　业务操作

业务操作过程需要完成运输业务流程的多个操作步骤,主要包括运输委托、集货调度、运输调度、运输跟踪、客户签收、财务结算等业务操作。

4.4.2.2.1　运输委托

(1) 委托单录入。

由案例资料知,2011 年 6 月 27 日,客户委托"易通运输"完成来自"北京百货公司"黑人牙膏 2 件、签字笔 10 件至重庆的运输任务。黑人牙膏的运输费用 4 元/件,签字笔的运输费用 5 元/件。

首先请修改电脑的系统时间为 2011 年 6 月 27 日。点击"运输委托"——"委托单录入"——"新增委托单",进入到详细委托单录入页面。在该页面中选择委托客户"百汇集团"、委托子客户"百汇 1 店"、发货单位"北京百货公司"、收货单位"百汇1 店",确定运输的起始地及目的地,在货物名称处选择"黑人牙膏",录入相应的运输费用信息,点击"保存货物"以添加货物信息,见图 4.22 所示。点击"保存委托单",完成该项委托单的录入。

注意:若在屏幕上没出现"保存货物"的情况,请退出系统后将显示器的分辨率调到最大,再次登录系统即可出现。此步一定要将货物信息添加进去,否则后面的集货及运输调度都无法进行。

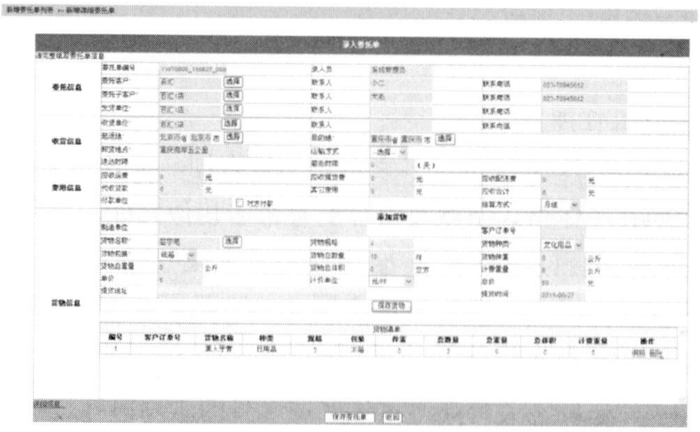

图 4.22　新增委托单

（2）集货调度。

点击"运输委托"——"集货调度"，进入到集货调度页。在集货调度页面中，在查询条件"委托客户"中选择"百汇"及"百汇1店"，委托单状态选择"未处理"，点击"查询"，即可出现刚才录入的委托单，见图4.23所示。

图 4.23　集货调度主页面

点击"委托单编号"查看委托单信息。

点击"集货"，选择提货入库库房"电子分拣库"，录入提货时间及入库时间等基本信息。点击"添加提货车辆"，选择安排完成集货任务的车辆及司机等信息，见图4.24所示。

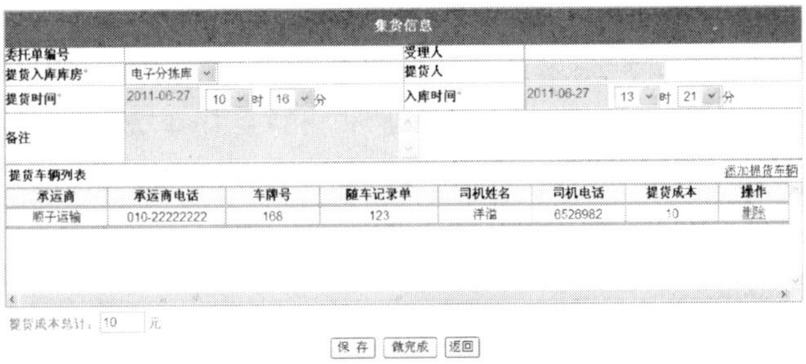

图 4.24　集货车辆调度

在集货调度页面中点击"做完成"按钮，在该页面中输入"集货地址"，选择"完成时间"点击"完成"，完成委托单的调度操作。

（3）委托单管理。

点击"委托单管理"，进入到委托单管理页面，选择委托客户"百汇"、"百汇1店"，点击"查询"，进入委托单列表页面。在该页面中可显示委托单的状态，其中仅有状态为"未处理"的委托单，才能进行"编辑"和"删除"操作，其他状态的委托单信息只供查看。

4.4.2.2.2　运输订单

（1）订单导入。

点击"运输订单"——"订单导入"，进入到订单导入页面。选择委托客户"百汇"、"百汇1店"，点击"查询"。可查找到可以转换成订单的委托单，点击"转为订单"即可完成委托单到订单的转化，见图4.25所示。

图 4.25　订单导入

（2）订单录入。

该实训软件中，对于订单到信息系统的入口有两个：一是需要集货的运输任务，需按前面步骤从委托单开始、到集货最后到转为订单；二是不需要集货的运输任务，在此可以直接录入订单。点击"运输订单"—"订单导入"—"新增订单"，进入到录入订单页面。在订单录入页面中输入托运信息、收货信息、费用信息、货物信息，点击"保存货物"，货物信息将保存在"货物清单"列表中。点击"详细信息"可进一步填写特约规定、现场情况等。

（3）订单管理。

点击"运输订单"—"订单管理"，选择委托单位"百汇"、"百汇1店"，点击"查询"，可进入到订单的查询结果页面，见图4.26所示。该页面中可以点击"订单编号"查看订单详细信息，对于状态为"未处理"的委托单，可进行"编辑"和"删除"操作。

图 4.26　订单查询

4.4.2.2.3　运输调度

运输调度中涉及两种主要单据，即运单和路单。

所谓运单是承运人收到承运货物签发给托运人的证明文件，它是交接货物、处理索赔与理赔以及向银行结算货款或进行支付的重要单据。实际工作中，考虑到运输车辆的安排及运输费用的节约，有时需要将一个客户的订单上多种货物拆开以便与其他货物进行拼凑，这就出现了将一个订单拆分成多个运单的需要。

所谓路单就是行车命令，它是运输企业组织和指挥汽车运行作业的重要凭证，又是企业各部门检查考核运输生产和行车消耗的重要依据，是运输企业的主要原始记录。实际工作中，一个运单通常达不到单个运输工具载重或体积的上限，需要将多个运单整合为一个路单，一个路单对应一个运输工具。

（1）调度运单。

点击"运输调度"—"调度运单"进入到调度运单页面，选择起始地、目的地然后点击"查询"进入查询结果页面，见图 4.27 所示。在双击"未调度订单列表"中找到对应的订单并双击，打开订单中未调度的货物。相应的信息将显示在右侧的运单相应的信息项中，未填写完毕的可通过选择、输入来让订单完整。主要包括如下信息：运单信息、承运信息、费用信息、货物信息。填写完毕后在货物信息项中点击"添加"，货物信息将添加到已调度货物列表中。如果不是对所选货物全部调度，可填写要调度的货物信息，剩下的货物可下次接着调度。

根据案例资料的要求，需将订单拆分为两个运单。首先选择"黑人牙膏"，录入上述相关信息，点击"保存运单"。重新进到"运单调度"页面，选择该订单中的货物"签字笔"，按同样的步骤完成运单的生成。

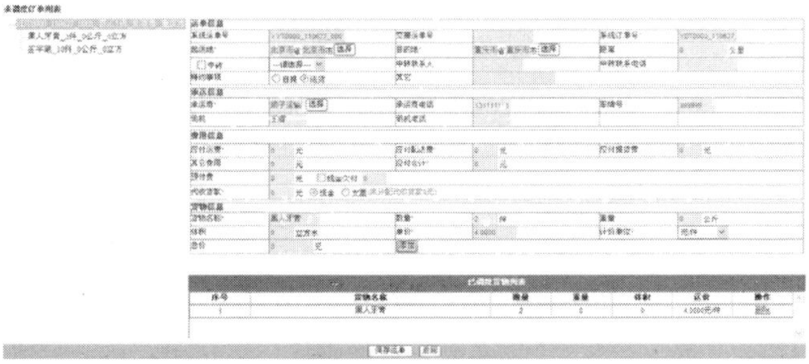

图 4.27　运单调度

（2）调度路单。

点击"运输调度"—"调度路单"，选择承运商"顺子运输"，查询条件，点击查询按钮进入查询结果页面，可以看到已经生成的两个运单。案例资料要求将两个运单分别生成对应的路单，安排不同的车辆完成各路单中对应货物的运输任务，见图 4.28 所示。

图 4.28　路单调度

勾选一项或多项需生成路单的运单，点击"生成路单"，进入路单生成页面，在该页面中填写路单编号、起运地、目的地、起运时间、到达时间、运送重量、燃油定额、机油定额、距离，完成路单的生成。

（3）运单管理。

单击"运单管理"，选择起运地、目的地、查询日期、车牌号、交接运单号、客户订单号、运单状态、托运单位，选择完毕后点击"查询"，进入到查询结果页面，在运单列表中显示运单信息。只有状态为"已调度"的运单才可以删除。

（4）路单管理。

单击"路单管理"，输入车牌号、选择承运商、起运地、目的地、查询日期，然后点击"查询"，进入到查询结果页面。在该页面可以查看路单的状态。

4.4.2.2.4　运输监控

（1）在途跟踪。

单击"在途跟踪"，选择起始地、目的地，然后点击"查询"，进入到查询结果页面，见图4.29所示。

图4.29　在途跟踪

在"在途监控"页面中，通过"跟踪运单"或者"跟踪车辆"来进行在途监控的操作。

在"在途监控"页面的左上角显示四个标签页：正常、未跟踪、异常和预警。

在途监控信息由客服人员通过电话跟踪客户，然后录入。让客户通过登录客户平台系统看到自己当前货物的情况。

填写完这些信息后，点击"跟踪完成"，完成跟踪操作。

（2）跟踪记录查询

单击"跟踪记录查询"可查询到不同状态的运单的具体信息。

4.4.2.2.5　单据核销

（1）签单处理。

单击"签单处理"，选择输入条件，然后点击"查询"，进入到查询结果页面。点击运单状态为"已签收"操作列中的"签返"进入到运单签收页面。在运单签收页面中输入货物明细、签收信息、签收人意见。完成这些操作后运单的状态由原来的"已签收"状态变成"已签返"状态。

（2）路单核销。

单击"路单核销"，选择查询条件，点击"查询"，进入到查询结果页面。其中单据的状态有以下五种，分别为：

已调度——现有的运单已分配车辆。

在途中——所属的货物在运输状态中。

已签收——已送到目的地，被客户接收到。

已签返——客户签收后返回。

完成——运单操作完成。

点击"核销"进入到路单核销。在该页面中输入空驶里程、燃油实际消耗、机油的实际消耗，完成路单的核销操作。

4.4.2.2.6　运输综合查询

单击"分公司综合查询"，选择查询条件，点击"查询"，进入到查询结果页面。可通过单据号进一步查看委托单信息。

4.4.2.3　异常管理

4.4.2.3.1　异常信息处理

需对跟踪过程中发现的异常情况进行处理。在该页面中选择相应的条件进行查询。处理状态包括：未处理、处理中、已处理、全部四种状态，见图 4.30 所示。

图 4.30　异常信息处理

其中：

未处理——在进行仓储、运输过程中已经产生异常，但还未处理的。

处理中——在进行仓储、运输过程中已经产生异常，已做出处理，但还未处理完的。

已处理——在进行仓储、运输过程中已经产生异常，已经处理完毕。

全部—— 包括了未处理的、处理中的、已处理的所有异常信息。

选择"未处理"，点击"查询"，进入到未处理异常信息列表。在该表中点击"查看及处理"，进入到编辑异常信息页面，在该页面的相应位置中输入部门主管意见、部门经理意见及总经理意见，完成该异常的处理。

4.4.2.3.2　文本信息维护

单击"文本信息维护"，可对异常信息的种类及名称进行编辑。

4.4.2.4　结算管理

（1）运输应收款。

（2）运输应付款。

4.5　实训思考

1. 委托单与详细委托单有何区别?
2. 委托单生成订单的条件是什么?
3. 调度运单的关键步骤是什么? 同一笔订单可以分解为不同的运单吗?
4. 路单与运单的区别是什么?
5. 运输监控中的实运时间、预到时间、到站时间与交付时间有什么区别?

第 5 章　仓储管理实训

本章目的和任务

1. 了解仓储管理的基本概念及仓储管理系统的基础知识，掌握仓储管理业务流程等理论。

2. 熟悉仓储管理系统的主要功能模块，掌握各功能模块的主要功能，熟练掌握完成仓储管理业务的软件操作。

3. 了解仓储企业岗位设置及工作过程，了解仓储管理系统对仓储企业日常业务操作及管理的辅助支持功能。

本章要点

1. 仓储管理业务流程。

2. 仓储管理系统的主要功能模块。

3. 仓储管理系统的软件操作。

5.1　实训目的

通过实训，熟悉并掌握入库管理（包括入库委托、入库验收、入库物品查询）、在库管理（包括库存盘点、库存物品位置的移动、库存数量的查询与调整）、出库管理（包括出库委托、出库核销、出库物品查询）等业务环节的相互关联及软件操作；掌握应收/应付款的定价、结算、审核的相互关联及软件操作；理解并掌握仓储管理的业务流程及仓储管理系统的主要功能模块。

5.2　实训要求

实训课前认真阅读仓储管理的相关理论知识，做好实训前的准备。

实训中，首先认真分析实训的案例资料，然后根据所学知识整理出实训的主要流程。

实训过程中认真完成各实训步骤并做好实训的相应记录。

实训结束后对实训结果进行分析，并撰写实训报告。

5.3 实训理论基础

5.3.1 仓储管理的概念

仓储管理是仓储机构充分利用所具有的仓储资源，对仓库及仓库内的物资进行管理，提供高效的仓储服务所进行的计划、组织、控制和协调过程。仓储管理可以在适当的时间和地点为客户提供适当的产品服务，可以提高产品的时间效用和空间效用。

仓储管理流程包括商品的入库、在库和出库的管理。货物在经过搬运提货、装卸搬运、检查验收之后，办理入库手续。在进入仓库后不仅要注意商品的货位规划，还要注意商品的养护和盘点。当货主提货时要注意核实仓单，并做好出库工作。

5.3.1.1 货物入库的程序

仓库收货人员与对方送货人员进行货物交接。要进行大数验收、检查商品包装和标志、办理交接手续、进行开箱，拆包点验、办理入库手续。

5.3.1.2 货物在库管理

通过货物的在库科学管理，保持货物原有使用价值和价值。关注的事项有：货物的存放要分区分类；货位的规划；库存货物的质量变化；库存货物的存储要求；货物的在库盘点；货物的在库检查等

5.3.1.3 货物出库管理

货物出库管理是仓库管理员根据提货清单，将所需物资发放给需用单位所进行的业务管理。作业流程有：根据需货方提出的出库计划或要求，做好物资出库的安排；核对出库凭证；备料和出库；复核；出库交接；销账存档。

货物在仓储管理中坚持的原则有：

（1）面向通道进行保管，方便仓库管理员工作。

（2）尽可能向高处码放，以提高空间利用率。

（3）根据出库频率选定位置。

（4）同一品种尽量集中在同一个地方保管。

（5）根据物品重量安排保管的位置。

（6）根据形状安排保管方法。

（7）依据"先进先出"的原则。

5.3.2 仓储管理系统的概念

仓储管理系统（WMS）是一个实时的计算机软件系统，它能够按照运作的业务规则和运算法则（algorithms），对信息、资源、行为、存货和分销运作进行更完美地管理，使其最大化满足有效产出和精确性的要求。

5.3.2.1 仓储管理系统的优点

（1）基础资料管理更加完善文档利用率高；

（2）库存准确；

（3）操作效率高；

（4）库存低，物料资产使用率高；

（5）现有的操作规程执行难度小；

（6）易于制定合理的维护计划；

（7）数据及时，成本降低；

（8）提供历史的记录分析；

（9）规程文件变更后的及时传递和正确使用；

（10）仓库与财务的对账工作量见效效率提高；

（11）预算控制严格、退库业务减少。

5.3.2.2 仓储管理系统的应用

仓储管理系统是仓储管理信息化的具体形式。目前在我国市场上呈现出二元结构：以跨国公司或国内少数先进企业为代表的高端市场，其应用 WMS 的比例较高，系统也比较集中在国外基本成熟的主流品牌；以国内企业为代表的中低端市场，主要应用国内开发的 WMS 产品。其主要应用表现在三大方向。

（1）它是基于典型的配送中心业务的应用系统，在销售物流中如连锁超市的配送中心，在供应物流中如生产企业的零配件配送中心。

如北京医药股份有限公司的现代物流中心就是这样的一个典型。该系统的目标，一是落实国家有关医药物流的管理和控制标准 GSP 等，二是优化流程，提高提高效率。系统功能包括进货管理、库存管理、订单管理、拣选、复核、配送、RF 终端管理、商品与货位基本信息管理等功能模块；通过网络化和数字化方式，提高库内作业控制水平和任务编排。该系统把配送时间缩短了 50%，订单处理能力提高了一倍以上，还取得了显著的社会效益，成为医药物流的一个样板。此类系统多用于制造业或分销业的供应链管理中，也是 WMS 中最常见的一类。

（2）它是以仓储作业技术的整合为主要目标的系统，解决各种自动化设备的信息系统之间整合与优化的问题。

武钢第二热轧厂的生产物流信息系统即属于此类，该系统主要解决原材料库（钢坯）、半成品库（粗轧中厚板）与成品库（精轧薄板）之间的协调运行问题，否则将不能保持连续作业，不仅放空生产力，还会浪费能源。该系统的难点在于物流系统与轧钢流水线的各自动化设备系统要无缝连接，使库存成为流水线的一个流动环节，也使流水线成为库存操作的一个组成部分。各种专用设备均有自己的信息系统，WMS 不仅要整合设备系统，也要整合工艺流程系统，还要融入更大范围的企业整体信息化系统中去。此类系统涉及的流程相对规范、专业化，多出现在大型 ERP 系统之中，成为一个重要组成部分。

（3）它是以仓储业的经营决策为重点的应用系统，其鲜明的特点是具有非常灵活的计费系统、准确及时的核算系统和功能完善的客户管理系统，为仓储业经营提供决策支持信息。

华润物流有限公司的润发仓库管理系统就是这样的一个案例。此类系统多用于一些提供公仓仓储服务的企业中，其流程管理、仓储作业的技术共性多、特性少，所以要求不高，适合对多数客户提供通用的服务。该公司采用了一套适合自身特点的 WMS 以后，减少了人工成本，提高了仓库利用率，明显增加了经济效益。

5.3.3 关于仓储管理系统软件

《仓储管理系统》软件是应用于教学，根据国内物流企业的实际情况设计开发而成的教学软件。它以企业内部管理为基础，包括仓储管理、运输管理、异常管理、合同管理、客户管理、资源管理、结算管理和系统管理等模块，覆盖仓储管理系统的各个环节，自动交换各部门间的业务数据，实现企业内部信息共享，使仓储管理的全过程融会贯通于仓储企业内部的管理，帮助同学们了解仓储管理企业的真实经营模式，按照仓储企业完整的业务流程来实例教学。

5.3.4 仓储系统工作平台和体系结构

《仓储管理系统》采用 B/S 结构构建实训平台；可在服务器联网的任一地方实现实训。

进行网络操作系统；

前端操作系统：（推荐配置）采用 Win2000 以上，IE 5.0 浏览器；

通讯协议是 TCP/IP；

前端开发工具 Microsoft . NET；

后台数据库 SQL server 2000。

其软件系统登录界面如图5.1所示：

图5.1 仓储管理系统登录界面

5.3.5 仓储系统主要功能模块及业务内容

其功能模块包括以下七个功能模块：

　　仓储管理：进行出库、入库、盘库的业务操作及库存查询服务。

　　异常管理：对仓储过程中发生的任何异常情况进行初步处理和提交分析；各个部门人员对相关的异常进行处理和提供意见。

　　合同管理：对客户、供应商合同进行集中管理。

　　客户管理：提供对发货客户、收货客户资料的管理和货物的基本情况设置。

　　资源管理：提供供应商、商业资源信息和车辆信息并进行管理使用。

　　结算管理：对货物在仓储中各个环节的应收应付进行结算、审核、记录。

　　系统管理：对整个系统进行基本组织结构、部门、角色用户的设置及基础数据的管理和维护。

5.3.6　系统主要特点

　　该系统的结构完善，具有以下特点：

　　（1）操作简练，结构明了，规范统一，用户界面友好，具有较好的实用性。

　　（2）结构灵活，具有较好的扩充性和适应性。

　　（3）提供多种手段对数据进行处理，具有较好的安全性。

　　（4）可通过因特网进行通讯和传输数据，数据共享，方便快捷。

　　（5）贯穿完整的仓储管系统。

　　（6）提供全天候网上即时动态委托与查询。

　　（7）提供各业务流程完善的实时监控与智能反馈体系。

　　（8）具有紧急或异常模块自动筛分报警功能。

　　（9）提供对合作伙伴和客户的多方信息协同管理。

　　（10）合理的功能设计和模块的按需配置。

5.4　实训内容

5.4.1　案例资料

　　物流服务商 CTBU 物流有限公司，简称 CTBU 物流，集体企业，地处重庆，经营仓储、运输；发货单位为 CTBU 发货，简称发货；收货单位为 CTBU 收货，简称收货；一级客户为 CTBU 有限公司，简称 CTBU 公司，集体企业，A 级资质，地处重庆；其二级客户为 CTBU，集体企业，地处重庆，A 级资质；仓库名为 CTBU 仓库，其类型为 CTBU 专用仓库，供应商是 CTBU 物流。仓库货位由 CTBU 货位和 CTBU 货位 2 组成。CTBU 货位为普通货位，分布在 A 区，1 排，1 层；面积：5000 平方米；体积：2000 立方米；CTBU 货位 2 为立体货位，分布在 B 区，1 排，1 层；面积：5000 平方米；体积：8000 立方米。其存取的货物品种：花裙子；货物规格：A；产品编号：147258369；货物类别：服装。现由仓储企业对其进行仓储管理。

　　具体业务如下：

2011 年 6 月 1 日，客户委托仓储企业完成花裙子在 CTBU 货位入库 10 件的业务。

2011 年 7 月 1 日，客户委托仓储企业完成从 CTBU 货位出库 5 件的业务。

5.4.2 操作步骤

以下实训使用的是北京易通交通信息发展有限公司《仓储管理系统》（教学版）。该软件主要包括仓储管理、异常管理、合同管理、客户管理、资源管理、结算管理和系统管理等模块，覆盖仓储的各个环节，并按照企业完整的业务流程来实例教学，有利于帮助学生了解仓储企业的真实经营模式。该软件是基于某个具体的企业运作实际进行开发的，而实际操作中不同仓储企业的操作流程往往各不相同。因此在流程方面与上述理论介绍部分并不完全一致，但这并不影响学生的学习。

实训过程主要有两步：

5.4.2.1 基础资料设置

基础资料的设置包括本企业的信息、客户信息（包括客户的基本信息、客户的货物字典及客户的收发货单位信息）、物流资源信息（包括仓储资源供应商）等基础资料设置进入仓储管理系统。

由于在前面的运输管理系统中，对所有的基础资料设置的功能操作都做了详细的描述，在仓储管理系统中的异常管理、合同管理、客户管理、资源管理、结算管理和系统管理与运输管理系统中的操作步骤相同，在此，不再累述。针对本案例，在相应的系统管理、资源管理、客户管理、合同管理模块中进行操作，输入相应的参数、设置相应的选项进行实训，具体操作有不清楚之处，请查阅运输管理系统中的相关章节。

5.4.2.2 业务操作

5.4.2.2.1 启动系统，进入首页界面

按回车后，出现仓储管理系统的登录界面，在用户登录处输入正确的用户名；在输入密码处输入正确的密码后，点击"登录"进入系统界面。

5.4.2.2.2 仓储管理

在其他选项和参数都在相应模块中设置正确、完成后，就可进行仓储管理的操作。当鼠标点击仓储管理模块时，"仓储管理"字样显亮，同时在屏幕左侧出现一个下拉菜单，可以看到仓储管理模块有四大功能：入库管理、出库管理、库存管理、库存查询。

（1）入库管理

1）委托单录入

当鼠标点击"入库委托"，进入入库委托单界面，点击"新增委托单"按钮，进入委托单填写界面，入库客户选择"CTBU 公司"，二级客户选择"CTBU"；入库库房选择"CTBU 仓库"；入库日期选择"2011－06－01"；发货单位选择"发货"；发货人地址、发货联系人、发货人电话等依次填写，如图 5.2 所示。

保存后自动生成委托单号并回到入库委托界面。如图 5.3 所示。

选择所指定的客户"CTBU"的委托单，点击"委托单明细"，进行委托单的编辑完善并保存。如图 5.4 所示。

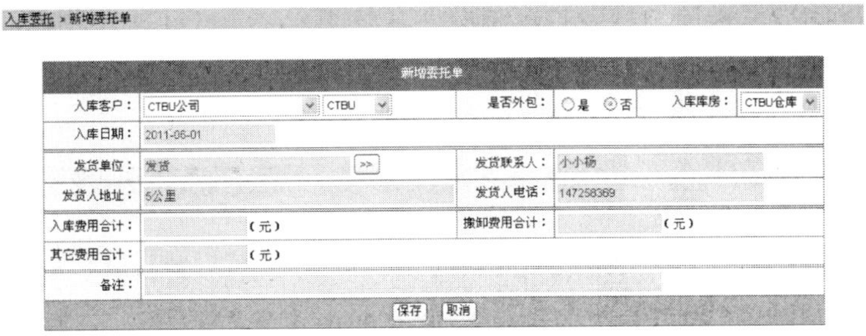

图 5.2　新增委托单

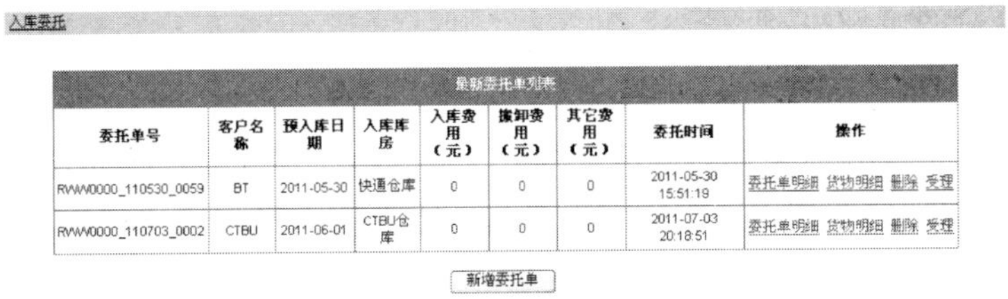

图 5.3　入库委托

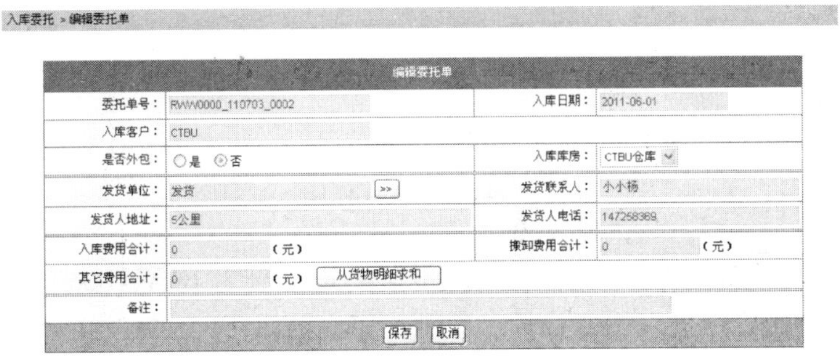

图 5.4　编辑委托单

选择所指定的客户"CTBU"的委托单，点击"货物明细"，进行货物的添加，货物品种为花裙子；规格为 A－147258369；数量为 10 件；包装为纸箱；最小单位为盒。如图 5.5 所示。

图 5.5　添加货物

保存后再进行货物信息的编辑。如图5.6所示。

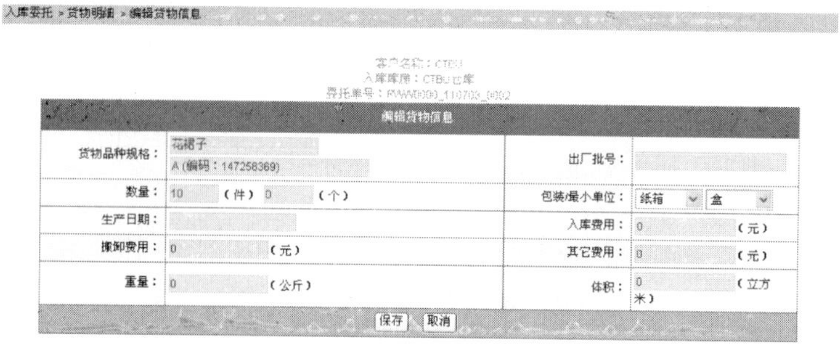

图5.6 编辑货物信息

保存后，自动返回入库委托界面。

选择所指定的客户"CTBU"的委托单，点击受理，进行入库委托的受理，确定是否生成入库单。当点击"确定"按钮，则将入库委托单自动成功转成入库单。

2）入库作业

当鼠标点击"入库作业"，进行入库单列表界面，如图5.7所示。

图5.7 入库作业

选择所指定的客户"CTBU"的入库单，委托单号为 RVWV0000－110703－0002；点击"入库单明细"，按入库客户为"CTBU"；入库库房为"CTBU 仓库"；发货单位"发货"及其他信息进行入库单明细的核对并保存。如图5.8所示。保存后返回入库单列表界面。

图5.8 入库单明细

选择所指定的客户"CTBU"的入库单，点击"货物明细"，进行货物的添加或核对，货物品种为花裙子；规格为 A－147258369；数量为 10 件；包装为纸箱；最小单位为盒。如图5.9所示。

点击"编辑"，进行货物信息的编辑；同时进行入库货位的安排，在"CTBU 货

图 5.9　货物明细

位"安排 10 件 A 型花裙子。如图 5.10 所示。也可按具体情况将一批产品安排在不同的货位。

图 5.10　编辑货物信息

保存后返回货物明细主页，可以清楚地看到"CTBU"客户入库货物的有关资料，如图 5.11 所示。

图 5.11　货位明细

点击"打印入库单"。选择所指定的客户"CTBU"的入库单，点击"打印入库单"，如图 5.12 所示。列出所产生的纸质单据，在入库单列表中，选择所指定的客户"CTBU"的入库单，点击"完成"，则完成入库操作。

入库单明细

入库客户：	CTBU	入库库房：	CTBU仓库	入库日期：	2011-06-01
委托单号：	RVWW0000_110703_0002	入库单号：		受理人：	系统管理员
运单号码：		交库保管员：		到库时间：	
运送单位：		车牌号码：		司机：	
备注：					

货物明细

货物品种	货物规格	货物编号	出厂批号	系统批号	整件包装	最小单位	异常记录
入库货位	入库数量（件）	入库数量（个）		实入货位	实入数量（件）	实入数量（个）	
花裙子	A	147258369		GSN_110703_0002	纸箱	盒	
CTBU货位	10	0					

图 5.12　入库单

3）入库核销

入库核销即完成货物入库的验收工作。鼠标点击"入库核销"进入入库验收界面。如图5.13所示。

图5.13　入库验收

点击"入库单明细"。在入库验收列表中，选择所指定的客户"CTBU"的入库单，点击"入库单明细"，按入库客户为"CTBU"；入库库房为"CTBU 仓库"；发货单位"发货"及其他信息进行入库单明细的核对并保存。如图5.14所示。

图5.14　核对入库单明细

点击"货物明细"。在入库验收列表中，选择所指定的客户"CTBU"的入库单，点击"货物明细"，按货物品种为"花裙子"；货物规格为"A"；货物编号为"147258369"及其他信息进行货物明细的核对。如图5.15所示。

图5.15　验收货物明细

点击"待核销"出现如图5.16所示界面。再次核对货物品种"花裙子"；应入库数量10件；实际入库数量10件；在"CTBU 货位"；存放10件。验收无误后，点击"核销本货物"，完成对本货物的验收工作。

实入数量是指真正进入CTBU仓库的花裙子的数量即10件。

入库成本是指CTBU物流公司要付给供应商库房的费用。

搬卸成本是指CTBU物流公司要付给供应商库房搬卸工的费用。

则入库验收货物明细中，操作项中"待核销"变成为"已核销"。

图 5.16　编辑货物明细

在入库验收列表中，选择所指定的客户"CTBU"的入库单，点击"核销本单"，则验收完毕。

4）记录查询

用鼠标点击"记录查询"，选择一级客户"CTBU 公司"中的二级客户"CTBU"。点击"查询"，则将 CTBU 客户的入库记录列表呈现出来。如图 5.17 所示。

入库记录查询 > 入库记录列表

客户名称：CTBU
入库库房：CTBU仓库

委托单号	入库单号	客户名称	入库库房	入库日期	状态	操作
RVWV0000_110703_0002		CTBU	CTBU仓库	2011-06-01	已入库	入库单明细
RVWV0000_110701_0001		CTBU	CTBU仓库	2011-06-01	已入库	入库单明细
RVWV0000_110613_0001		CTBU	CTBU仓库	2011-06-01	已入库	入库单明细

返回查询页

图 5.17　入库记录查询

选择客户为"CTBU"；委托单号为"RVWV000 - 110703 - 0002"的委托单。再点击其后的"入库单明细"按钮，则将入库单明细、货物明细、货位明细全部详细呈现出来。如图 5.18 所示。

至此，客户"CTBU"由发货单位"发货"发来的货物，花裙子，A 型，货物编号147258369，10 件在"CTBU 仓库"的"CTBU 货位"入库工作于 2011 年 6 月 1 日完成，其系统批号是：GSN_ 110703_ 0002。

（2）出库管理

1）出库委托

当鼠标点击"出库委托"，进入出库委托单列表界面。

点击"新增委托单"按钮，进入委托单填写界面，出库客户选择"CTBU 公司"，二级客户选择"CTBU"；入库库房选择"CTBU 仓库"；出库日期选择"2011 - 07 - 01"；收货单位选择"收货"；收货人地址、收货联系人、收货人电话等依次填写，如

图 5.18　入库单明细

图 5.19 所示。

"出库费用"指货物从 CTBU 仓库搬出到运输车辆过程中的费用。"搬卸费用"指货物从 CTBU 仓库中搬到运送车辆上的人工费用。

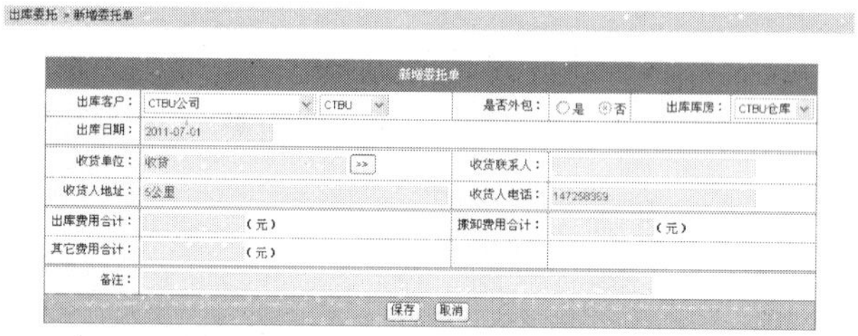

图 5.19　新增委托单

保存后自动生成委托单号并回到出库委托单列表界面。

选择所指定的客户"CTBU"的委托单，点击"委托单明细"，进行委托单的核对、编辑、完善并保存。如图 5.20 所示。

图 5.20　编辑委托单

选择所指定的客户"CTBU"的委托单，点击"货物明细"，进行货物的添加，货物品种为花裙子；规格为 A－147258369；数量为 5 件；包装为纸箱；最小单位为盒。如图 5.21 所示。

保存后再进行货物信息的编辑。编辑完成保存后，自动返回出库委托界面。

选择所指定的客户"CTBU"的委托单，点击"受理"，进行出库委托的受理，确

图 5.21 添加货物

定是否生成出库单。当点击"确定"按钮，则将出库委托单自动成功转成出库单。

2）出库作业

当鼠标点击"出库作业"，进入出库单列表界面。

选择所指定的客户"CTBU"的出库单，点击"出库单明细"，按出库客户为"CTBU"；出库库房为"CTBU 仓库"；收货单位"收货"及其他信息进行出库单明细的核对并保存。如图 5.22 所示。保存后返回出库单列表界面。

图 5.22 出库单明细

选择所指定的客户"CTBU"的出库单，点击"货物明细"，再点击"编辑"，进行货物信息的添加或核对，货物品种为花裙子；规格为 A－147258369；数量为 5 件；包装为纸箱；最小单位为盒。进行货物信息的编辑；同时进行出库货位的安排，在"CTBU 货位"，入库日期为 2011 年 6 月 13 日的批次的货物安排 5 件 A 型花裙子出库。也可按具体情况一批出库货物安排在不同的货位来出库。如图 5.23 所示。

图 5.23 编辑货物信息

保存后返回货物明细主页，可以清楚地看到"CTBU"客户出库货物的有关资料。

选择所指定的客户"CTBU"的出库单，点击"打印出库单"，如图5.24所示。列出所产生的纸质单据。

出库单明细

出库客户	CTBU	出库库房	CTBU仓库	出库日期	2011-07-01
委托单号	CWW0000_110701_0001	出库单号		受理人	系统管理员
提单号码		交接库管员		到库时间	
收货单位	收货		联系人	电话	147258369
地址	5公里	运单号码		运送单位	
车牌号码		司机			
备注					

货物明细

货物品种	货物规格	货物编号	应出数量（件）	应出数量（个）	整件包装	最小单位	异常
花裙子	A	147258369	5	0	纸箱	盒	

存放货位	出厂批号	系统批号	生产日期	入库日期	应出（件）	应出（个）	实出货位	实出（件）	实出（个）
CTBU货位		GSN_110613_0001	2011-05-01	2011-06-13	5	0			

图5.24　出库单明细

在出库单列表中，选择所指定的客户"CTBU"的出库单，点击"完成"，则完成出库操作。

3）出库核销

出库核销即完成货物出库的验收工作。鼠标点击"出库核销"进入出库验收界面。如图5.25所示。

图5.25　出库验收单

在出库验收列表中，选择所指定的客户"CTBU"的出库单，点击"出库单明细"，按出库客户为"CTBU"；出库库房为"CTBU仓库"；收货单位"收货"及其他信息进行出库单明细的核对并保存。如图5.26所示。

出库单明细

出库客户	CTBU		出库库房：	CTBU仓库
委托单号	CWW0000_110701_0001		委托受理人：	系统管理员
委托备注：				
出库单号：			出库日期：	2011-07-01
收货单位：	收货		收货联系人：	
收货人地址：	5公里		收货人电话：	147258369
提单号码：				
运单号码：			运送单位：	
车牌号码：			司机：	
发货人员：			到库时间：	
出库备注：				
出库成本：	0	支付：--选择--		
搬卸成本：	0	支付：--选择--		
其它成本：	0	支付：--选择--	从货物明细求和	
验收备注：				

保存　取消

图5.26　出库单明细

在出库验收列表中，选择所指定的客户"CTBU"的出库单，点击"货物明细"，按货物品种为"花裙子"；货物规格为"A"；货物编号为"147258369"及其他信息进行货物明细的核对。如图 5.27 所示。

图 5.27　货物明细

点击"待核销"出现如图 5.28 所示界面。再次对货物品种"花裙子"；应出库数量 5 件；实际出库数量 5 件；在"CTBU 货位"；入库时间为 2011 年 6 月 13 日的入库批次中出库 5 件。验收无误后，点击"核销本货物"，完成对本货物的验收工作。

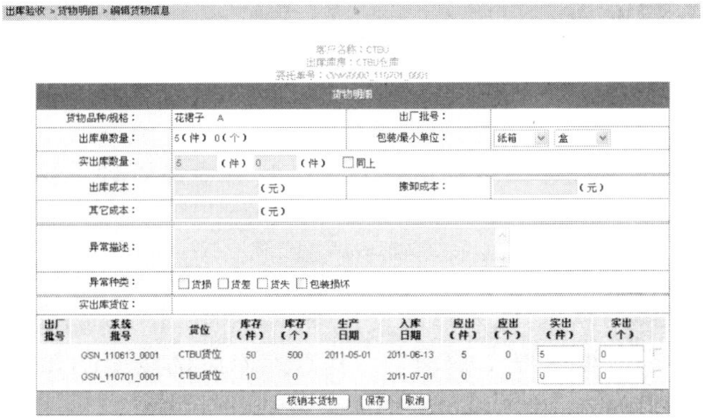

图 5.28　编辑货物信息

则出库验收货物明细中，操作项中"待核销"变成为"已核销"。

在出库验收列表中，选择所指定的客户"CTBU"的出库单，点击"核销本单"，则验收完毕。

4）记录查询

用鼠标点击"记录查询"，选择一级客户"CTBU 公司"中的二级客户"CTBU"。

点击"查询"，则将 CTBU 客户的出库记录列表呈现出来。如图 5.29 所示。

图 5.29　出库记录表

选择客户为"CTBU"；委托单号为"CVWV000－110701－0001"的委托单。再点击其后的"出库单明细"按钮，则将出库单明细、货物明细、货位明细全部详细呈现出来。如图 5.30 所示。

图 5.30　出库单明细

至此，客户"CTBU"由收货单位为"收货"接受的货物，花裙子，A 型，货物编号147258369，5 件在"CTBU 仓库"的"CTBU 货位"入库时间为2011 年 6 月 13 日批次的货物出库5 件。出库工作完成，其系统批号是：GSN_ 110613_ 0001。出库时间为2011 年 7 月 1 日。

（3）库存管理

库存管理是对仓库内现有的货物进行管理，具有盘库管理、移库管理、库存调整三大功能。

1）盘库管理

用鼠标点击"盘库管理"，进入盘库计划界面，再点击"新增计划"，选择一级客户"CTBU 公司"中的二级客户"CTBU"，其盘库库房选择"CTBU 仓库"，盘库时间选为2011 年 7 月 1 日进行。并添加盘库说明。其界面如图5.31 所示。

图 5.31　新增计划

点击"保存"后，自动回到盘库计划的列表界面。如图5.32 所示。

图 5.32　盘库计划

在计划列表中选择客户名为"CTBU"的盘库单，点击"编辑"按钮，则对盘库计划内容进行编辑如图 5.33 所示，并保存。

图 5.33　编辑计划

在计划列表中选择客户名为"CTBU"的盘库单，点击"打印盘库单"按钮，则对盘库单和盘点内容列出如图 5.34 所示的盘库单，并打印成纸质单据。

盘库单

盘库单号：	PKW000_ 500010054_ 110701_ 01		盘库日期：	2011－07－01
客户名称：	CTBU		仓库名称：	CTBU 仓库
盘库说明：				

盘点货物

货物品种	货物规格	出厂批号	生产日期	存放货位	数量（件）	数量（个）	货物状态	备注
花裙子	A		2011－05－01	CTBU 货位			完好　货损　批号破损	
花裙子	A			CTBU 货位			完好　货损　批号破损	

操作员：_____　　日期：_____

图 5.34　盘库单

在计划列表中选择客户名为"CTBU"的盘库单，点击"提交"按钮，则对盘库计划成功生成盘库单。

用鼠标点击"盘库结果录入"，出现盘库计划列表，找到指定客户"CTBU"的盘库计划单，如图 5.35 所示。

图 5.35　盘库信息

点击客户"CTBU"的盘库单后的"盘库结果"，出现如图 5.36 所示界面，填写盘库的结果：如"CTBU 货位"的盘库数量分别为 100 件、200 件、300 件，货物状态完好。并保存。

图 5.36　盘库信息结果

点击盘库计划列表中，客户"CTBU"盘货单后的提交按钮。

点击确定后，成功提交记录。

差异结果分析即是对盘库结果情况进行盈亏分析。

用鼠标点击"差异结果分析"，出现盈亏分析列表，找到指定客户"CTBU"的盘库计划单，如图 5.37 所示。

图 5.37　盈亏分析

点击客户"CTBU"的盘库单后的"盘库结果对比分析"，出现如图 5.38 所示界面，对客户"CTBU"在"CTBU 仓库"的货物"花裙子"的库存记录与盘库记录情况进行对比列表。

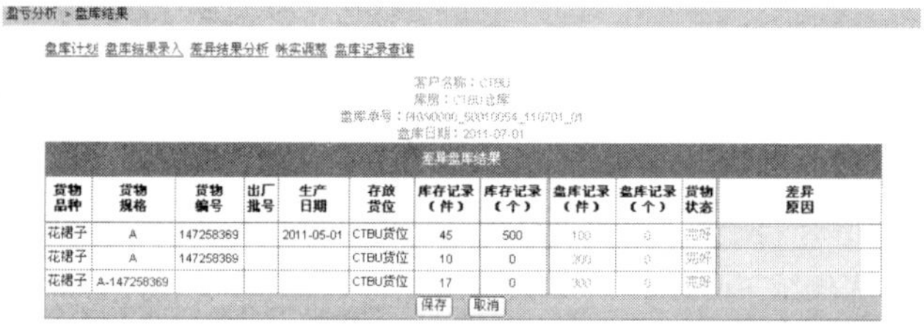

图 5.38　盘库结果

点击盘库计划列表中，客户"CTBU"盘货单后的"提交"按钮对差异结果进行提交。

点击确定后，成功提交记录。

用鼠标点击"账实调整"，出现计划列表，找到指定客户"CTBU"的盘库计划单号，如图 5.39 所示。

点击差异盘库结果，如图 5.40 所示。保存并结束盘库。

用鼠标点击"盘库记录查询"，出现盘库记录查询界面，选择一级客户"CTBU 公司"中二级客户"CTBU"的盘库记录。

查询后，出现客户"CTBU"的盘库单列表，如图 5.41 所示的界面。

图 5.39　账实调整

图 5.40　盘库结果

图 5.41　盘库记录表

点击"查看盘库结果",结果如图 5.42 所示。

图 5.42　盘库结果

2)移库管理

点击移库管理,选择选定的一级客户"CTBU 公司"下的二级客户"CTBU",对其所属的库房和货位进行查询。

当要实现查询货位时,点击"查询货位",则查询出该货位的货物信息,如图 5.43 所示。

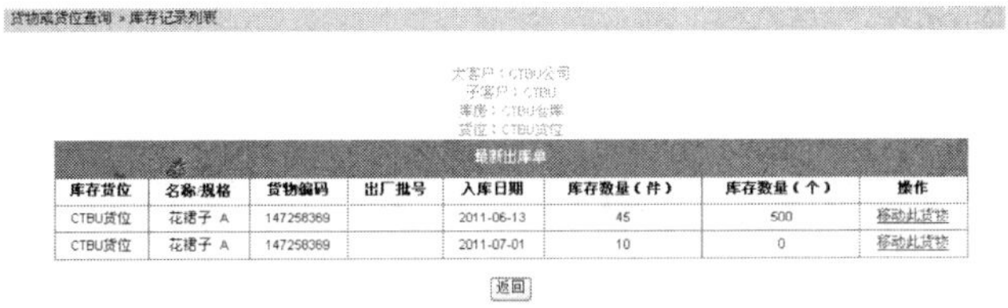

图 5.43　库存记录

选择入库日期为 2011 年 7 月 1 日的货单，点击"移动此货物"，则出现货位调整的信息，货物为花裙子，规格为 A 型，货物编号 147258369，原数量 10 件，其中 3 件从"CTBU 货位"移动到"CTBU 货位 2"。如图 5.44 所示。确认后生成移库单。

图 5.44　货位调整

3）库存调整

点击库存调整，执行一次新的库存调整，并选择指定客户"CTBU 公司"下的"CTBU"，其库房为"CTBU 仓库"，货物为 A - 147258369 花裙子。进行货物查询。如图 5.45 所示。

图 5.45　货物查询

查询货物，并加入新记录，则可以看到所选客户的库存调整情况如图 5.46 所示。在相应存放货位花裙子的数量要调整 7 件。

图 5.46　库存调整

确认后返回库存记录列表界面，如图 5.47 所示。

图 5.47　库存记录

选定所对应的库存记录，进入库存调整，如图 5.48 所示，并输入密码然后确认。

图 5.48　查询后库存调整

经授权确认后的调整情况就出现在新的库存记录中。

（4）库存查询

1）客户库存查询

点击客户库存查询，针对客户"CTBU 公司"和其相应的库房、货物进行查询。

再在库存记录列表中找到所列货物，进行入、出库记录的查询，如图 5.49 所示。

图 5.49　库存记录表

选定货物规格是 A，产品编码是 147258369 的选项，进入其中的入库记录，查询结果如图 5.50 所示。

图 5.50　入库记录

2）仓库库存查询

点击仓库库存查询，进入查询界面，选择指定的库房"CTBU 仓库"其中的"CT-BU 货位"进行查询。

其查询结果，按照库存记录列表出来，如图 5.51 所示。

图 5.51　库存记录列表

5.5　实训思考与练习

1. 仓储管理系统包括的主要功能有哪些？
2. 仓储管理中要遵循的原则是什么？
3. 仓储管理系统与传统的进销存管理软件有何区别？
4. 仓储管理系统包括哪几个主要功能？
5. 在仓储管理系统中要注意哪些关键点？

第6章　第三方物流管理实训

本章目的和任务

1. 深入了解第三方物流企业客户管理、仓储、运输等核心业务流程。
2. 熟悉第三方物流信息管理系统的功能。
3. 熟练操作第三方物流信息管理系统，领悟第三方物流业务流程与信息系统中信息流的联系。

本章要点

1. 第三方物流信息管理系统的主要功能。
2. 第三方物流业务流程与信息流的联系。
3. 第三方物流仓储、运输等核心业务信息管理系统的熟练操作。

6.1　实训目的

通过实训，熟悉并掌握第三方物流企业内部的进出货作业、运输调度、库存管理等业务环节的相互关联及软件操作；掌握应收/应付款的定价、结算、审核的相互关联及软件操作；理解并掌握第三方物流企业的业务流程及第三方物流管理系统的主要功能模块和相关操作。

6.2　实训要求

对第三方物流管理的各种业务流程进行模拟操作，完成车队、库存、货物等第三方物流管理的基本任务。实训结束后对实训结果进行分析，并撰写实训报告。

6.3　实训理论基础

6.3.1　第三方物流的概念

作为第三方物流企业业务运营的核心保障，信息管理系统的体系结构和功能需求是紧密围绕着第三方物流企业的业务类别和业务流程开展的。对第三方物流信息管理系统的了解，必须首先明确第三方物流的概念、主要业务及其业务流程。

第三方物流（Third - Party Logistics，TPL）的概念源自于管理学中的（out - sourcing），意指企业动态地配置自身和其他企业的功能和服务，利用外部的资源为企业内部的生产经营服务。根据国家物流标准术语，第三方物流是指由供方与需方以外的物流企业提供物流服务的业务模式。第三方物流是相对"第一方"发货人和"第二方"收货人而言的，是由第三方专业企业来承担企业物流活动的一种物流形态。它为顾客提供以合同为约束、以结盟为基础的，系列化、个性化、信息化的物流代理服务。

第三方物流的产生源自企业的经营环境和竞争格局的变化。随着信息技术的发展和经济全球化趋势，越来越多的产品在世界范围内流通、生产、销售和消费，物流活动日益庞大和复杂，而第一、二方物流的组织和经营方式已不能完全满足社会需要。同时，为参与世界性竞争，企业必须确立核心竞争力，加强供应链管理，降低物流成本，把不属于核心业务的物流活动外包出去。这样也就产生了第三方物流。由于服务业的方式一般是与企业签订一定期限的物流服务合同，第三方物流又称为"合同契约物流"（contract logistics）。

第三方物流内部的构成一般可分为两类：资产基础供应商和非资产基础供应商。对于资产基础供应商而言，他们有自己的运输工具和仓库，他们通常实实在在地进行物流操作。而非资产基础供应商则是管理公司，不拥有或租赁资产，他们提供人力资源和先进的物流管理系统，专业管理顾客的物流功能。广义的第三方物流可定义为两者结合。

第三方物流服务供应商面临着的挑战是要能提供比客户自身物流运作更高的价值。他们不仅考虑同类服务的提供者的竞争，还要考虑到潜在客户的内部运作。第三方物流提供商一般需要从提高物流运作效率、与客户运作的整合、发展客户运作三方面创造运作价值。其作用在于：

6.3.1.1 提高运作效率

物流运作效率的提高意味着对每一个最终形成物流的单独活动进行开发。例如：仓储的运作效率取决于足够的设施与设备及熟练的运作技能。在作业效率范围内另一个更先进的作用是协调连续的物流活动。除了作业技能外，还需要协调和沟通技能。协调和沟通技能在很大程度上与信息技术相关联，因为协调与沟通一般是通过信息技术来实现的。如果存在着有利的成本因素，并且公司的注意力集中在物流方面，那么用较低的成本提供更好的服务是非常可能的。

6.3.1.2 客户运作整合

第三方物流服务带来增值的另一个方法是引入多客户运作，或者是在客户中分享资源。例如，多客户整合的仓储和运输网络。整合运作的规模效益成为提高效率的重要方面。第三方物流整合运作的复杂性很高，需要更多的信息技术与技能。这一整合增值方式对于单个客户进行内部运作的很不经济的运输与仓储网络也适用。因此表现出来的规模经济效益是递增的，如果运作得好，将导致竞争优势及更大的客户基础。

当然，一些拥有大量货流的大客户也常常自行整合公司的物流资源。

6.3.1.3　横向或者纵向整合

前面讨论的主要是第三方物流客户的内部运作外包化带来的效率提高，其实从第三方物流服务供应商角度，也需要进行资源整合、业务外包。对无资产以管理外部资源为主的第三方物流服务提供商而言，为客户创造价值的技能是强有力的信息技术和物流规划管理与实施等技能，它可以通过纵向整合，购买具有成本和服务优势的单项物流功能作业或资源，发展同单一物流功能提供商的关系，也是创造价值的一种方法。这样，物流供应商可以专注于自己和新的能力的服务。在横向上，第三方物流公司如果能够结合类似的但不是竞争的公司，可以联合为客户服务，扩大为客户提供服务的地域覆盖面。

6.3.1.4　发展客户运作

第三方物流公司为客户创造价值的另一类方式是通过发展客户公司及组织运作来获取价值，这种第三方物流服务基本上接近传统意义上的物流咨询公司所做的工作，所不同的是提出的解决方案要由物流供应商自己来开发。增值活动中的驱动力在于客户自身的业务过程。

6.3.2　第三方物流管理系统的概念

第三方物流信息系统是第三方物流企业实现业务流程信息化管理的工具，能够帮助第三方物流企业把各种物流活动与某个一体化的过程联结在一起。

第三方物流信息系统应该具备以下特征：

6.3.2.1　可得性

第三方物流信息系统必须具有容易而又始终如一的可得性，所需信息包括订货和存货状况，当企业有可能获得物流活动的重要数据时，应该很容易从计算机系统中重新得到。迅速的对于客户服务与改进管理决策是非常必要的，因为顾客频繁地需要存取货和订货信息。可得性的另一方面是信息系统存取所需信息的能力，无论是管理上的、顾客方面的，还是产品订货位置方面的信息。物流作业的分散化性质，要求能从国内甚至世界各地任何地方得到更新的数据，这样的信息可得性可以减少作业和制订计划上的不确定性。

6.3.2.2　精确性

物流信息系统必须精确反映当前物流服务状况和定期活动，以衡量订货和存货水平。精确性可以解释为物流系统报告与实物技术或实际状况相吻合的程度。平稳的物流作业要求实际的数据与物流信息系统报告相吻合的精确性最好在99%以上。当实际数据与物流信息系统报告存在误差时，就要通过缓冲存货或安全存货的方式来适应这种不确定性。

6.3.2.3　及时性

第三方物流信息系统必须能够提供即时的、最快速的管理信息反馈，及时性是指一系列物流活动发生时与该活动在物流信息系统可见时的耽搁。例如，如果在某些情况下，系统要花费几个小时甚至几天才能将一个新的订货看作一个新的需求，因为该订货不会始终直接由客户数据库进入第三方物流信息系统，这种耽搁会使计划的有效性降低，而使存货增加。

6.3.2.4 灵活性

物流信息系统必须具有灵活反应能力，以满足系统用户和顾客的需求。第三方物流信息系统以虚有能力提供能迎合客户需要的数据，如票据汇总、实时查询、成本综合分析、市场销售汇总及分析等，一个灵活的第三方物流系统必须适应这一要求，以满足未来企业客户的各项信息需求。

6.3.3 第三方物流的运作过程

第三方物流是物流服务专业化、一体化的产物，是物流理论与实践不断深入发展的结果。第三方物流的运作过程主要包括客户及订单管理、第三方物流业务运作和签收、核销与结算管理。

6.3.3.1 客户及订单管理

客户及订单管理即第三方物流企业对委托客户的资料进行收集、分类、存档、检索和管理，全面掌握不同客户群体、客户性质、客户需求、客户信用等信息，为客户提供方案、价格、市场、信息等各种服务内容。在此基础上，对客户订单进行有效管理，包括可定制化的订单设计、有效的订单跟踪及反馈机制，订单异常情况的处理等。

6.3.3.2 第三方物流业务运作

第三方物流业务运作即第三方物流企业通过信息化管理进行业务运作，主要包括储力资源运作和运力资源运作等。储力资源运作主要是指对实现物流储存功能的相关资源及业务流程的有效管理，包括：仓库及库位的管理、入库和出库流程、库存盘点及移库等。运力资源运作主要是指对实现物流运输功能的相关资源及业务流程的有效管理，包括：车辆资源、车辆调度、运输路线优化及跟踪等。此外，第三方物流除了提供运储与运输等最基本的物流服务外，还可能进行包装、装卸、物流信息、流通加工等其他物流服务职能。

6.3.3.3 签收、核销与结算管理

签收、核销与结算管理即第三方物流企业按照订单要求将货物准确、及时地送达需求方，需求方签收后返回第三方物流企业进行核销和结算管理。

第三方物流基本业务流程包括委托受理、集货、仓储管理、运输调度、运输监控、签单与核销、结算管理等七个业务环节。

6.3.3.4 委托受理

根据委托客户提出的委托申请，判断该业务是否属于自身经营服务范围，并与委托客户达成委托物流服务意向，签订委托协议。具体包括：

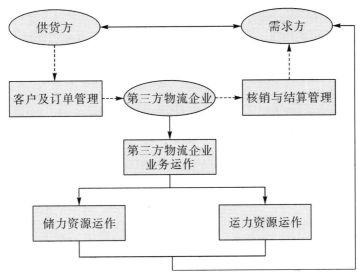

图6.1　第三方物流的运作过程

（1）业务委托。委托客户企业填写发货单，并向第三方物流公司提出业务委托，邮寄委托单。

（2）报价与询价。第三方物流公司根据委托书报价，查询相关业务报价，并根据自身业务范围，决定是否接受委托。

（3）委托确认。第三方物流公司经确认后接受委托，并在委托书上签字。

（4）返单。第三方物流公司发送发货单给收货客户；收货客户确认并将发货单返回到第三方物流公司。

（5）预付款结算。第三方物流公司接单并确认应收款项后，委托客户企业向结算中心支付合同签订比例的预付款，代理运输保险事宜并支付约定比例的保险金。

（6）委托生成。委托书生效后，委托转达至提货调度，并与提货调度确认提货时间。

6.3.3.5　集货

根据客户委托要求，将客户分散在各地库房的货物集中到物流中心库房以备分拣、储存、装车等需要。具体包括：

（1）车辆调度。调配适合的车型及人员，安排行使路线，保证车型及人员按时到达提货地点。

（2）备货。按委托客户要求对货物进行打包、分装、组配等备货作业。

（3）提货。运输人员执单前往指定仓库提货，指定仓库负责按单装卸出货，完成后签单。

（4）交货。按要求将货物及时、准确地送达集货地仓库，并办理交接手续。

6.3.3.6　仓储管理

按照客户委托要求进行货物入库、出库、储存、保管或分拣、加工等作业。具体包括：

（1）入库。根据单据办理相关入库手续；检查入库货物是否符合要求，包括品名、数量、货物包装等；检查入库手续是否齐全、有效；检查账、物是否相符。

（2）出库。根据单据办理相关出库手续；检查出库货物是否符合要求，包括品名、数量、货物包装等；检查出库手续是否齐全、有效；检查账、物是否相符。

（3）库内作业。按仓储管理要求，对货物进行分类、分区管理；定期对货物进行整理、盘点，做到账、物相符；对货物进行分拣、搬移或码放货物至指定位置。

6.3.3.7 运输调度

根据客户订单要求，进行车辆调度，并形成运单或路单的过程。具体包括：

（1）根据货物及运输时限等要求，调配适合装载货物的车辆。

（2）检验承运车辆及驾驶人员携带的证件是否齐全、有效。

（3）货物出库后配载装车。

（4）将运单转化为路单。

6.3.3.8 运输监控

运输监控主要是对运输途中的货物进行实时跟踪记录。具体包括：

（1）与在途车辆保持联系，掌握车辆运输状况，并做好跟踪记录。

（2）向客户反映货物在途状况。

（3）协助处理运输途中的异常情况，并详细记录。

6.3.3.9 签单与核销

签单与核销主要是实现客户对货物的确认处理，并对车辆的运营情况进行核销。具体包括：

（1）按运单要求，将货物送达至收货客户。

（2）与收货客户共同清点货物的种类、数量，并办理交接手续。

（3）检查客户在单据上的签收情况并记录。

（4）及时反馈并处理签收单上客户所写的异常情况。

（5）签收单据应及时返回至有关业务部门。

（6）核销车辆的空驶里程、燃油实际消耗、机油实际消耗。

6.3.3.10 结算管理

结算管理主要是实现对仓储、运输费用的管理。具体包括：

（1）仓储应收款结算。

（2）运输应收款结算。

（3）仓储应付款结算。

（4）运输应付款结算。

6.4 实训内容

6.4.1 案例资料

大冶制造是一家汽车发动机制造企业。TG 汽车公司是大冶制造的直接客户。为了提高物流管理效率，大冶制造和 TG 公司计划将仓储、运输等物流主要业务外包给易运第三方物流公司。在实训中，易运物流公司首先需要将客户大冶制造和 TG 汽车公司的资料录入客户管理系统，为其他业务的开展提供数据支撑。其次，易运公司需要将拥有的物流资源纳入信息管理系统管理，包括：车辆信息、库房及库位信息等。在物流核心功能实训中，易运物流公司需要替客户大冶制造完成以下物流作业：

（1）为大冶制造提供发动机成品仓储服务，包括发动机成品的入库、出库及在库管理；

（2）为大冶制造提供发动机成品运输服务，包括集货、运输调度、运输过程管理及运单核销等。

具体业务如下：

2011 年 7 月 24 日，处理大冶制造公司 A 型汽车发动机 200 台的入库事务，存放库房及库位是汽车发动机仓库的 1 号库位 120 台、2 号库位 80 台。需要向大冶制造公司收取入库费用为 400 元、搬运费用为 200 元、其他费用为 20 元；需向仓库提供商支付的入库费用为 100 元、搬运费用为 10 元、其他费用为 10 元。

2011 年 7 月 30 日，需向大冶制造公司提供月末库存盘点数据。盘点的结果是汽车发动机仓库中总共有 A 型汽车发动机 201 台，均完好。盘点数据录入后需对盘点结果进行处理。同时由于库位优化与调整，需要将所有 1 号库位上存放的发动机转移到 2 号库位上。

2011 年 8 月 10 号，接到大冶制造公司的出库及运输委托，需要从 2 号库位上将 180 台 A 型汽车发动机出库并运往 TG 汽车有限公司。

2011 年 8 月 10 日，完成出库操作。收货单位是 TG 汽车公司，联系人是李天，出库费用是 100 元，装卸费用是 45 元，其他费用 55 元。

2011 年 8 月 10 日，完成运输委托操作，委托单位是大冶制造，启运地和收货地均为重庆市南岸区，运输方式为公路，签返时限是 5 天，提货费 10 元，配送费 24 元，代收费 34 元，付款单位为 TG 汽车公司，货物清单是 A 型汽车发动机 10 台。

2011 年 8 月 11 日，完成集货操作，为刚建立的运输委托单安排承运商及车辆进行集货。在集货窗中选择承运商"易运运输"，然后在集货车辆中选择对应的集货车辆，即可完成集货车辆的安排工作。填入提货时间 2011-8-11，并选择提货入库的库位为"发动机仓库"，即可完成货物集货的安排工作，并生成运输订单。

2011 年 8 月 11 日，完成运输调度和运输工作。选择运输的起始地和目的地为西南地区，选择运单"大冶销售"，在承运商中选择案例中拟定的易运运输，并为该运单分配运输车辆即可完成运单的调度工作，并生成路单。在路单中填入燃油定额 100 升、机油定额 50 升，即可完成路单的生成工作。

2011 年 8 月 12 日，完成路单核销工作。在初选条件里面输入"承运商：易运运输"，便可查询到刚建立的路单，在货物运输完成后单击"核销"，在填入实际使用的燃油 98 升和机油数量 42 升后，单击"保存核销记录"即可完成路单注销工作。

6.4.2 操作步骤

以下实训使用的是易通交通信息发展有限公司《第三方物流管理系统》（教学版）。该软件根据国内第三方物流企业的实际需要设计开发而成，它以企业内部管理为基础，包括仓储管理、运输管理、异常管理、合同管理、客户管理、资源管理、结算管理、统计分析和系统管理等模块，覆盖第三方物流企业管理的各个环节，按照企业完整的业务流程来实例教学，有利于帮助学生了解第三方物流企业的真实经营模式。

6.4.2.1 实训角色分配

实训开始，首先需要完成分组、用户及角色分配，如表 6.1 所示（为了保证系统有足够的业务量，建议担任客户企业的学生数量适当增加）。

表 6.1   角色扮演

角色名称	角色代码	用户名	密码
客户企业 1			
客户企业 2			
系统管理员（01）			
资源管理员（02）			
客户管理员（03）			
委托及订单管理员（04）			
入库管理员（05）			
出库管理员（06）			
库内管理员（07）			
运单调度员（08）			
路单调度员（09）			
运输监控员（10）			
运单签收员（11）			
路单核销员（12）			
应收结算员（13）			
应付结算员（14）			

各角色的主要职责和系统权限如下：

系统管理员（01），主要职责是对公司组织机构、系统角色、系统用户、项目组织、业务基本参数配置等进行设置和完善。系统管理员在整个系统中占有重要的位置，系统所有的操作基于系统管理员的设置之下，只有完善了系统管理员的设置才能进行相关业务运作和关联操作。权限："系统管理"所有功能权限。

资源管理员（02），主要职责是整合社会闲散的运力资源（车辆）和储力资源（仓库）；并对公司现有资源进行有效管理和合理利用；同时需对储力资源进行仓库货位的合理分配，以便于在仓储业务中进行库存业务管理。权限："资源管理"所有功能权限。

客户管理员（03），主要职责是对业务范围内的客户进行基本信息和货品信息的录入和管理。客户管理员在系统中与系统管理员具有同样重要的位置，所有要执行的业务操作要在建立了客户信息之后在相应的客户之下来执行，也是系统执行业务流程重构所必须具备的基础条件之一。权限："客户管理"所有功能权限。

运输委托及订单管理员（04），主要职责是对客户所执行的委托单和订单进行系统录入和管理。权限："运输委托"和"运输订单"功能权限。

入库管理员（05），主要职责是执行相应的入库业务。明确入库或物的明细和数量、形态、入库时间及具体地点。权限："入库管理"功能权限。

出库管理员（06），主要职责是执行相应的出库业务。明确出库货物的数量、形态和具体的库存库位。权限："出库管理"功能权限。

库内管理员（07），主要职责是对所管理的库房内所有货物进行货物的盘点，发生库存差异之后进行库存调整，以便及时调整货物的存储量，满足供给和避免浪费储力资源。权限："库存管理"功能权限。

运单调度员（08），主要职责是对运单进行调度和管理。权限："调度运单"和"运单管理"功能权限。

路单调度员（09），主要职责是对路单进行调度和管理。权限："调度路单"和"路单管理"功能权限。

运输监控员（10），主要职责是对在途货物进行跟踪与反馈。在运输过程中客户更多关注的是货物的运行情况和存储状态。这一岗位角色的设置可以很好地解决客户的需求，同时也满足企业自己的业务所需，及时调整运力资源。权限："在途跟踪"和"跟踪记录查询"功能权限。

运单签收员（11），主要职责是按照相关约定，在运输业务结束后进行运单签收处理。权限："签单处理"功能权限。

路单核销员（12），主要职责是对运输过程中车辆的成本费用进行核算和分摊。权限："路单核销"功能权限。

应收结算员（13），主要职责是对上游客户应该收取的相应仓储、运输和配送费用的统计、定价和核收工作。权限："应收款"功能权限。

应付结算员（14），主要职责是对下游供应商和承运商所需支付的费用的统计、定价和核收工作。权限："应付款"功能权限。

6.4.2.2 客户管理实训

客户管理实训的主要目的是对易运物流公司服务客户的信息进行有效管理，需要完成的主要工作是建立客户档案，并完善客户的相关信息。客户管理系统的主要功能如图 6.2 所示。

图 6.2　客户管理系统

进入客户管理系统，单击"基本信息"进入客户信息管理界面，单击"添加一级客户"即可开始添加大冶制造和 TG 汽车公司的一级客户信息，如图 6.3 所示。在完成一级客户的添加后，还需要添加二级客户信息。对于大冶制造，单击"查看二级客户"开始添加二级客户信息。

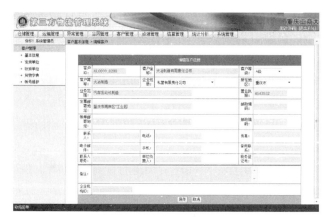

图 6.3　添加一级客户信息

6.4.2.3 资源管理实训

资源管理实训的主要目的是对易运物流公司的相关物流资源进行有效管理，为仓储、运输等物流服务的正常开展提供支撑。需要完成的主要工作是添加物流服务供应商（即易运公司）和承运商的档案以及用于物流服务的车辆和仓库信息。资源管理系统的功能主界面如图 6.4 所示。

图 6.4　资源管理系统

6.4.2.3.1　添加物流服务商

进入资源管理系统，单击"物流服务商管理"进入物流服务商信息管理界面，单击"添加新物流服务商"即可开始添加易运物流服务公司的相关资料，如图 6.5 所示。

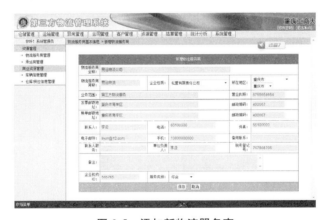

图 6.5　添加新物流服务商

6.4.2.3.2　添加承运商

进入资源管理系统，单击"承运商管理"进入承运商信息管理界面，单击"添加承运商"即可开始添加承运商易运运输公司的相关资料，如图 6.6 所示。

图 6.6　添加承运商相关资料

6.4.2.3.3 添加车辆信息

进入资源管理系统，单击"车辆信息管理"进入车辆信息管理界面，单击"新增车辆"即可开始添加车辆的相关资料，如图6.7所示。

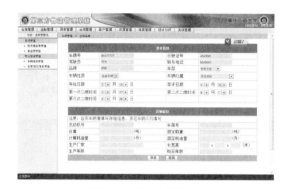

图 6.7 添加车辆信息

6.4.2.3.4 添加仓库/库位信息

进入资源管理系统，单击"仓库/库位信息管理"进入仓库/库位信息管理界面，单击"新增仓库"即可开始添加为易运运输新增仓库的相关资料，如图6.8所示。

图 6.8 新增仓库信息

在完成仓库信息的添加后，即可为仓库添加库位的相关信息。对于刚添加完成的发动机仓库，单击对应操作中的"库位信息"即可开始添加该仓库的库位信息，如图6.9所示。

图 6.9 添加仓库的库位信息

6.4.2.4　运输管理实训

运输管理实训的主要目的是实现易运物流公司运输管理的相关流程及操作的信息化管理，从而提高运输管理的效率。仓储管理实训需要完成的主要工作包括：运输委托、运输订单、运输调度、运输监控、单据核销等主要功能。运输管理系统的功能主界面如图 6.10 所示。

图 6.10　运输管理系统

6.4.2.4.1　制作运输委托单

进入运输管理系统，单击"委托单录入"进入委托单信息管理界面，单击"新增委托单"即可开始为大冶制造公司添加 A 型汽车发动机的运输委托单相关资料。委托单添加完成后的状态如图 6.11 所示。其中第一条记录即为刚才添加的运输委托单。

图 6.11　集货信息管理界面

6.4.2.4.2　完成货物集货

进入运输管理系统，单击"集货调度"进入集货信息管理界面，单击刚添加的大冶销售委托的运输单后"集货"按钮，即可为该运输委托单安排承运商及车辆进行集货。在集货窗中选择承运商"易运运输"，然后在集货车辆中选择对应的集货车辆，即可完成集货车辆的安排工作，如图 6.12 所示。

车辆安排完成后，回到集货信息界面，填入提货时间和入库时间，并选择提货入库的库位为"发动机仓库"，即可完成货物集货的安排工作，如图 6.13 所示。在集货完成发动机入库后即可单击"完成"，即可完成运输委托工作，并生成运输订单。在运

图 6.12　承运商及车辆安排

输订单管理中可以对生成的运输订单进行有效管理。

图 6.13　新增的集货安排

6.4.2.4.3　制作运输调度运单和路单

进入运输管理系统，单击"调度运单"进入运输调度信息管理界面，选择运输的起始地和目的地即可查询运输订单（实训案例中运输的起始地和目的地均为重庆，因此均需选择西南地区），查询结果如图 6.14 所示。

图 6.14　运输订单查询结果

选择运单"大冶销售"，在承运商中选择案例中拟定的易运运输，并为该运单分配运输车辆，如图 6.15 所示，即可完成运单的调度工作。

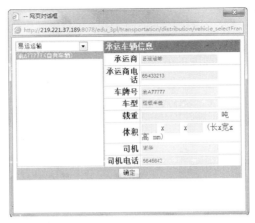

图 6.15 运输车辆安排

在界面中，选中刚完成调度的运单，即生成路单，如图 6.16 所示。在路单中填入燃油定额、机油定额，即可完成路单的生成工作。

图 6.16 新建路单

6.4.2.4.4 核销路单

进入运输管理系统，单击"路单核销"进入路单核销管理界面，在初选条件里面输入"承运商：易运运输"，便可查询到刚建立的路单，在货物运输完成后单击"核销"，如图 6.17 所示，在填入实际使用的燃油和机油数量后，单击"保存核销记录"即可完成路单注销工作。

图 6.17 核销路单

6.4.2.5　仓储管理实训

仓储管理实训的主要目的是实现易运物流公司仓储管理的相关流程及操作的信息信息化管理，从而提交仓储管理的效率。仓储管理实训需要完成的主要工作包括：入库管理、出库管理及在库管理。仓储管理系统的功能主界面如图6.18所示。

图6.18　仓储管理系统

6.4.2.5.1　建立入库委托单

进入仓储管理系统，单击"入库委托"进入入库委托信息管理界面，单击"新增委托单"。在实训案例中，大冶制造公司委托易运物流公司进行发动机仓储的管理。在新建的入库委托单中，选择入库客户为大冶制造下属的大冶销售公司，入库仓库是发动机仓库，填写入库费用信息，单击"完成"，即可建立入库委托单，如图6.19所示。

图6.19　新增委托单

对刚建立的大冶销售入库委托单，单击"货物明细"，即可开始新增入库货物信息，补充入库货物信息，即可完成入库产品信息的添加，如图6.20所示。单击"受理"即可生成入库单。

6.4.2.5.2　核销入库单

进入仓储管理系统，单击"入库单核销"进入入库单核销息管理界面，对于刚才建立的大冶销售入库单，单击"货物明细"，对于其中的A型发动机单击"待核销"，如图6.21所示，填入入库单的费用信息、库位信息以及验收信息等相关材料后，单击"核销本物资"即可完成该项物资的核销工作，在完成入库中所有物资的核销工作后，

图 6.20　新增入库货物信息

回到入库单核销息管理界面，单击"核销本单"，即可完成入库单的核销工作。

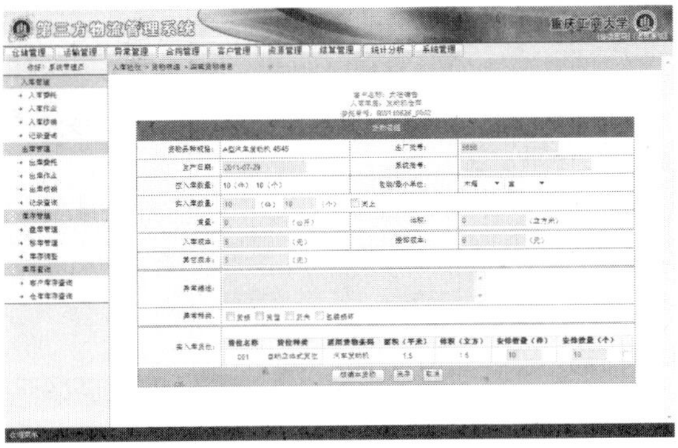

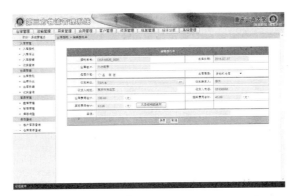

图 6.21　入库信息编辑

6.4.2.5.3　建立出库委托单

进入仓储管理系统，单击"出库委托"进入出库委托信息管理界面，单击"新增委托单"，如图 6.22 所示，在实训案例中，大冶制造公司委托易运物流公司进行发动机仓储的管理。

图 6.22　新增委托单

在新建的出库委托单中，选择出库客户为大冶制造公司下属的大冶销售公司，收获单位为大冶制造公司的客户 TG 汽车公司，并填写完善相关费用信息，单击"完成"，即可建立出库委托单。对刚建立的大冶销售出库委托单单击"货物明细",如图 6.23 所示,即可开始新增出库货物信息。最后在出库委托信息管理界面中,单击"受理"即可生成入库单。

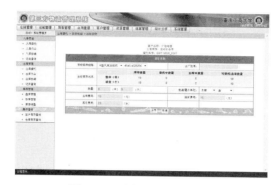

图 6.23　编辑出库资料信息

6.4.2.5.4　完成出库作业

进入仓储管理系统,单击"出库作业"进入出库作业信息管理界面,如图 6.24 所示,根据出库单的货物明细清点货物后,方可对刚才建立的大冶制造出库单,单击"完成",即可完成入库操作。

图 6.24　出库作业信息管理界面

6.4.2.5.5　核销出库单

进入仓储管理系统,单击"出库单核销"进入出库单核销息管理界面,对于刚才建立的大冶销售出库单,单击"货物明细",对于其中的 A 型发动机单击"待核销",如图 6.25 所示,填入出库单的费用信息、库位信息以及验收信息等相关材料后,单击"核销本物资"即可完成该项物资的核销工作。在完成出库中所有物资的核销工作后,回到出库单核销息管理界面,单击"核销本单",即可完成出库单的核销工作。

6.4.2.5.6　移库操作

移库是将商品从一个仓库调拨到另外一个仓库,也包括从仓库总仓调拨到柜组。移库操作时提高库存管理效率的重要手段之一。进入仓储管理系统,单击"移库管理"进入移库息管理界面,案例中需要对存放的大冶制造的发动机进行移库操作,选择客

图 6.25　编辑核销货物信息

户为大冶制造属下的大冶销售，库位为发动机仓库的 001 号库位，货物为大冶发动机，然后单击"查询库位"，在进入的界面中选择"进入"，即可进行移库的相关操作，如图 6.26 所示。

图 6.26　移库操作界面

6.5　实训思考与练习

1. 第三方物流企业的运作模式是怎样的？
2. 第三方物流企业完成运输作业的完整流程是怎样的？
3. 集货的主要目的是什么？
4. 第三方物流企业完成仓储作业的完整流程是怎样的？
5. 移库操作的目的是什么？

第7章　进销存管理实训

本章目的和任务

1. 深入了解零售、进销存管理系统的基本概念及关键技术，了解国内知名 POS 系统，对进销存管理系统有个总体认识。

2. 了解不同进销存管理系统之间的比较、评价与选择，掌握进销存管理系统的功能模块及主要操作流程。

3. 了解零售企业经营过程，掌握进销存管理系统相关的岗位设置和权限分配，了解进销存管理系统对零售企业日常业务操作与管理的辅助支持功能。

本章要点

1. 进销存管理系统的概念及关键技术。
2. 进销存管理系统的功能模块及操作流程。
3. 进销存管理系统相关的岗位设置和权限分配。

7.1　实训目的

通过本实训，熟悉进销存管理系统的主要功能及业务操作，培养学生运用进销存管理系统对零售，尤其是超市经营管理和控制的能力。使学生对于零售区超市收银的全过程有一个清晰的认识，在实际操作中加深对零售企业（尤其是超市）的业务流程的理解与掌握，学会使用进销存管理系统对零售企业的经营进行有效管理。

7.2　实训要求

课前按 4~5 人一组，分组到学校附近的超市调研超市所卖商品的种类、每类商品对应的具体商品名称、规格、价格、厂家、条形码等基本信息。为了节省信息收集和处理的时间，商品种类建议选 3~5 类，每类商品对应的具体商品建议选 2~4 种即可。

参照前面各章所学知识，搜集资料，每组自编一个实训用案例资料。具体要求：

尽量包括不同情形的销售，如正常销售、节假日的打折促销、限时促销、个别商品的带赠品促销、销售退货等多种销售情形；

尽量覆盖超市的会员制管理所涉及的内容，如会员卡的办理、挂失、补办，会员购买的积分、积分达到一定分数后对应的打折或兑换代金券等；

设计不同的业务内容，以便为各种管理方面所的统计提供数据资料。

课前预习实训理论基础，并在网上下载 3 个进销存管理软件进行试用，利用所学专业知识及对软件操作方面的训练，对各软件进行评价，从中选出一个相对满意的软件作为实训用软件。关于 3 个软件的试用情况及评价需详细写在实训报告中。

7.3 实训理论基础

进销存管理系统是一个典型的数据库应用程序，根据企业的需求，为解决企业账目混乱，库存不准，信息反馈不及时等问题，采用先进的计算机技术而开发的，集进货、销售、存储多个环节于一体的信息系统。

7.3.1 进销存管理系统的主要功能模块

该系统通常集基本资料管理、进货管理、销售管理、库存管理、财务管理、统计报表等多种功能于一身，满足企业对进销存管理的多方面需求。

7.3.1.1 基本资料管理

基础资料，即系统的基础数据。通过基础资料管理可以定义和管理这些基础数据。基础资料包括：商品资料、仓库资料、部门人员档案、往来单位档案、银行账户信息、外币汇率信息以及其他资料信息（计量方式 、入出库类型、商品用途、商品重要程度等）。

7.3.1.1.1 商品资料

可以定义商品类别信息和商品信息。商品信息包括：商品代码、名称、型号规格、计量单位等，每种商品均归属于某个商品类别，商品类别可以分级定义。

7.3.1.1.2 仓库资料

系统可以分仓库管理存货，每个仓库还可以下设多个库位，货物可以按货位存放和管理。通过仓库资料可以定义仓库和库位信息。库位可以分级定义，一级货位默认为仓库。

7.3.1.1.3 部门人员档案

可以建立部门信息以及下属人员信息，用于对各项业务进行监督和统计。

7.3.1.1.4 往来单位档案

可以分别建立厂商、供应商和客户档案，体育事业单位按地区进行划分。

此外，还可以根据业务需要建立银行账户信息，外币汇率信息等。

7.3.1.1.5 会员管理

（1）添加会员：向系统中录入会员（购买产品的用户）资料。

（2）会员管理：将系统中的会员进行列表，可进行修改、删除、查询等功能操作。

（3）会员组管理：可分配会员组，根据会员不同，可将会员组分为 VIP 会员、普通会员等。

（4）会员生日提醒：系统自动将当前过生日的会员的信息进行列表显示。

7.3.1.2 进货管理

进货管理的构成：进货合同（订单）管理、进货单据管理、进货查询及分析。

7.3.1.2.1 进货合同（订单）管理

进货合同是企业与供应商接洽后，双方就商品、价格、结算方式、交货方式等方面达成的一种协议。任何已确定的意向均可纳入合同管理。

7.3.1.2.2 进货单据管理

进货单据包括进货单和进货退货单。进货单是企业的进货部门在收到供应商的发货单据（指的是发货单、发票等）后所开具的业务单据。发现购进的商品存在规格或质量问题决定退货时，可以通过进货退货单记录本次退货业务。进货退货单审核记账后自动登记相应的业务账和会计账，同时还可以根据进货退货单生成记账凭证传递到安易账务系统。

7.3.1.2.3 进货查询及综合分析：

可以从供应商、部门（业务员）、商品三个不同的角度对进货业务进行查询，另外还可以查询进货综合信息和结算信息。

7.3.1.3 销售管理

销售管理由销售合同（订单）管理、销售单据管理和销售查询及综合分析构成。

7.3.1.3.1 销售合同（订单）管理

销售合同是企业与客户接洽后，双方就商品、价格、结算方式、交货方式等方面达成的一种协议。任何已确定的意向均可纳入合同管理。

7.3.1.3.2 销售单据管理

销售单据包括销货单和销售退货单。销货单是企业销售部门在销售商品时开具的业务单据。可以根据一张或多张销货单开具正式发票（普通发票或增值税发票）。货物销售出去后对方因为某种原因要求退货，这时就需要通过销售退货单记录这次退货业务。销售退货单审核记账后自动登记相应的业务账和会计账，同时还可以根据销售退货单生成记账凭证传递到安易账务系统。

7.3.1.3.3 销售查询及综合分析

可以从客户、部门（业务员）、商品三个不同的角度对销售业务进行查询，另外还可以查询销售结算信息。

7.3.1.4 库存管理

存货管理是企业购销链管理的核心，它将进货管理和销货管理链接起来共同组成一个完整的企业购销链管理系统。

存货管理由入/出库管理、调拨/移位管理、盘点管理和库存报表和库存分析构成。

7.3.1.4.1 入库

入库是指仓储部门按照要求合理组织人力、物力等资源，按照入库作业程序，认真履行入库作业各环节的职责，及时完成入库任务的工作过程。

商品入库作业的整个过程包括商品接运、商品入库验收、办理入库交接手续等一系列业务活动。

（1）商品接运

商品接运是指仓库对于通过铁路、水运、公路、航空等方式运达的商品，进行接收和提取的工作。接运的主要任务是准确、齐备、安全地提取和接受商品，为入库验收和检查做准备。接运的方式主要有：车站码头提货，铁路专用线接车，自动提货和库内提货。

（2）商品入库的验收

商品的入库验收，要进行数量点收和质量检验。数量点收，主要是根据商品入库凭证清点商品数量，检查商品包装是否完整，数量是否与凭证相符。质量检验，主要是按照质量规定标准，检查商品的质量、规格和等级是否与标准符合，对于技术性强，需要用仪器测定分析的商品，须有专职技术人员进行。

（3）办理入库手续

入库手续主要是指交货单位与库管员之间所办理的交接工作。其中包括：商品的检查核对，事故的分析、判定，双方认定，在交库单上签字。仓库一面给交货单位签发接收入库凭证，并将凭证交给会计、统计入账、登记；一面安排仓位，提出保管要求。

7.3.1.4.2　在库管理

在库管理主要包括保养维护、盘点和在库检查。

（1）调拨/移位管理

可以通过调拨和移位管理来实现对货物转移的管理。在不同仓库（分店）之间转移货物通过调拨单来记录和管理。在同一仓库（分店）内部转移货物通过移位单来记录和管理。

（2）盘点

各种仓储作业过程中都有可能产生误差以及部分货物因存放时间太长或保管不当而导致数量或质量发生变化，这些情况往往导致库存货物的账面与实际不相符。为了对库存货物的实际数量进行有效控制，并查清质量状况，必须定期或不定期地对各储存场所的全部或部分货物进行清点、核查，这一过程称为盘点。

盘点可以按仓库、货位和商品三种方式进行。首先生成一张空盘存表，盘存表上将库存商品的账面数量列出来，仓库管理人员可以将盘点的实存数录入，系统根据结存数和盘存数自动计算盈亏。

盘点过后，仓库管理人员可以对经过审核的正式盘存表进行盘存处理。通过盘存处理可以对库存账面数进行调整，以保证账实相符。调整的具体方法为：根据盘盈的商品情况自动生成一张盘盈入库单据，根据盘亏的商品情况自动生成一张盘亏出库单据。

7.3.1.4.3　出库管理

出库管理是指按照货主的调拨出库凭证或发货凭证，如提货单、调拨单，所注明的货物名称、型号、规格、数量、收货单位、接货方式等，进行凭证核对、备料、复核、点交等一系列活动。出库管理主要包括出库前准备、核对出库凭证、备货、理货、全面复查核对、登账和交接。

7.3.1.5 财务管理

对日常收入支出管理、客户借贷坏账管理。

7.3.1.6 统计报表

完整的统计查询功能，每张单据每次收款付款都可以清楚地反映。

销售优惠统计、滞销畅销商品统计、职员应收应付统计、单个商品成本毛利分析、账龄分析、现金银行日报表、商品经营日统计、业务的日月年统计报表。

（1）进货统计：对产品入库记录进行报表统计。

（2）销售统计：对产品销售记录进行报表统计。

（3）公司退货统计：对产品退回给供应商的记录进行报表统计。

（4）销售退货统计：对产品退货记录进行报表统计。

（5）报废统计：对报废产品进行报表统计。

（6）员工工资统计：对员工工资进行报表统计。

7.3.1.7 系统维护

在系统管理中用户可以根据企业需要设置系统运行参数，使系统能够更好地符合企业管理需求。系统管理主要包括备份/恢复数据库，系统初始化，修改密码，参数设置、操作日志等。

7.3.1.7.1 备份/恢复数据库

在备份数据页中选择备份的路径，如果需要自动备份就选中"自动备份"再选择每隔几小时备份一次，系统将根据设置自动备份数据库。在恢复数据页中选择恢复文件，点击"确定"即可。

7.3.1.7.2 系统初始化

打开系统维护窗口再点击"系统初始化"。可以根据情况删除相应的数据，删除后数据将不可恢复。

7.3.1.7.3 修改密码

打开系统维护窗口再点击"修改密码"按钮打开修改密码窗口。在该窗口中可以改操作员自身的密码。

7.3.1.7.4 参数设置

设置核算单位基本信息、单据编码规则和单位选项。可以根据企业需要合理配置系统

7.3.1.7.5 操作日志

每当一个操作员使用系统时，系统自动将他的操作情况记录下来，这些记录存放在操作日志中。一旦出现问题，操作日志可以为审计提供线索。

7.3.2 关键技术

有了 POS 系统，工作人员可以用具有条形码扫描功能和 RFID 识读功能的智能终端

进行点货，出库、入库和销售操作，货品信息和销售记录可以及时传到管理数据库或交款台，客户交款后的信息也会及时回传到仓库管理员手中，以便及时给付款的客户提货。以下将分别介绍条形码和 RFID 的基本理论。

7.3.2.1　条形码

条形码技术是一种广泛应用于商业、邮政、图书管理、仓储、工业生产过程控制、交通等领域的自动识别技术，具有输入速度快、准确度高、成本低、可靠性强等优点，在当今的自动识别技术中占有重要的地位。条形码技术是在计算机技术和信息技术基础上发展起来的一门集编码、印刷、识别、数据采集和处理于一身的技术。我们从超级市场上买回来的果品、蜂蜜等，果品箱、蜂蜜罐上肯定会有编码，不管是超级市场自己编的条形码，还是商品制造者商标上的条形码。

7.3.2.1.1　条形码的定义

条形码是由宽度不同、反射率不同的条和空，按照一定的编码规则（码制）编制成的，用以表达一组数字或字母符号信息的图形标识符。即条形码是一组粗细不同，按照一定的规则安排间距的平行线条图形。常见的条形码是由反射率相差很大的黑条（简称条）和白条（简称空）组成的。

7.3.2.1.2　条形码的工作原理

由于不同颜色的物体，其反射的可见光的波长不同，白色物体能反射各种波长的可见光，黑色物体则吸收各种波长的可见光，所以当条形码扫描器光源发出的光经过凸透镜 1 后，照射到黑白相间的条形码上时，反射光经凸透镜 2 聚焦后，照射到光电转换器上，于是光电转换器接收到与白条和黑条相应的强弱不同的反射光信号，并转换成相应的电信号输出到放大整形电路。白条、黑条的宽度不同，相应的电信号持续时间长短也不同。但是，由光电转换器输出的与条形码的条和空相应的电信号一般仅 10mV 左右，不能直接使用，因而先要将光电转换器输出的电信号送放大器放大。放大后的电信号仍然是一个模拟电信号，为了避免由条形码中的疵点和污点导致错误信号，在放大电路后需加一整形电路，把模拟信号转换成数字电信号，以便计算机系统能准确判读。整形电路的脉冲数字信号经译码器译成数字、字符信息。它通过识别起始、终止字符来判别出条形码符号的码制及扫描方向；通过测量脉冲数字电信号 0、1 的数目来判别出条和空的数目。通过测量 0、1 信号持续的时间来判别条和空的宽度。这样便得到了被辨读的条形码符号的条和空的数目及相应的宽度和所用码制，根据码制所对应的编码规则，便可将条形符号换成相应的数字、字符信息，通过接口电路送给计算机系统进行数据处理与管理，便完成了条形码辨读的全过程。

7.3.2.1.3　条形码的分类

（1）按码制分类

按码制分，条形码主要分为 ENA 码、UPC 码、交叉 25 条形码、库德巴码、39 码和 128 码等，而商品上最常使用的就是 EAN 码。

EAN 码亦称通用商品条形码，由国际物品编码协会制定，通用于世界各地，是目前国际上使用最广泛的一种商品条形码。我国目前在国内推行使用的也是这种商品条形码。EAN 商品条形码分为 EAN-13（标准版）和 EAN-8（缩短版）两种，见图 7.1 所示。

图 7.1　EAN 码

EAN-13 通用商品条形码一般由前缀部分、制造厂商代码、商品代码和校验码组成。前缀码是国际 EAN 组织标识各会员组织的代码，我国为 690、691 和 692；厂商代码是 EAN 编码组织在 EAN 分配的前缀码的基础上分配给厂商的代码；商品项目代码由厂商自行编码；校验码可以校验代码的正确性。在编制商品项目代码时，厂商必须遵守商品编码的基本原则：对同一商品项目的商品必须编制相同的商品项目代码；对不同的商品项目必须编制不同的商品项目代码。保证商品项目与其标识代码一一对应，即一个商品项目只有一个代码，一个代码只标识一个商品项目。我国的通用商品条码与其等效。我们日常购买的商品包装上所印的条码一般就是 EAN 码。

另外，图书和期刊作为特殊的商品也采用了 EAN13 表示 ISBN 和 ISSN。前缀 977 被用于期刊号 ISSN，图书号 ISBN 用 978 为前缀，我国被分配使用 7 开头的 ISBN 号，因此我国出版社出版的图书上的条码全部为 9787 开头。

（2）按维数分类

按维数分，条形码可分为一维条形码、二维条形码和三维条形码。

一维条形码自问世以来，很快得到了普及并广泛应用。但是由于一维条码只是在一个方向（一般是水平方向）表达信息，而在垂直方向则不表达任何信息，其一定的高度通常是为了便于阅读器的对准。这使得一维条形码的信息容量很小，更多的描述商品的信息只能依赖数据库的支持。一维条码的应用范围因此受到了一定的限制。

二维条形码最早发明于日本。它是用某种特定的几何图形按一定规律在平面（二维方向上）分布的黑白相间的图形记录数据符号信息的；在代码编制上巧妙地利用构成计算机内部逻辑基础的"0"、"1"比特流的概念，使用若干个与二进制相对应的几何形体来表示文字数值信息，通过图像输入设备或光电扫描设备自动识读以实现信息自动处理，见图 7.2 所示。

（a）Code one　　　　（b）Data Matrix　　　（c）Maxicode

（d）四一七条码　　　（e）49 码　　　（f）16k 码

图 7.2　二维条形码①

二维条形码具有条码技术的一些共性：每种码制有其特定的字符集；每个字符占有一定的宽度；具有一定的校验功能等。同时还具有对不同行的信息自动识别功能及处理图形旋转变化等特点。二维条码能同时在两个方向（水平方向和垂直方向）上表达信息，除具有普通条码的优点外，还具有信息容量大、可靠性高、保密防伪性强等优点，特别适用于表单、安全保密、追踪、证照、存货盘点、资料备援等方面。

三维条码又叫 3D 条形码、多维条码、万维条码，或者叫做数字信息全息图；叫做三维、多维、万维的原因是，相对二维条形码来说的，三维条码能表示计算机中的所有信息。

7.3.2.2　RFID

7.3.2.2.1　RFID 的定义

射频识别（Radio Frequency IDentification，简称 RFID），又称电子标签、无线射频识别，是一种通信技术，可通过无线电讯号识别特定目标并读写相关数据，而无需识别系统与特定目标之间建立机械或光学接触。RFID 射频识别是一种非接触式的自动识别技术，它通过射频信号自动识别目标对象并获取相关数据，识别工作无须人工干预，可工作于各种恶劣环境。RFID 技术可识别高速运动物体并可同时识别多个标签，操作快捷方便。

7.3.2.2.2　RFID 的组成

RFID 系统组成包括两个核心部分：读写器和电子标签（也称射频卡、应答器）。另外还包括天线、主机等。在具体的应用中，根据不同的应用目的和应用环境，RFID 系统的组成会有所不同，最基本的 RFID 系统由三部分组成：

①标签（Tag）。由耦合元件及芯片组成，每个标签具有唯一的电子编码，附着在物体上标识目标对象。

②阅读器（Reader）。读取（有时还可以写入）标签信息的设备，可设计为手持式或固定式；

③天线（Antenna）。在标签和读取器间传递射频信号。

7.3.2.2.3　RFID 工作原理

RFID 技术的基本工作原理并不复杂：标签进入磁场后，接收解读器发出的射频信号，凭借感应电流所获得的能量发送出存储在芯片中的产品信息（Passive Tag，无源标签或被动标签），或者主动发送某一频率的信号（Active Tag，有源标签或主动标签）；解读器读取信息并解码后，送至中央信息系统进行有关数据处理。见图 7.3 所示。

***

① 二维条形码及其二维条码视频识别的应用. 赛邦. http：//www.saibon.com.cn/barcode/3/332.html

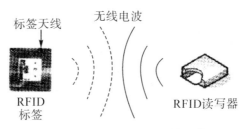

标签天线　无线电波

RFID
标签　　　　　　　　　　　　RFID读写器

图 7.3　RFID 工作原理示意图①

一套完整的 RFID 系统，是由阅读器（Reader）与电子标签（TAG）也就是所谓的应答器（Transponder）及应用软件系统三个部分所组成，其工作原理是 Reader 发射一特定频率的无线电波能量给 Transponder，用以驱动 Transponder 电路将内部的数据送出，此时 Reader 便依序接收解读数据，送给应用程序做相应的处理。

以 RFID 卡片阅读器及电子标签之间的通讯及能量感应方式来看，大致上可以分成感应耦合（Inductive Coupling）及后向散射耦合（Backscatter Coupling）两种，一般低频的 RFID 大都采用第一种方式，而较高频大多采用第二种方式。

阅读器根据使用的结构和技术不同可以是读或读/写装置，是 RFID 系统信息控制和处理中心。阅读器通常由耦合模块、收发模块、控制模块和接口单元组成。阅读器和应答器之间一般采用半双工通信方式进行信息交换，同时阅读器通过耦合给无源应答器提供能量和时序。在实际应用中，可进一步通过 Ethernet 或 WLAN 等实现对物体识别信息的采集、处理及远程传送等管理功能。应答器是 RFID 系统的信息载体，目前应答器大多是由耦合原件（线圈、微带天线等）和微芯片组成无源单元。

7.3.2.2.4　RFID 的分类

RFID 按应用频率的不同分为低频（LF）、高频（HF）、超高频（UHF）、微波（MW），相对应的代表性频率分别为：低频 135KHz 以下、高频 13.56MHz、超高频 860MHz～960MHz、微波 2.4G，5.8G。

RFID 按照能源的供给方式分为无源 RFID，有源 RFID，以及半有源 RFID。无源 RFID 读写距离近，价格低；有源 RFID 可以提供更远的读写距离，但是需要电池供电，成本要更高一些，适用于远距离读写的应用场合。

7.3.2.3　两种技术的比较

从概念上来说，两者很相似，目的都是快速准确地确认追踪目标物体。主要的区别如下：有无写入信息或更新内存的能力。

条形码的内存不能更改。射频标签不像条形码，它特有的辨识器不能被复制。标签的作用不仅仅局限于视野之内，因为信息是由无线电波传输，而条形码必须在视野之内。由于条形码成本较低，有完善的标准体系，在全球散播，所以已经被普遍接受，从总体来看，射频技术只被局限在有限的市场份额之内。目前，多种条形码控制模版已经在使用之中，在获取信息渠道方面，射频也有不同的标准。

---

① RFID 与 WLAN 的组合应用研究．中国物联网．http：//www.wlw.gov.cn/cyyy/jdmx/516668.shtml

射频技术与条形码是两种不同的技术，有不同的适用范围，有时会有重叠。两者之间最大的区别是条形码是"可视技术"，扫描仪在人的指导下工作，只能接收它视野范围内的条形码。相比之下，射频识别不要求看见目标。射频标签只要在接收器的作用范围内就可以被读取。条形码本身还具有其他缺点，如果标签被划破，污染或是脱落，扫描仪就无法辨认目标。条形码只能识别生产者和产品，并不能辨认具体的商品，贴在所有同一种产品包装上的条形码都一样，无法辨认哪些产品先过期。

目前，在成本方面，由于组成部分不同，智能标签要比条形码贵得多，条形码的成本就是条形码纸张和油墨成本，而有内存芯片的主动射频标签价格在 2 美元以上，被动射频标签的成本也在 1 美元以上。但是没有内置芯片的标签价格只有几美分，它可以用于对数据信息要求不那么高的情况，同时又具有条形码不具备的防伪功能。

7.3.2.4　国内知名的进销存管理软件

每种进销存管理软件的功能和特点各不一样，目前国内进销存管理软件市场可大体分为三大派系：

第一类以"速达"为首，将进销存做成专业的财务软件，供会计使用。此类软件专业性强、功能强大、可用于报税。但此类软件前期培训成本较高，且对于非财务人员不适用，有很强的排他性。

第二类以"管家婆"为首，将进销存专业、复杂的程序隐入幕后，做成傻瓜型的软件，供普通用户使用。此类软件操作界面简单，易学易用，非财务人员也能快速掌握。但此类软件功能比较单一，很多统计数据无法实现。

第三类以"金蝶智慧记"为首，针对个体批发店、个体零售店、网店、简单管理小企业的免费进销存软件。主要功能：进出货记录、管理库存、管理欠款、管理收支、管理客户、管理供应商、统计报表等，界面简单，功能齐全，简单易学。

7.4　实训内容及步骤

7.4.1　案例资料

学生自编案例，交由老师根据实训要求进行逐一检查后使用。

案例具体要求如下：

（1）根据前面所学知识以及资料查询，确定模拟零售企业的名称、组织结构、岗位设置、人员分工。

（2）通过到超市调研及信息采集，确定模拟零售企业经营的产品类别及对应的产品明细；详细给出每种产品的名称、厂家、规格、条码、价格等基本信息。

（3）参照前面各章案例资料的写法，写出详细的进、销、存业务操作资料。具体要求业务中包括采购订单处理、采购验收入库、采购退货及采购付款；前台正常销售、销售退货、销售过程中赠品的处理；会员卡基本信息管理、会员卡打折及会员卡积分；库存盘点、库存报损等库存管理业务。

7.4.2 操作步骤

学生根据所学知识，在网上下载、使用并选择适用软件，参照如下步骤，一步一步完成实训，对于实训的主要步骤，用专业截图软件进行截图。

7.4.2.1 录入系统基本数据

7.4.2.1.1 超市的基本信息

（1）超市本身信息。

（2）部门设置。

（3）员工档案。

（4）操作员信息。

（5）仓库设置。

（6）货位设置。

（7）地区设置。

7.4.2.1.2 财务相关信息

（1）付款期限类型设置。

（2）付款方式设置。

（3）银行类型，账号及初始金额设置。

（4）收支项目设置（收入项目：批发收款、零售结款；支出项目：员工工资支出、采购付款）。

7.4.2.1.3 供应商信息档案

7.4.2.1.4 商品信息

（1）商品分类。

（2）品牌设置。

（3）计量单位设置。

（4）商品档案。

7.4.2.1.5 客户信息

（1）批发客户档案。

（2）会员档案。

（3）储值卡档案。

7.4.2.1.6 会员/储值卡信息（系统—系统参数—前台参数设置）

（1）会员/储值卡积分设置。

（2）积分兑打折设置。

（3）会员/储值卡打折率计算方式设置。

（4）储值卡设置。

①是否允许欠款销售。

②刷卡时是否需要输入密码。

7.4.2.1.7 电子秤及对应的条码设置

7.4.2.1.8　前台购物小票设置

7.4.2.1.9　数据资料备份设置

7.4.2.2　完成业务操作

7.4.2.2.1　进货管理

（1）产生采购订货清单。

（2）商品验收入库（产生采购验收入库清单）或商品验收退货（产生采购退货清单）。

（3）产生采购付款单。

7.4.2.2.2　前台销售

分别以不同身份登录前台并进行相应销售，所有销售中至少应包含带赠送的销售，同种商品同时多数量销售，以及不同供应商，不同商品的退货。

7.4.2.2.3　库存管理

（1）库存盘点（产生库存盘点清单）。

（2）商品报损（产生商品报损清单）。

（3）关注由于前台销售引起的库存变化，按需要进行采购。

7.4.2.2.4　销售管理

（1）零售管理。

（2）批发管理。

①产生批发订单。

②批发出库发货（产生相应的发货清单）。

③批发退货（产生相应清单）。

④批发收款（产生收款单）。

7.4.2.2.5　财务管理

（1）完成采购付款。

（2）完成批发收款。

（3）完成零售结款。

（4）完成员工工资结算。

7.5　实训思考

（1）进销存软件的主要功能有哪些？

（2）进销存软件在零售管理中的作用？

第8章　个人网络交易实训

本章目的和任务

1. 深入了解个人网上交易 C2C 概念、特点、流程、现有问题等内容。
2. 熟悉掌握个人网上交易网络购物和网络销售的概念、技巧和营销策略等内容，并在实训后完成思考题。

本章要点

1. 个人网上交易。
2. 网络购物和网络销售。
3. 网上交易的市场分析和定位。

8.1　实训目的

本实训要求学生浏览注册成为淘宝会员，开设网络店铺，实施网上交易，体验网络交易流程、开展网络营销活动、强化网络交易成功率，提升 C2C 电子商务的理念。

8.2　实训要求

本实训过程中需要学生使用淘宝网独立完成以下内容：
（1）完成淘宝注册。
（2）优化店面装饰。
（3）推广店面。
（4）实施网络购物。
（5）实施网络销售。

8.3 实训理论基础

8.3.1 个人网上交易概念及分类

网上交易主要是在网络的虚拟环境下进行的交易，类似于现实世界当中的商店，差别是利用电子商务的各种手段，达成从买到卖的虚拟交易过程。

根据商务部 2007 年第 19 号所发布的《关于网上交易的指导意见（暂行)》，"网上交易是买卖双方利用互联网进行的商品或服务交易。常见的网上交易主要有：企业间交易、企业和消费者间交易、个人间交易、企业和政府间交易等。"具体根据交易对象把网上交易划分为 B2B（商家对商家)，B2C（商家对顾客直销）和 C2C（消费者和消费者)。他们中的代表有：

B2B：阿里巴巴、广东农产品交易网（农业)；

B2C：卓越、e800 商城、京东商城；

C2C：淘宝、百度有啊、设计交易网、123 拍、腾讯拍拍。

而个人网上交易就是 C2C 网上交易，C2C 是电子商务的专业用语，是个人与个人（Consumer to Consumer）之间的电子商务。C2C 即消费者间，具体指消费者利用互联网进行的商品或服务个人交易，主要依托第三方 C2C 平台开展。个人网络交易整体上可分为网络购物和网络销售两部分。

8.3.2 个人网上交易流程

以淘宝为例介绍个人网上交易一般流程：

卖家大概的交易流程如下：申请支持网上支付的银行卡—淘宝注册—激活支付宝（可以买东西了）—支付宝认证（需要上传身份证扫描件）—认证通过—登录我的淘宝—我要卖—选择好商品分类、出价方式、价格、运费、展出时间、是否推荐位—提交—下载淘宝旺旺—等待买家联系—买家拍下商品（旺旺会提示）—到我的淘宝（已卖出的宝贝查看买家是否付款）—买家付款后，卖家发货—督促买家尽快确认收货—交易结束（货款自动划到你的支付宝账户）—三天后相互评价（除非买家实在是恶劣，否则不要轻易给别人中评或差评）

买家大概的交易流程如下：申请支持网上支付的银行卡—淘宝注册—激活支付宝（可以买东西了）—下载淘宝旺旺—登录—搜索你想要的东西并对比价格—找到合适的和卖家洽谈—付款—督促卖家尽快发货—收到货物后如果和描述的没有太大差别确认收货—钱自动划到对方账户—三天后相互评价（除非卖家实在是恶劣，否则不要轻易给别人中评或差评）

8.3.3 个人网上交易平台

C2C 电子商务平台具有首页商品和店铺的自助推荐功能，支持拍卖模式，支持在线充值，支付宝按钮支付，商品支持多图片，四级分类设置，同时 C2C 电子商务网站管理系统拥有虚拟币，用户收费店铺，商品登录收费，求购信息平台，新闻发布，友情链接，交易提醒邮件，交易信用评价，站内短信，信息脏话过滤，后台分权限管理等功能。C2C 电子商务平台旨在能为广大网民朋友提供一个网络公平竞价交易的商务平台，提供网上购物和网上销售两种交易行为。

8.3.4　网上购物

8.3.4.1　网购概念

网上购物，就是通过互联网检索商品信息，并通过电子订购单发出购物请求，然后填上私人支票账号或信用卡的号码，厂商通过邮购的方式发货，或是通过快递公司送货上门。国内的网上购物，一般付款方式是款到发货（直接银行转账，在线汇款）。在线支付（淘宝支付宝，百度百付宝，腾讯财付通等的担保交易），货到付款等。

个人网上交易网购并不等于网络购物，网上购物的途径有 B2B 平台，B2C 平台以及独立的网络商城和团购网站等。目前国内购物比较多的 B2B 网站有阿里巴巴、米米乐商城、ecvv、敦煌网、慧聪网等；C2C 网站有淘宝网、百度有啊、腾讯拍拍等；B2C 商城有华强商城、淘宝商城，亿汇网，京东商城，日日来商城、卓购商城等；M2C 团购网站有 58 同城、拉手网、美团网等垂直类商城有凡客诚品、玛莎玛索；S2C（Shop to Customer in city)）网站有 95 百货商城、同城购物等。无论是通过哪种方式实现网络购物，都需要在它们的网站上先注册一个账号，然后选购自己需要的商品，按照提示的操作流程操作即可。

8.3.4.2　网上购物流程

具体参看 8.4 实训内容。

8.3.4.3　网购优势分析

首先，对于消费者来说：

第一，可以在家"逛商店"，订货不受时间、地点的限制；

第二，获得较大量的商品信息，可以买到当地没有的商品；

第三，网上支付较传统的现金支付更加安全，可避免现金丢失或遭到抢劫；

第四，从订货、买货到货物上门无需亲临现场，既省时又省力；

第五，由于网上商品省去租店面、召雇员及储存保管等一系列费用，总的来说其价格较一般商场的同类商品更便宜。

其次，对于商家来说：

由于网上销售库存压力较小、经营成本低、经营规模不受场地限制等，在将来会有更多的企业选择网上销售，通过互联网对市场信息的及时反馈，适时调整经营战略，以此提高企业的经济效益和参与国际竞争的能力。

再次，对于整个市场经济来说：

这种新型的购物模式可在更大的范围内、更广的层面上以更高的效率实现资源配置。

综上可以看出，网上购物突破了传统商务的障碍，无论对消费者、企业还是市场都有着巨大的吸引力和影响力，在新经济时期无疑是达到"多赢"效果的理想模式。

8.3.4.4　网购劣势分析

第一，实物和照片上的差距太大：网购只能是看到照片，到货物真的到达你手里，你会感觉和实物有不一样。这就不如在商场里买到的放心。

第二，不能试用：网购只是看到照片及对物品的简单的介绍，像衣服或鞋子之类的，你就不能直接地看出适不适合你，而如果在商场购买，你可以试穿，合自己的身就马上买下，不用考虑那么多，但是，网购就比较麻烦了。

第三，网络支付不安全：可能被偷窥，密码被盗。网上购物最为担心的一点就是它需要用到银行账户，有些朋友的电脑中存在着盗号木马等，会造成账号丢失等一些严重的情况发生。所以顾客在购物的时候尽量不要选择网吧等公共场所，自己的电脑也要保证杀毒软件的正常安装才能进行网络交易。

第四，诚信问题：就是店主的信用程度。可能会碰到服务质量差的店主，问几个问题就显得不耐烦，还有在网上购物时上当受骗的情况也时有发生。

第五，配送的速度问题：在网上购买的物品，要经过配送的环节，快则一两天，慢则要一个星期或更久才能送达。有时候，配送过程中可能会出现一些问题。还有，如果对物品不满意，又要经过配送的环节退换货物，这样比较麻烦。而在商场上，看到自己想要的就直接到手，如果不满意，直接拿去换。

第六，退货不方便的问题：虽然现实中购物退货也需要很复杂的程序，甚至对产品要有保护的要求，可是网上退货就相对更加困难。店主甚至百般无理拒绝退货和推卸责任。

8.3.4.5　网购的技巧

8.3.4.5.1　技巧一

（1）要选择信誉好的网上商店，以免被骗；

（2）购买商品时，付款人与收款人的资料都要填写准确，以免收发货出现错误；

（3）用银行卡付款时，最好卡里不要有太多的金额，防止被不诚信的卖家拨走过多的款项；

（4）遇上欺诈或其他受侵犯的事情可在网上找网络警察处理。

8.3.4.5.2　技巧二

（1）看。仔细看商品图片，分辨是商业照片还是店主自己拍的实物，而且还要注意图片上的水印和店铺名，因为很多店家都在盗用其他人制作的图片。

（2）问。通过旺旺询问产品相关问题，一是了解卖家对产品的了解，二是看卖家的态度。

（3）查。查店主的信用记录，看其他买家对此款或相关产品的评价。如果有中差评，要仔细看店主对该评价的解释。

（4）询。咨询已买过该商品的人，还可以要求店主视频看货。原则是不要迷信钻石皇冠，规模很大有很多客服的要分外小心，坚决使用支付宝交易，不要买态度恶劣的卖家的东西。

8.3.4.5.3 技巧三

通过返还网进行购物，这样既能有质量保障又能得到更多实惠。返还网作为第三方与某品牌网站合作，只要有买家从返还网进入该品牌网站购物，那么，该品牌网就要给返还网佣金，而返还网就把所得佣金的大部分返还给买家，这就是所谓的返现。现在返还网很多，成千上万，做的不错的几个返还网有：返利网，返还网、特价返利网、QQ返利、倾心淘宝导购返利网享优惠等等。

8.3.4.5.4 技巧四

通过搜索引擎查找商品，购物搜索网站收录的卖家产品一般都是企业或工厂开的网上店铺，具有产品质量保证，通过购物搜索引擎可以比较卖家支付方式、送货方式、卖家对商家信誉服务态度评论，也可查看卖家所在地到线下自行提货。这是一种新的购物选择方式，目前知道的人较少，不过挺方便。

8.3.5 网上销售

8.3.5.1 网售概念

网上销售（以下简称"网售"），也叫售前客服，是网店客服的一个细分，主要是通过即时聊天工具与客户在线交流或者电话沟通，达成客户消费的一种工作，跟传统商店售货员的工作类似。

8.3.5.2 网售工作要求

一般要求工作者打字速度达到60字/分钟以上，熟悉网店（淘宝）操作流程和交易规则，熟悉电脑基础操作，熟练使用WORD、EXCEL等办公软件，同时会要求工作者具有良好的沟通协调及语言表达能力、热情主动、耐心细致、普通话标准（部分需要和顾客通电话）、思维敏捷、认真负责、能承受工作较大压力、服务意识强和应变能力强等素质。

8.3.5.3 网售步骤

第一步是将自己的企业全面快速地搬到互联网。企业在建立自己的网络营销方案的时候，首先要考虑到自己的网站属于营销型的网站。

第二步是通过多种网络营销工具和方法来推广和维护自己的企业网站，在互联网做的任何宣传和推广活动都必须以企业的网站为核心。

第三步是网站流量监控与管理。通常我们采用流量监控与分析系统和在线客服系统来实现。营销型网站需要一套功能齐备的在线客服系统，以此来帮助我们适时主动地发出洽谈，能够及时将有效的流量（潜在客户或意向客户）转换为网上销售。

8.3.5.4 网售营销

（1）网售营销计划，一般包括：

1）网络营销目标；

2）企业实施网络营销的内容与方式；

3）企业网页设计框架；

4）网络营销实施方案；

5）网络营销应注意的问题。

（2）网售营销工具，一般包括黄页、博客、播客、拍客、论坛、即时通讯等互联网技术和工具：

1）黄页登录

短时间内将您的公司信息添加到数千家商贸网站的公司信息库中，使您的潜在客户更方便地通过网络找到您公司的相关信息；

2）产品推广

会员用户可以将设定好的各类企业产品，包括产品样本图片，快速发布到数千个 B2B 平台的产品库中，实现形象的产品推广；

3）商情发布

快速将每个不同的公司商情发布到几千个对应行业类别的 B2B 平台和行业网站上，协助会员用户实现铺天盖地的商机宣传。

（3）网售营销促销策略有以下几种方式：

1）网上折价促销

折价亦称打折、折扣，是目前网上最常用的一种促销方式。因为目前网民在网上购物的热情远低于商场超市等传统购物场所，因此网上商品的价格一般都要比传统方式销售时要低，以吸引人们购买。由于网上销售商品不能给人全面、直观的印象、也不可试用、触摸等原因，再加上配送成本和付款方式的复杂性，造成人们对网上购物和订货的积极性下降。而幅度比较大的折扣可以促使消费者进行网上购物的尝试并做出购买决定。目前大部分网上销售商品都有不同程度的价格折扣。

2）网上赠品促销

赠品促销目前在网上的应用不算太多，一般情况下，在新产品推出试用、产品更新、对抗竞争品牌、开辟新市场情况下利用赠品促销可以达到比较好的促销效果。赠品促销的优点：可以提升品牌和网站的知名度；鼓励人们经常访问网站以获得更多的优惠信息；能根据消费者索取赠品的热情程度而总结分析营销效果和对产品本身的反映情况等。

3）网上抽奖促销

抽奖促销是网上应用较广泛的促销形式之一，是大部分网站乐意采用的促销方式。抽奖促销是以一个人或数人获得超出参加活动成本的奖品为手段进行商品或服务的促销，网上抽奖活动主要附加于调查、产品销售、扩大用户群、庆典、推广某项活动等。消费者或访问者通过填写问卷、注册、购买产品或参加网上活动等方式获得抽奖机会。

4）积分促销

积分促销在网络上的应用比起传统营销方式要简单和易操作。网上积分活动很容易通过编程和数据库等来实现，并且结果可信度很高，操作起来相对较为简便。积分促销一般设置价值较高的奖品，消费者通过多次购买或多次参加某项活动来增加积分以获得奖品。积分促销可以增加上网者访问网站和参加某项活动的次数；可以增加上网者对网站的忠诚度；可以提高活动的知名度等。

5）搜索引擎营销

据 CNNIC《2007 年中国搜索引擎市场调查报告》显示，44.71% 的网民经常使用

（每天多次使用）搜索引擎，每天使用一次搜索引擎的用户也占到17.2%，也即每日使用搜索引擎用户数高达69.4%，意味着已有超过半数的网民开始依赖搜索引擎的使用。引擎营销主要包括：登录百度、GOOGLE、雅虎、搜狗、爱问、中搜等搜索引擎与新浪分类目录、雅虎目录、搜狐分类目录等目录网站，以及由关键词分析、搜索引擎排名优化与维护、搜索结果页位置竞价等营销形式构成的搜索引擎优化与营销服务。

8.4 实训内容

8.4.1 了解淘宝

第一步，登录 www.taobao.com，进入网站首页页脚，点击"关于淘宝"，如图8.1所示。

关于淘宝　广告服务　合作伙伴　帮助中心　诚征英才　联系我们　网站地图　热门品牌　版权说明　淘客推广　买卖安全

全球阿里巴巴 - 阿里巴巴网络：中国站　国际站　日文站 | 淘宝站 | 支付宝 | 中国雅虎 | 雅虎口碑网 | 阿里软件 | 阿里妈妈

Copyright 2003-2008, 版权所有 TAOBAO.COM

图8.1　淘宝网页脚

第二步，了解淘宝简介、淘宝动态、媒体报道、淘宝体验、客户服务、合作伙伴、版权说明和诚征英才，如图8.2所示。

图8.2　淘宝简介

第三步，浏览淘宝，熟悉网站结构和风格，如图8.3所示。

图8.3　淘宝首页

第四步，熟悉淘宝立体商圈，如图 8.4 所示。

图 8.4　淘宝商圈

（1）淘宝商城整合数千家品牌商、生产商，为商家和消费者之间提供一站式解决方案，提供 100% 品质保证的商品，7 天无理由退货的售后服务，以及购物积分返现等优质服务。它区别于淘宝网的是由商家企业作为卖家，所以如果想有绝对的品质保证，淘宝商城是你不二的选择。见图 8.5 所示。

图 8.5　淘宝商城

（2）全球扫货—淘宝网，足不出户，淘遍全球，如图 8.6 所示。

图 8.6　全球扫货

（3）二手闲置交易，如图 8.7 所示。

图 8.7　闲置拍卖

（4）手机购物，如图 8.8 所示。

图 8.8　手机购物

（5）淘 1 站—淘宝网特约线下店是开在您家门口的淘宝店，不会网购在这里照样可以尽情淘宝，安心享受淘宝购物的便利与实惠，如图 8.9 所示。

图 8.9　淘 1 站

第五步，熟悉淘宝各商品类别板块，如图 8.10 所示。

图 8.10　淘宝各商品类别板块

第六步，了解淘宝互动平台。如图 8.11、图 8.12、图 8.13 所示。

（1）进入消费者社区。

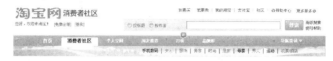

图 8.11　消费者社区

（2）淘宝打听。由淘宝网打造的互动式知识问答分享平台。您可以在这里打听各类信息，也可以回答其他会员打听的问题。有任何疑问，一打听就知道。

图 8.12　淘宝打听

（3）i 淘宝。它是一个个性化推荐产品，它会根据您个人在淘宝上的历史行为习惯，为您提供个性化的宝贝、店铺、好友的推荐平台。任何您可能感兴趣的内容，都有机会出现在这里。i 淘宝通过直接给用户推荐适合用户个人的商品、店铺、好友等，减少了用户去搜索去查找的过程，从而缩短了用户和商品等实体之间的距离，简化了用户购物的路径，同时也实现了"千人千面"的体验。

图 8.13　淘宝

8.4.2　模拟训练

第一步，进入淘宝帮助中心，熟悉淘宝买卖流程，如图 8.14 所示。

图 8.14　淘宝买卖流程

第二步，进入支付宝，熟悉支付宝安全购物流程，如图 8.15 所示。

第三步，完成以下模拟训练：

（1）登录 http：//www.taobao.com/help/buy_step1_01.html，进入买家入门 flash 互动教学模块，完成注册，搜索宝贝、拍下宝贝、付款、收货和评价，如图 8.16 所示。

（2）登录 http：//www.taobao.com/help/sell_step1_01.html，进入卖家入门 flash 互动教学模块，完成注册、认证、开店、发货搜索宝贝、拍下宝贝、付款、收货和评价，如图 8.17 所示。

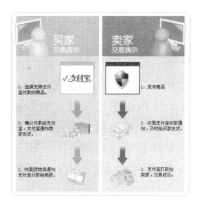

图 8.15 支付宝安全交易流程

图 8.16 买家入门 Flash 互动教学模块

图 8.17 卖家入门 Flash 互动教学模块

（3）登录 http：//club3. alipay. com/yy/club/yanshi/index. html，进入支付宝 flash 互动教学，完成支付宝交易，如图 8.18 所示。

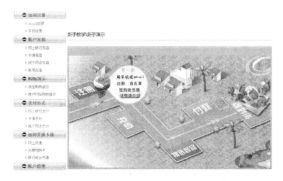

图 8.18 支付宝 flash 互动教学

8.4.3 网上开店

第一步，明确网店的优势：

（1）开店成本极低。网上开店与网下开店相比综合成本较低：许多大型购物网站提供租金极低的网店，有的甚至免费提供，只是收取少量商品上架费与交易费；网店可以根据顾客的订单再去进货，不会因为积货占用大量资金；网店经营主要是通过网络进行，基本不需要水、电、管理费等方面的支出；网店不需要专人时时看守，节省了人力方面的投资；启动成本低，运营成本低，同时网上开店经营风险也低。

（2）网上开店基本不受营业时间、营业地点、营业面积这些传统因素的限制。网上开店，只要服务器不出问题，可以一天 24 小时、一年 365 天不停地运作，消费者可以在任何时间登录网站进行购物。

（3）网店的消费者范围是极广泛的。网店开在互联网上，只要是上网的人群都有可能成为商品的浏览者与购买者，这个范围可以是全国的网民，甚至全球的网民。只要网店的商品有特色，宣传得当、价格合理，经营得法，网店每天将会有不错的访问流量，大大增加销售机会，取得良好的销售收入。

第二步，确定网上开店的经营方式：

如果你正在考虑网上开店，应该根据个人的实际情况，选择一种适合自己的经营方式。网上开店的经营方式主要有以下三种：

（1）网上开店与网下开店相结合的经营方式。此种网店因为有网下店铺的支持，在商品的价位、销售的技巧方面都更高一筹，也容易取得消费者的认可与信任。

（2）全职经营网店。经营者将全部的精力都投入到网站的经营上，将网上开店作为自己的全部工作，将网店的收入作为个人收入的主要来源。

（3）兼职经营网店。经营者将经营网店作为自己的副业，比如现在许多在校学生利用课余时间经营网店。也有一些职场人员利用工作的便利开设网店，增加收入来源。

第三步，准备网上开店的基本物资：

要准备电脑，连接互联网，拥有一个数码相机，以便用电脑通过网络把照下来的产品图片发布到网店里，如图 8.19 所示。

图 8.19　绒衣情侣装

第四步，要具备网上开店的基本知识及技能。

（1）基本技能：基本会使用 Windows 操作系统；互联网；常用软件；数码相机拍照；图片处理等知识和技能。

（2）产品和行业知识：要了解产品的特性；产品的种类与规格；产品的使用与维护；行业内同类产品的特点等等。如图 8.20、图 8.21、图 8.22 所示。

产品详情	产品评论	支付方式	

型号	富士J10
总像素	820万像素
数码变焦倍数	约5.1倍
传感器描述	1/2.5英寸
图像处理系统	CCD传感器
短片拍摄功能	有声录像功能
液晶屏特性	2.5 英寸、153000像素、无定型晶体硅TFT彩色LCD 显示屏
取景器描述	2.5 英寸、153000像素、无定型晶体硅TFT彩色LCD 显示屏、视野率约 96%
镜头描述	富士龙3倍光学变焦镜头，F2.8至F5.6
变焦方式	光学变焦
焦距	f=6.2mm至18.6mm，相当于35mm相机的35mm至113mm
起始焦距	40cm
实际焦距	约40cm至80cm
微距	微距（特写）广角 约15cm至40cm 820 高感光度 ISO1600 19.0mm
对焦方式	行动对焦
普通对焦范围	40cm至无穷远
对焦辅助方式	闪光灯
光圈范围	F 2.8 ～F 5.6（广角）/F 5.0 ～F 8.0（望远）
曝光模式	程序AE
曝光补偿	支持

图 8.20　拍卖的相机产品规格

图 8.21　同类产品竞争商家情况

- **1/2.5英寸CCD,有效像素数达820万,可打印出高画质图像**
  高分辨率的图像数据可用于打印大尺寸的高质量图像,使个人难忘瞬间得以留存。

- **独创的xD/SD双存储介质插槽**
  J10配备全新的xD/SD卡双存储介质插槽,用户可以方便的根据自己的喜好在存储介质间选择,以获得性能和价格之间的最佳平衡。

- **华美大尺寸LCD显示屏**
  通过对操作按钮的精心布局,在纤小的机身上成功配置了大尺寸的2.5英寸15.3万像素的TFT液晶显示屏,可欣赏更大、更清晰的画面。2.5英寸的LCD显示屏,让您构图更轻松,更能享受到拍摄的乐趣。由于添加了防反射膜设计,既便是在室外,也同样明亮清晰,不存在反光的烦恼。

- **3倍光学变焦镜头**
  J10采用了富士龙3倍光学变焦镜头。3倍光学变焦可让您在远距离进行特写拍摄。结合5.1倍数码变焦,可以将图像细节放大到高达15.3倍。

- **智能闪光技术**
  使用高感光度,革新性的"智能闪光"功能可自动把闪光灯输出控制到相对低的设置。这种智能闪光控制技术可识别场景条件,并判断出绝佳的闪光灯输出,让您获得几近完美的拍摄效果。

- **双重防抖**
  使用强大的PS模式,可消除因拍摄对像移动或相机振动造成的模糊。只需一键操作和PS模式便可自动设定最高达ISO1600的感光度和最佳快门速度,用清晰的细节锁定美好瞬间。

- **3：2长宽比模式**
  3：2长宽比模式,使您拍摄的照片更符合6寸标准冲印模式,而并不会出现白边或者后期冲印图像被剪切的情况。

- **屏幕拍摄指南**
  界面基于图标,清晰易辨,为各种拍摄模式、场景定位和控制设置提供了说明,选择相机设置时免去了猜测的烦恼。

图8.22　拍卖相机产品性能

(3) 明确网上开店的主要支付方式:主要有网上支付、邮局汇款、银行汇款、货到付款、使用支付宝,如图8.23所示。

图8.23　淘宝支付方式

(4) 要确定商品的包装,如图8.24所示。

一般的包装材料有两种:内部填充物和外部包装物。如报纸:团状、条状;泡沫:块状、粒状;气泡膜:整张、边角;塑料袋:球状、气囊。

网上买包装箱比邮局便宜一半还多。可一次多进货,价格实惠,节约运费。

注意：①箱子的质量决定了价格的高低。箱子质量不好，薄，价格就便宜很多。

②邮寄服装，建议买布袋。因为布袋比纸箱要便宜很多；服装的实际体积要小，用布袋可以装好几件，有效利用空间；服装不怕挤压；布袋轻，可以本身的减少重量，节约运费。

③不穿的衣服、T恤，不一定要白色的，都可以缝成口袋。

④纸箱可以去小区的收废品的人那里去买。他们多是按废纸盒收来的，按斤两卖的。所以你去他们那收，可以便宜很多的。

⑤网上买包裹单，便宜实惠。

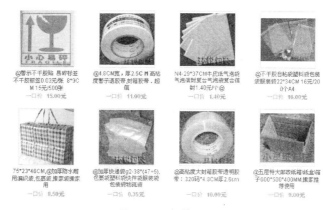

图 8.24　包装材料

（5）要熟悉相关物流知识。

现有的网售物流方式：邮政：网点覆盖范围最广，种类多；价格固定，服务态度参差不齐；快递公司：网点覆盖范围有限；价格可议，速度快，上门取货方便快捷；E邮宝：覆盖范围广，价格较 EMS 有较大优惠，主动反馈实际揽收情况和投递信息给支付宝，免除了用户去邮局办理或电话联系上门服务的环节。

物流方式的选择依据主要看是否安全，是否省钱和是否能规避纠纷。除此之外，我们还要看运输时间的长短，网店的分布情况，以及送货方式。

操作1：淘宝买方所看到的物流方式和费用，如图 8.25 和图 8.26 所示。

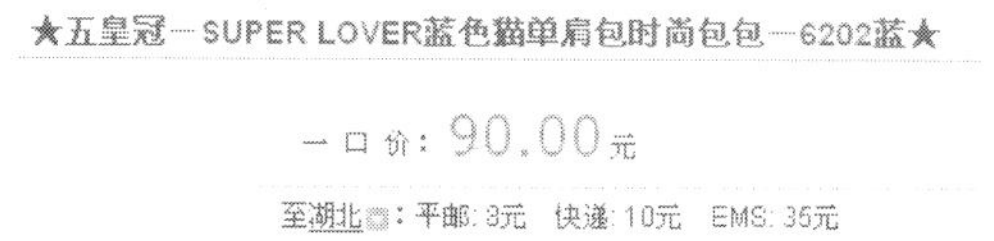

★五皇冠—SUPER LOVER蓝色猫单肩包时尚包包—6202蓝★

一 口 价：90.00元

至湖北：平邮：8元　快递：10元　EMS：35元

图 8.25　拍卖商品物流方式和费用

操作2：淘宝卖方所能设定的运费模板，如图 8.27 和图 8.28 所示。

操作3：淘宝推荐物流，只有在线上下单的物流服务，能享受淘宝为您提供的物流服务保障。带有图标的，说明是推荐物流；所有带该图标的运单，都享受推荐物流的超值服务。

淘宝本身没有下属的快递公司，但淘宝有推荐物流。目前与淘宝有合作的推荐物

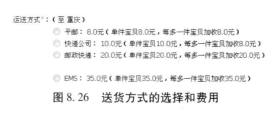

图 8.26　送货方式的选择和费用

图 8.27　运费模板

图 8.28　运费模板

流为：邮政速递服务公司、申通 E 物流、圆通速递、中通速递、天天快递、宅急送、韵达快递、风火天地（上海同城）；其中邮政同时提供：网上 EMS 和 e 邮宝两种服务产品。

图 8.29　推荐物流

操作 4：国际包裹 —— 走出国门，远销海外。

要注意：航空小包：计费单位是千克，邮程 10 天左右；水陆包裹：计费单位是千克，邮程 1 个月左右；国际 EMS：计费单位是 500 克，邮程 5 - 7 天；

（6）要具有交易安全意识，熟悉安全威胁的类型。

比如病毒：影响电脑正常工作，破坏电脑上的数据；黑客与木马：盗用电脑上的数据和信息，甚至控制我们的电脑；网络诈骗：采用各种手段诈骗财物。

我们要登录 http：//trust. taobao. com/，了解各种防范措施，如图 8.30、图 8.31 和图 8.32 所示。

图 8.30　买卖安全界面

图 8.31　安全服务和经典案例

图 8.32　安全指南和交易经验

（7）淘宝书籍

进入淘宝大学，提供有线上线下培训，同时提供了大量的淘宝成功书籍。

图8.33　淘宝书籍

8.4.4　市场分析及定位

8.4.4.1　市场分析

8.4.4.1.1　概念

市场分析是对市场规模、位置、性质、特点、市场容量及吸引范围等调查资料所进行的经济分析。它是指通过市场调查和供求预测，根据项目产品的市场环境、竞争力和竞争者，分析、判断项目投产后所生产的产品在限定时间内是否有市场，以及采取怎样的营销战略来实现销售目标。

8.4.4.1.2　目的

市场分析的主要目的是研究商品的潜在销售量，开拓潜在市场，安排好商品地区之间的合理分配，以及企业经营商品的地区市场占有率。通过市场分析，可以更好地认识市场的商品供应和需求的比例关系，采取正确的经营战略，满足市场需要，提高企业经营活动的经济效益。

8.4.4.1.3　内容

（1）商品分类销售实际分析；

（2）地区类别市场动态分析；

（3）新产品市场销售分析；

（4）消费者购买类型销售分析；

（5）销售费用分析。

8.4.4.1.4　方法

市场分析的方法，一般可按统计分析法进行趋势和相关分析。

从估计市场销售潜力的角度讲，也可以根据已有的市场调查资料，采取直接资料法、必然结果法和复合因素法等进行市场分析。

人们对任何事物的认识是有一个从抽象到具体的过程。对市场进行系统分析时，也必须遵循这一认识规律。市场分析在对市场这一对象进行研究时，首先对市场问题进行了概括的阐述继而又以基础理论、微观市场、宏观市场对市场进行了较为详尽的分析，最后又对市场的各种类型进行了具体的解剖，从而使人们对移个市场的状况和运行规律既有了概括的了解，又有了具体的认识。

8.4.4.2　市场定位

8.4.4.2.1　概念

市场定位是指企业针对潜在顾客的心理进行营销设计，创立产品、品牌或企业在目标客户心目中的某种形象或某种个性特征，保留深刻的印象和独特的位置，从而取得竞争优势。简而言之：就是在客户心目中树立独特的形象。

8.4.4.2.2　目的

市场定位并不是你对一件产品本身做些什么，而是你在潜在消费者的心目中做些什么。市场定位的实质是使本企业与其他企业严格区分开来，使顾客明显感觉和认识到这种差别，从而在顾客心目中占有特殊的位置。

8.4.4.2.3　内容

产品定位：侧重于产品实体定位质量、成本、特征、性能、可靠性、用性、款式等

企业定位：即企业形象塑造品牌、员工能力、知识、言表、可信度等。

竞争定位：确定企业相对于竞争者的市场位置。

消费者定位：确定企业的目标顾客群。

8.4.4.2.4　步骤

市场定位的关键是企业要设法在自己的产品上找出比竞争者更具有竞争优势的特性。竞争优势一般有两种基本类型：一是价格竞争优势，就是在同样的条件下比竞争者定出更低的价格。二是偏好竞争优势，即能提供确定的特色来满足顾客的特定偏好。因此，企业市场定位的全过程可以通过以下三大步骤来完成：

（1）分析目标市场的现状，确认潜在的竞争优势。

这一步骤的中心任务是要回答以下三个问题：一是竞争对手产品定位如何？二是目标市场上顾客欲望满足程度如何以及确实还需要什么？三是针对竞争者的市场定位和潜在顾客的真正需要的利益要求，企业应该及能够做什么？要回答这三个问题，企业市场营销人员必须通过一切调研手段，系统地设计、搜索、分析并报告有关上述问题的资料和研究结果。

（2）准确选择竞争优势，对目标市场初步定位。

竞争优势表明企业能够胜过竞争对手的能力。这种能力既可以是现有的，也可以是潜在的。选择竞争优势实际上就是一个企业与竞争者各方面实力相比较的过程。比较的指标应是一个完整的体系，只有这样，才能准确地选择相对竞争优势。通常的方法是分析、比较企业与竞争者在经营管理、技术开发、采购、生产、市场营销、财务和产品等七个方面究竟哪些是强项，哪些是弱项。借此选出最适合本企业的优势项目，以初步确定企业在目标市场上所处的位置。

（3）显示独特的竞争优势和重新定位。

这一步骤的主要任务是企业要通过一系列的宣传促销活动，将其独特的竞争优势准确传播给潜在顾客，并在顾客心目中留下深刻印象。为此，企业首先应使目标顾客了解、知道、熟悉、认同、喜欢和偏爱本企业的市场定位，在顾客心目中建立与该定

位相一致的形象。其次，企业通过各种努力强化目标顾客形象，保持对目标顾客的了解，稳定目标顾客的态度和加深目标顾客的感情来巩固与市场相一致的形象。最后，企业应注意目标顾客对其市场定位理解出现的偏差或由于企业市场定位宣传上的失误而造成的目标顾客模糊、混乱和误会，及时纠正与市场定位不一致的形象。企业的产品在市场上定位即使很恰当，但在下列情况下，还应考虑重新定位：竞争者推出的新产品定位于本企业产品附近，侵占了本企业产品的部分市场，使本企业产品的市场占有率下降；消费者的需求或偏好发生了变化，使本企业产品销售量骤减。重新定位是指企业为已在某市场销售的产品重新确定某种形象，以改变消费者原有的认识，争取有利的市场地位的活动。

市场分析与定位的步骤为：

第一步，了解网购用户的学历结构、年龄结构和收入结构，见表 8.1、表 8.2 和表 8.3。

表 8.1　　　　　　　　　　　　网购用户的学历结构

学历	网购用户学历结构
初中及以下	3.6%
高中	11.5%
大专	25.4%
大学本科	50.3%

表 8.2　　　　　　　　　　　　不同购物网站用户年龄结构

网站	不到18岁	18~24岁	25~30岁	31~35岁	36~40岁	41岁以上	合计
淘宝网	2.8%	39.8%	32.5%	13.3%	6.7%	4.8%	100.0%
拍拍网	11.1%	57.1%	24.6%	4.0%	1.6%	1.6%	100.0%
当当网	3.8%	27.4%	29.6%	16.3%	13.9%	9.0%	100.0%
TOM易趣网	3.0%	30.5%	34.5%	14.7%	11.2%	6.1%	100.0%
卓越亚马逊	2.9%	42.3%	27.1%	12.9%	7.1%	7.7%	100.0%

表 8.3　　　　　　　　　　　　网购用户月收入结构

收入	网购用户月收入结构
无收入	6.8%
500元以下	6.6%
501~1000元	18.0%
1001~2000元	17.6%
2001~3000元	17.0%

表8.3(续)

收入	网购用户月收入结构
3001～5000 元	17.9%
5001～8000 元	8.6%
8001～10 000 元	2.7%
10 000 元以上	4.9%
合计	100.0%

第二步，进行网店的产品定位，针对目标客户群体。

网上产品定位一般有以下几种：体积较小，方便运输；具备独特性或时尚性；价格较合理的；通过网站了解就可以激起浏览者的购买欲；网下没有，只有网上才能买到。如图8.34 所示：

图 8.34　产品定位

第三步，进行店铺定位，改变思维模式。

店铺定位就是店主根据自身的竞争优势，使自己的店铺在目标市场的消费者中树立起一个与其他竞争者不同的形象。店铺的定位需要考虑店铺的风格、布局、颜色、结构，地域以及上架商品选择等。

（1）店铺定位——案例一·大卖场（货源优势），如图 8.35 和图 8.36 所示：

图 8.35　床系列宝贝

图 8.36　衣柜系类宝贝

②店铺定位——案例二·特色店，如图 8.37 和图 8.38 所示：

图 8.37　特色店 1

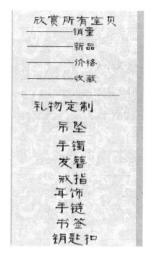

图 8.38　特色店 2

③店铺定位——案例三·平价店（价格优势），如图 8.39 和图 8.40 所示：

金玉满堂十元店 样样都 10 元

图 8.39　十元店

图 8.40　十元十美平价店

④店铺定位——案例四·特产店（地域优势），如图 8.41 和图 8.42 所示：

图 8.41　零食店

图 8.42　茶叶店

8.4.5 进货渠道及货品选择

网店之所以有空间，成本较低是重要因素。掌握了物美价廉的货源，就掌握了电子商务经营的关键。以服饰类商品为例，一些知名品牌均为全国统一价，在一般的店面最低只能卖八五折，而网上可以卖到 7～8 折。在网上，服饰类商品的价格都是商场的 2～7 折。

第一步，如何才能找到价格低廉的货源？

（1）充当市场猎手。

密切关注市场变化，充分利用商品打折找到价格低廉的货源。拿网上销售非常火的名牌衣物来说，卖家们常常在换季时或特卖场里淘到款式品质上乘的品牌服饰，再转手在网上卖掉，利用地域或时空差价获得足够的利润。网上有一些化妆品卖家，与高档化妆品专柜的主管熟悉之后，可以在新品上市前抢先拿到低至 7 折的商品，然后在网上按专柜 9 折的价格卖出，因化妆品售价较高，利润也相应丰厚。

（2）关注外贸产品。

外贸产品因其质量、款式、面料、价格等优势，一直是网上销售的热门品种。很多在国外售价上百美元的名牌商品，网上的售价仅有几百元人民币，使众多买家对此趋之若鹜。淘宝网店主张小姐从事外贸工作，由于工作关系积累了不少各地的纪念品，送了一部分给亲友后，仍有大量剩余。在朋友的推荐下，张小姐将自己的闲置物品上网销售，没想登出不久就销售一空，现在，她的小店已经有了固定客户 200 多人。

易趣网的"大风外贸"、"51clothes 外贸流行服饰"等信用度超过 2000 点的大卖家都是以外贸服饰起家的。新的网上创业者如果有熟识的外贸厂商，可以直接从工厂拿货。在外贸订单剩余产品中有不少好东西，这部分商品大多只有 1～3 件，款式常常是明年或现在最流行的，而价格只有商场的 4～7 折，很有市场。

（3）买入品牌积压库存。

有些品牌商品的库存积压很多，一些商家干脆把库存全部卖给专职网络销售卖家。品牌商品在网上是备受关注的分类之一，很多买家都通过搜索的方式直接寻找自己心仪的品牌商品。而且不少品牌虽然在某一地域属于积压品，但网络覆盖面广的特性，完全可使其在其他地域成为畅销品。如果你有足够的砍价本领，能以低廉的价格把他们手中的库存吃下来，一定能获得丰厚的利润。

（4）拿到国外打折商品

国外的世界一线品牌在换季或节日前夕，价格非常便宜。如果卖家在国外有亲戚或朋友，可请他们帮忙，拿到诱人的折扣在网上销售，即使售价是传统商场的 4～7 折，也还有 10%～40% 的利润空间。这种销售方式正在被一些留学生所关注，日本留学生"桃太郎"的店铺经营日本最新的化妆品和美容营养保健品，通过航空运输送到国内甚至世界其他国家，目前在淘宝和易趣都有店铺。因为其化妆品新鲜，而且比国内专柜上市更快，更便宜，因而受到追捧。此外，一些美国、欧洲的留学生也在网上出售"维多利亚的秘密"、"LV"等顶级品牌的服饰和箱包产品，其利润均在 30% 以上。

（5）批发商品。

一定要多跑地区性的批发市场，如北京的西直门、秀水街、红桥，上海的襄阳路、城隍庙，不但熟悉行情，还可以拿到很便宜的批发价格。北京的淘宝网卖家萍萍家住北京南城，家附近就有很多批发商城，除了在家的附近进货以外，还会偶尔去西直门动物园等大规模的批发市场去淘货。通过和一些批发商建立了良好的供求关系，就能够拿到第一手的流行货品，而且能够保证网上销售的低价位。

找到货源后，可先进少量的货试卖一下，如果销量好再考虑增大进货量。在网上，有些卖家和供货商关系很好，往往是商品卖出后才去进货，这样既不会占资金又不会造成商品的积压。总之，不管是通过何种渠道寻找货源，低廉的价格是关键因素。找到了物美价廉的货源，你的网上商店就有了成功的基础。

第二步，货源渠道的确定。

自家货源、批发市场、厂家货源、阿里巴巴和品牌代理销售商，都可作为稳定的货源渠道。

8.4.6　商品定价策略

定价，是市场营销组合策略中最重要的策略之一，主要是对商品和服务价格制定和调整的策略，以实现最佳的营销效果和收益。

定价方法一般分为三大类：成本导向法、竞争导向法、顾客导向法。

①成本导向法通常是以成本加上一个标准的或固定的利润来决定产品的价格的方法，包括成本加成定价法、投资回报率定价法和损益平衡销售量与目标定价法三种方法。

②竞争导向法是一种根据竞争状况确定价格的定价方法，公司以市场主要竞争者的产品价格为其定价的基准，结合考虑公司与竞争者之间的产品特色，制订具有竞争力的产品价格并随时根据竞争者价格的变动而进行调整。竞争导向法包括现行价格定价法和投标定价法两种。

③顾客导向法是以顾客本身的特性及顾客对产品的感受价值，而非产品的成本来决定产品价格的方法。

8.4.7　卖宝贝

第一步，了解店铺管理常用的功能（见图8.43）。

图8.43　店铺管理常用功能

第二步，熟悉卖宝贝的流程（见图 8.44）。

图 8.44　卖宝贝流程

第三步，选择宝贝发布方式（见图 8.45）。

图 8.45　宝贝发布方式

第四步，发布宝贝，类目选择（见图 8.46）。

图 8.46　宝贝类目选择

注意：

先确认宝贝的出售方式和宝贝的类目是否正确，然后添加宝贝标题、宝贝图片、宝贝描述三部分内容。

宝贝照片限制在 120k 以内，建议为 500 * 500 像素，主题突出。

第五步，发布商品——商品信息设置。

填写宝贝的价格、所在地、运费、有发票和保修几个部分。

宝贝价格：一口价宝贝只需要填写一个固定价格就可以；拍卖的宝贝需要设定起拍价格和加价幅度。

运费：您可以为宝贝填写运费价格，也可以选择便捷的工具——运费模板。

第六步，还要填写其他信息，包括有效期、开始时间、自动重发、橱窗推荐、心情故事五个部分。

有效期：有 7 天和 14 天两个选择。

开始时间：可以为宝贝设置上架的时间。

自动重发：当宝贝没有在发布周期出售成功时，如选了"自动重发"，系统会重发一次（见图 8.47）。

图 8.47　宝贝信息设置

橱窗推荐：顺序是根据宝贝有效期长短来决定的。宝贝有效期越短就越靠前。

心情故事：可以写一些关于宝贝的小故事，或者是宝贝品牌的一些介绍。如图 8.48 所示。

图 8.48　其他信息

第七步，发布商品展现（见图 8.49）。

图 8.49　商品发布成功

第八步，在买家没有出价时，如果要修改发布的宝贝信息，可以到"我的淘宝——我是卖家——出售中的宝贝"中进行编辑、修改，见图 8.50 所示。

图 8.50　编辑宝贝

第九步，下载淘宝助理。使用淘宝助理批量发布商品。地址如下：http：//www. taobao. com/help/wangwang/wangwang_ 0628_ 05. php. 如图 8.51 所示。

图 8.51　淘宝助理

8.4.8　店铺设置

完成店铺基本设置：店铺名、店铺分类、主营项目、店铺介绍、店标、公告，如图 8.52 和图 8.53 所示。

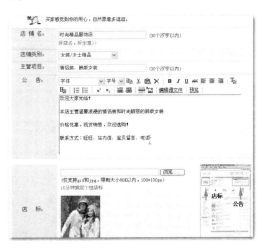

图 8.52　店铺后台设置

图 8.53　店铺前台展现

8.4.9　应用工具

（1）淘宝旺旺——了解淘宝旺旺的基本功能：聊天沟通、好友添加、买卖管理等，如图 8.54 所示。

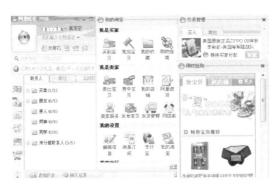

图 8.54　淘宝旺旺

（2）淘宝助理——了解宝贝新建、预览、上传、下载等功能，如图 8.55 所示。

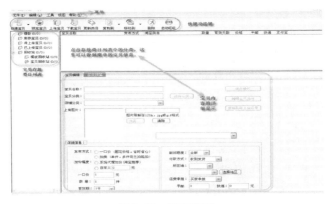

图 8.55　淘宝助理

（3）知识辅助——浏览知识分类，了解卖家信用等级规律，了解开店辅助知识，如图 8.56、图 8.57 和图 8.58 所示。

知识分类
注册&认证
买家帮助
卖家帮助
淘宝个人信息
帐户被盗&安全
淘宝常用软件
阿里旺旺
常见技术问题
淘宝工具条
淘宝助理

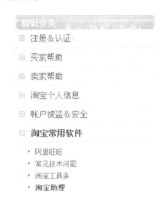

图 8.56　知识分类

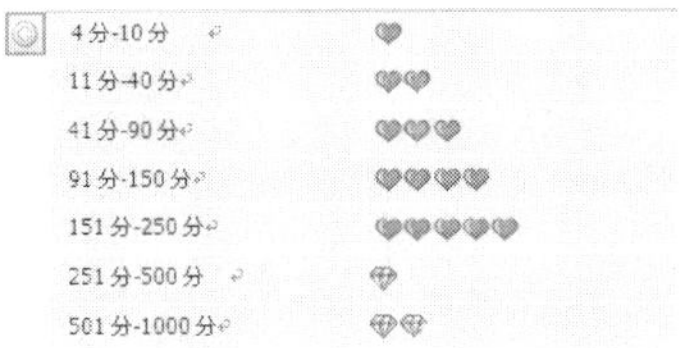
4分-10分
11分-40分
41分-90分
91分-150分
151分-250分
251分-500分
501分-1000分

图 8.57　卖家信用等级递增规律

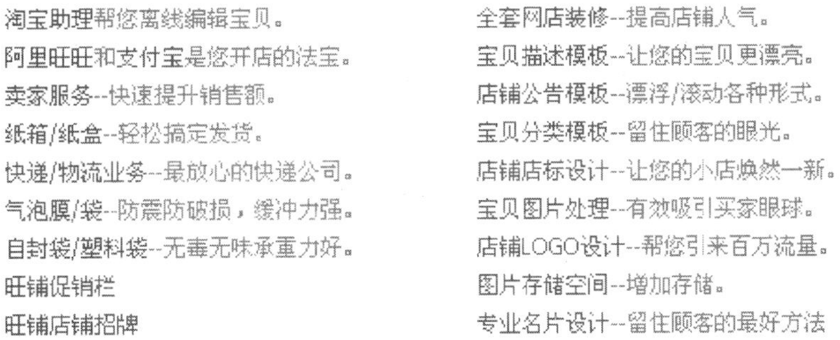
淘宝助理帮您离线编辑宝贝。
阿里旺旺和支付宝是您开店的法宝。
卖家服务--快速提升销售额。
纸箱/纸盒--轻松搞定发货。
快递/物流业务--最放心的快递公司。
气泡膜/袋--防震防破损，缓冲力强。
自封袋/塑料袋--无毒无味承重力好。
旺铺促销栏
旺铺店铺招牌
全套网店装修--提高店铺人气。
宝贝描述模板--让您的宝贝更漂亮。
店铺公告模板--漂浮/滚动各种形式。
宝贝分类模板--留住顾客的眼光。
店铺店标设计--让您的小店焕然一新。
宝贝图片处理--有效吸引买家眼球。
店铺LOGO设计--帮您引来百万流量。
图片存储空间--增加存储。
专业名片设计--留住顾客的最好方法

图 8.58　辅助知识

8.5　实训思考与练习

（1）网络交易的技巧和经验？

（2）网络交易的风险和规避？

（3）网络销售营销方案策划？

第9章 网络商贸综合实训

本章目的和任务

1. 了解企业网络贸易概念、特点、流程、现有问题等内容。

2. 熟悉掌握个人网上交易中网络购物和网络销售的概念、技巧和营销策略等内容，并在实训完成后完成思考题。

本章要点

1. 企业网络贸易。

2. B2B 电子商务。

3. B2C 电子商务。

9.1　实训目的

本实训要求学生理解网络商贸活动的流程，掌握网络商贸管理相关理论与方法的应用，培养和提高学生的实际操作能力和管理创新能力。

9.2　实训要求

本实训内容包括网上 B2B 贸易活动、B2C 贸易活动。经过实训后，要求学生掌握网络商贸活动的一般业务运作流程，并完成其中的管理活动。

1. 熟悉第三方交易平台阿里巴巴贸易活动；

2. 熟悉企业网站 B2B 平台上的贸易运营管理和操作；

3. 熟悉 B2C 平台上贸易的运营管理和操作。

9.3　实训理论基础

9.3.1　网络贸易概念

网络贸易也就是企业电子商务，其内容包含两个方面，一是电子方式，二是商贸活动。网络贸易具体是指基于互联网开展贸易活动，利用互联网技术将企业、物流、金融、商检、税务和消费者有机连接起来，实现信息查询、洽谈、签约、交货、付款等全部或部分业务的信息化、网络化、自动化处理。一般网络贸易可分为国内网络贸易和国外网络贸易。

9.3.2　网络贸易特点

与传统的商业贸易相比，网络贸易具有以下基本特征：

交易虚拟化。网络经济时代的人类贸易活动将由物理空间为主转向以媒体空间为主，如虚拟要素市场、虚拟商品市场、虚拟金融机构等虚拟经济场所和经济主体。虽然网络贸易的交易过程在虚拟的场景中进行，但这种虚拟并不是虚无的，交易双方通过电讯网络进行接触和签约。

贸易全球化。全球各贸易国之间通过世界范围内的计算机网络可以快速寻找贸易伙伴，快速完成贸易活动，能够提高贸易效率，降低贸易成本，从而形成全球性的、统一的大市场，为最终实现贸易全球化打下坚实基础。

机会均等化。在传统贸易中，发展中国家与发达国家之间、小企业与大企业之间的贸易机会是不均等的。随着网络贸易的发展，各贸易方之间的网上交流会越来越多，贸易信息资源将更加具有开放性、共享性。

9.3.3　网络贸易层次

网络贸易分为两个层次，较低层次的网络贸易如电子商情、电子贸易、电子合同等；最完整的也是最高级的网络贸易应该是利用 INTENET 网络能够进行全部的贸易活动，即在网上将信息流、商流、资金流和部分的物流完整地实现，也就是说，你可以从寻找客户开始，一直到洽谈、订货、在线付（收）款、开具电子发票再到电子报关、电子纳税等通过因特网一气呵成。

要实现完整的网络贸易还会涉及很多方面，除了买家、卖家外，还要有银行或金融机构、政府机构、认证机构、配送中心等机构的加入才行。由于参与电子商务中的各方在物理上是互不谋面的，因此整个电子商务过程并不是物理世界商务活动的翻版，网上银行、在线电子支付等条件和数据加密、电子签名等技术在电子商务中发挥着重要的不可或缺的作用。

9.4　实训内容

9.4.1　阿里巴巴实训

本实训要求学生了解 B2B 的相关知识，通过上网浏览注册阿里巴巴（Alibaba）中文网站企业会员，实施交易、体验流程、强化认知，提升开展 B2B 电子商务的理念。

9.4.1.1　了解阿里巴巴

（1）登录以下七类 B2B 网站，对比分析各自的异同，以便下面深入体验阿里巴巴。

1）名录模式。

这种模式主要是介绍各类公司的经营特点，推荐产品，宣传企业的业绩。主要代表有：Thomas Register，Chemdex，SciQuest. com 和中国黄页 chinapages。

2）兼营模式。

兼营模式是指既做 B2B，又做 B2C。比如华夏旅游网的 B2B：网上旅游交易会；B2C：网上旅游超市；实华开的 B2B：国际贸易一条龙服务；B2C：EC123 打折店。

3）政府采购和公司采购。

政府采购和公司采购的数量极其庞大，仅美国 MRO 市场每年就高达 2500 亿美元。主要的网站有：W. Grainger，Fastparts 和亚商商务在线网。

4）供应链模式。

《做数字商场的主人》一书的作者奥尔德里奇认为零担货物的运输服务会增长。建立一个全国性的面包连锁店可以节省 1500 万美元，同时，控制技术安装到位，可以有大约 5000 万美元的货物免遭偷窃。主要包括：EMS 伊速、e－speed、世联配送中心、阳光快递、红叶集团下属时空网、广东宝供物流。

5）中介服务模式。

中介服务模式包括以下几个方面：

信息中介模式：这种模式与名录模式有类似的特点。其实，名录模式应该说也属于信息中介模式。主要网站有中联在线 CNUOL、易创全球电子商务、阿里巴巴等等。

CA 中介服务：比如德达创新 datatrust 等等。

网络服务模式：提供开展电子商务的技术支持，为落实商业计划提供整套的网络服务，网络服务自助餐。包括百联网讯、你好万维网、绿色兵团、IBM、Oracle、Microsoft、AsiaOnline、Bigstep、Smartage。

银行中介服务：它们提供相关的金融服务，包括：境内的代收货款、承兑汇票、银行汇款等等；境外的信用证、DA、DP、TT。主要的银行包括：招商银行、建设银行、中国银行。

6）拍卖模式。

主要代表包括 iMark. com，Adauction. com 等等。

7）交换模式。

代表网站有 PaperExchange，e－steel 等等。

登录 baidu. com，搜索"DNS"，了解相关知识。

（2）了解阿里巴巴集团

第一步，登录 http：//page. china. alibaba. com/shtml/about/ali_ group1. shtml. 如图 9.1 所示。了解阿里巴巴集团概况、管理层、文化和价值观，以及阿里巴巴的社会责任和媒体资源。

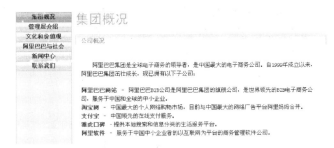

图 9.1　阿里巴巴集团概况

第二步，分析各阿里巴巴各业务模式。

登录阿里巴巴任何子网站，进入网页页脚（见图 9.2），浏览一下阿里巴巴各子网站，并说明各子网站业务之间的关联意义。

图 9.2　阿里巴巴首页页脚

①阿里巴巴——全球企业间电子商务平台。

阿里巴巴是中国领先的 B2B 电子商务公司，为来自中国和全球的买家、卖家，搭建高效、可信赖的贸易平台。阿里巴巴的国际贸易网站（www.alibaba.com）主要针对全球进出口贸易，中文网站（www.alibaba.com.cn）针对国内贸易买家和卖家，与软银的合资企业——日文阿里巴巴平台（alibaba.co.jp）则致力于为日本的进出口贸易提供服务。这三个平台为来自超过 240 个国家和地区的 3600 万阿里巴巴注册会员提供了交流平台。如图 9.3 ~ 图 9.5 所示：

图 9.3　阿里巴巴中文网站

图 9.4　阿里巴巴国际贸易网站

图 9.5　阿里巴巴日文站

②淘宝网——中国最大的个人网购平台。

淘宝网是中国最大的个人网购平台，如图 9.6 所示。到 2008 年 9 月注册用户超过

8000 万，拥有中国绝大多数网购用户。2007 年，淘宝的交易额实现了 433 亿人民币，比上年增长 156%。2008 年上半年，淘宝成交额就已达到 413 亿人民币。从 2003 年成立至今，淘宝搭建的电子商务生态圈，使超过一百万的网络卖家感受着中国网络购物用户的急速增长。

图 9.6　淘宝网

③阿里妈妈——广告是商品。

阿里妈妈（www.alimama.com），见图 9.7，是一个全新的交易平台，它首次引入"广告是商品"的概念，让广告第一次作为商品呈现在交易市场里，让买家和卖家都能清清楚楚地看到。广告不再是一部分人的专利，阿里妈妈让买家（广告主）和卖家（网站主）轻松找到对方！

图 9.7　阿里妈妈

④支付宝——安全可靠的网络支付平台。

支付宝（www.alipay.com）是中国领先的在线支付服务提供商，帮助个人和企业能够安全、轻松、快速地在线收付款项，见图 9.8。2004 年阿里巴巴集团成立支付宝，为淘宝和阿里巴巴 B2B 用户提供在线支付服务，同时，支付宝也被中国广大的互联网和电子商务公司采用作为在线支付方式。支付宝与中国的多家银行建立了合作伙伴关系，银行为网上支付提供担保服务，最大程度上降低了支付宝用户电子商务的交易风险。

图 9.8　支付宝

⑤雅虎口碑——网上生活服务及搜索平台。

雅虎口碑为中国互联网用户提供他们所需的、感兴趣的本地生活服务信息，包括中国雅虎（yahoo.com.cn，见图 9.9）和雅虎口碑（koubei.com，见图 9.10）两个网站。其中中国雅虎是中国领先的门户和搜索引擎，雅虎口碑则是中国领先的信息分类网站，为消费者提供各种主题的本地生活信息，包括租赁、酒店、旅游，娱乐和招聘信息。

图 9.9　中国雅虎

图 9.10 雅虎口碑

⑥阿里软件——基于互联网的商业管理软件。

成立于 2007 年 1 月的阿里软件（见图 9.11），致力于为超过 4000 万中小企业服务，是销售基于互联网的商业管理软件。阿里软件采用软件服务化（SaaS）模式为中小企业提供低成本，易操作的企业和财务管理工具，如邮件、客户关系、客户询价、货品计价和账簿服务等。

阿里软件是亚洲第一家推出"软件互联"平台的公司，整合了先进的互联网、电信和应用软件资源。在数以千计的独立软件开发商的支持下，阿里软件的软件互联平台形成了一个在线的软件超市，使中小企业用户自行选择需要的软件，用多少付多少。2008 年 8 月，阿里软件宣布与微软建立战略合作伙伴关系，利用软件互联平台提供商务级别的电子邮件服务。

图 9.11 阿里软件

⑦阿里学院——网商学习平台和知识社区。

阿里学院（见图 9.12）是通过阿里学学、学习创业、电子商务、过冬宝典、图片处理、office 技巧和学习资讯等板块提供网商学习的平台和知识的社区。

图 9.12 阿里学院

9.4.1.2 成为会员

第一步，注册会员，如图 9.13 所示：

图 9.13 注册会员

第二步，验证通过后就可以使用普通会员功能，除开注明"登录"字样的登录入口（见图 9.14）外，可以通过点击网站首页上的"阿里助手"（见图 9.15），直接进入。

图9.14 会员登录

图9.15 阿里助手

第三步，了解注册登录常见问题，注意登录名称、密码设定、忘记密码等问题，如图9.16所示。

图9.16 常见问题

9.4.1.3 发布信息

第一步，登录，进入阿里助手，如图9.17所示。

图9.17 阿里助手

第二步，发布供求信息，并对已经发布上网的信息进行"重发"、"修改"、"删除"，如图9.18所示。

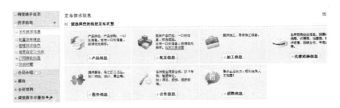

图 9.18　发布供求信息类型图

第三步，发布公司信息，如图 9.19 所示。

图 9.19　公司基本资料填写

9.4.1.4　装饰旺铺

第一步，进入阿里助手，点击进入管理旺铺，如图 9.20 所示。

图 9.20　管理旺铺界面

第二步，设计企业网站外观，模板选择，网页设计，如图 9.21 所示。

图 9.21　进行网站外观设计

第三步，橱窗布置：推荐供应信息，推荐公司相册，管理友情链接，发布公司动态，如图 9.22 所示。

图 9.22　橱窗布置

第四步，发布产品图片、管理产品图片和管理相册，如图9.23所示。

图9.23　公司相册

第五步，分析网站浏览情况（见图9.24、图92.5），实施产品浏览分析，搜索关键字分析，地区来源分析，掌握站点优化技巧。

图9.24　网站浏览分析

图9.25　企业在线

第六步，发布公司招聘信息、管理招聘信息，如图9.26所示。

图9.26　招聘信息

9.4.1.5　查询信息

第一步，查询"MP4"，见图9.27。

图9.27　MP4搜索

第二步，查询供应"MP4"的商家，见图9.28。

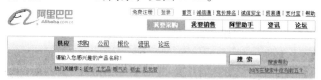

图9.28　MP4卖家搜索

第三步，查询需求"MP4"的买家，见图9.29。

图9.29　MP4买家搜索

9.4.1.6　竞价排名

第一步，按照 9.4.1.5 的操作，显示结果如图 9.30 所示。排名前三位的就是竞价排名的前台结果显示。

图 9.30　MP4 检索结果

第二步，进入阿里助手，点击竞价排名（见图 9.31），进行后台竞价排名操作。

图 9.31　竞价排名

9.4.1.7　网络交易

第一步，进入阿里助手，点击交易管理（见图 9.32），然后进入发起订单。

图 9.32　交易管理

第二步，发起订单（见图 9.33），并注意提示。

图 9.33　发起订单

第三步，进入阿里助手中的客户管理系统（见图 9.34），进入销售管理。

图 9.34　客户管理系统

第四步，销售管理里，点击新建订单（见图9.35）。

图9.35　新建订单

第五步，编辑订单，发送订单，如图9.36所示。

图9.36　订单编辑和发送

9.4.1.8　阿里旺旺

第一步，进入阿里软件 http：//page. china. alibaba. com/cp/cp8. html，下载阿里旺旺，如图9.37所示。

图9.37　阿里旺旺下载

第二步，用9.4.1.2中注册的会员账户和密码登录阿里旺旺，如图9.38所示。

图9.38　阿里旺旺

第三步，添加联系人并分组，如图9.39所示。

图 9.39 添加联系人

第四步，绑定手机，如图 9.40 所示。

图 9.40 绑定手机

第五步，通过阿里旺旺实施供求信息的发布、审核管理，如图 9.41 所示。

图 9.41 供求信息管理

第六步，通过阿里旺旺，查询商机，进入阿里助手，实现后台管理，如图 9.42 ～图 9.43 所示。

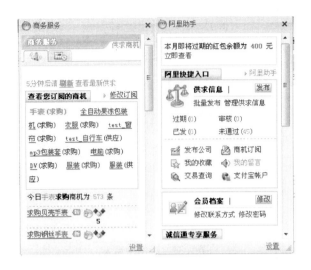

图 9.42　商务服务　　　图 9.43　阿里助手

第七步，通过阿里旺旺，进入阿里旺旺群，搜索感兴趣群信息；进入视频直播，观看赢在中国，如图 9.44 ~ 图 9.45 所示。

图 9.44　阿里旺旺群　　　图 9.45　视频直播

9.4.1.9　网上采购

第一步，搜索 MP4，如图 9.46 所示。

图 9.46　MP4 搜索

第二步，按照要求缩小搜索条件，点击筛选，如图 9.47 所示。

图 9.47　缩小搜索条件

第三步，点选三个感兴趣的 MP4 产品，进行供应信息的对比和批量询价，如图 9.48 所示。

图 9.48　供应信息的对比和批量询价

第四步，登录阿里助手，进入供求信息，如图 9.49 所示。

图 9.49　供求信息发布

第五步，填写发布供求信息，见图 9.50，注意信息类别和红字提示。

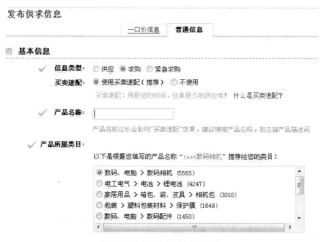

图 9.50　供求信息填写

第六步，实施发布匿名采购信息，如图9.51所示。

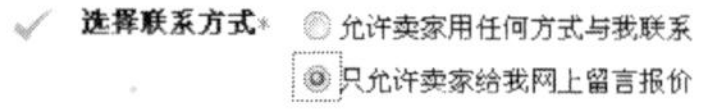

✓ **选择联系方式** * ○ 允许卖家用任何方式与我联系
　　　　　　　　　 ◉ 只允许卖家给我网上留言报价

图9.51　选择联系方式

9.4.1.10　网络安全

第一步，掌握辨别风险之八招。

（1）从信息本身辨别。

注意公司介绍是否太简单，求购意图是否不明显，地址是否很模糊，公司网站是否是假的，等等。

（2）企业信用记录查询。

将对方会员的公司名输入到阿里巴巴的企业信用记录查询中，查一下对方的信用情况。

（3）论坛搜索。

把对方公司的名字输入到阿里巴巴论坛中进行搜索，查看该公司是否有行骗的经历。

（4）诚信指数及评价了解。

如果对方是一个诚信通会员，直接查看该会员的诚信通档案、客户的评价，以此综合判断该公司的生产经营是否诚信。因为诚信通会员是通过了第三方认证的。

（5）搜索引擎搜索。

前面的四招，都是可以直接在阿里巴巴网站上施展的。除此外，还可将对方公司的公司名、地址、联系人、手机、电话、传真等信息，输入到搜索引擎中，找到和其相关的信息，帮助我们综合判断。

（6）工商网站查询。

查询工商网站，核实对方的营业执照、身份证等。如中国红盾网，可查到对方公司的企业代码、法人代表、地址、以及联系方式等信息，了解对方公司的真实注册情况。

（7）手机归属地判断。

使用IP138.COM网站，可以进行手机所属地查询、IP地址所属地查询、身份证号码所属地查询等功能，帮助我们了解对方的手机注册地，以及身份证登记所在地。以核实对方真实所在地的信息。搜索引擎、工商网站、手机号码归属地查询，这三种方式，是互联网上比较实用的核实工具。

（8）专业性测试。

可询问采购商对于产品的各项技术指标的要求，判断对方是否是真实专业的采购商，是否有真实采购意图。

第二步，浏览商人论坛，诚信论坛，如图9.52~图9.53所示，浏览商业防骗、平安在线、法律咨询等，积累防骗知识和技巧。

图 9.52　商人论坛

图 9.53　诚信安全社区

第三步，进入 www. alipay. com 支付宝。使用支付宝，确保交易安全，如图 9.54 所示。

图 9.54　支付宝安全检查

9.4.2　B2B 操作与后台管理

本实训要求学生发布 B2B 电子商务网站，熟悉前台注册、后台管理，进行网站维护。

9.4.2.1　网站配置

（1）网站源代码下载。

登录下载地址：http：//www. aspcom. cn/dow/b2b. rar. 下载 B2B 电子商务网站源代

码，解压到 web 服务 F 盘 B2B 文件夹（根据个人设定，可任意）中，阅读操作步骤
（数据库：Access2000）。

（2）网站配置。

第一步，设置 IIS，配置该网站，详细参看第三章 WEB 服务配置。我的电脑右键
—管理—服务与应用层程序—设置网站 ip 地址—设置网站主目录为 web 服务 F 盘 B2B
文件夹—设置默认文档，如图 9.55 所示。

图 9.55　网站配置

第二步，测试发布的网站，如图 9.56 所示。

图 9.56　网站发布

9.4.2.2　注册用户

第一步，个人会员注册和登录，如图 9.57～图 9.58 所示。

图 9.57　个人会员注册

图 9.58　个人会员登录

图 9.59　个人会员管理中心

第二步，企业会员注册和登录，如图 9.59～图 9.60 所示。

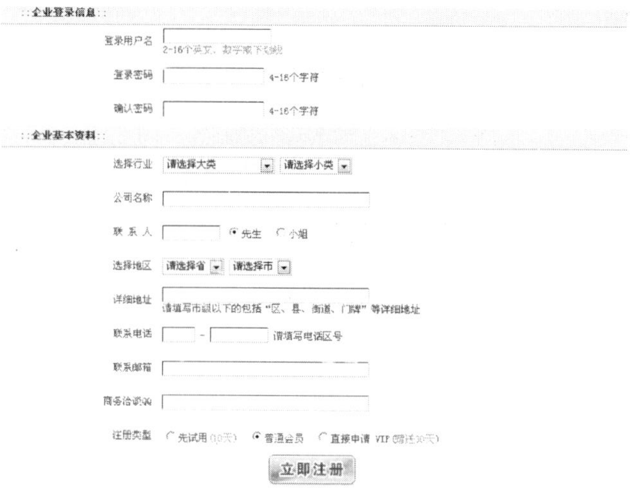

图9.60　企业会员注册

企业会员测试账号：wygkcn，密码：123456，如图9.61所示。

图9.61　企业会员登录

图9.62　企业会员管理后台

9.4.2.3　网站维护

第一步，企业资料维护，如图9.62~图9.63所示。

图 9.63　企业资料

第二步，后台自建站点，如图 9.64 所示。

图 9.64　后台自助建站

第三步，前台站点呈现，如图 9.65 所示。

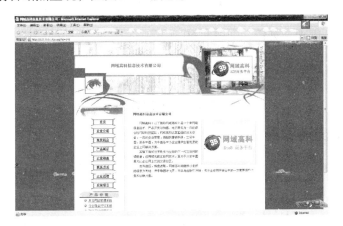

图 9.65　企业自建站点呈现

第四步，进入产品管理下的产品分类，如图 9.66 ~ 图 9.67 所示。

图 9.66　产品管理

图 9.67　产品分类

第五步，产品添加，如图 9.68 所示。

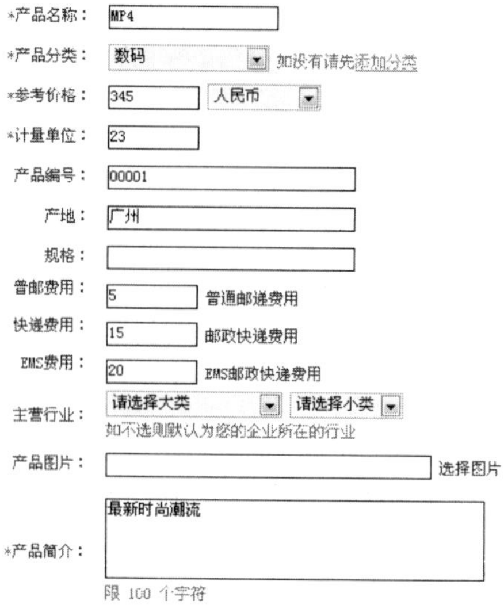

图 9.68　添加新产品

第六步，产品管理—编辑，如图 9.69 所示。

图 9.69　产品编辑

第七步，发布商贸机会，并编辑，如图 9.70～图 9.71 所示。

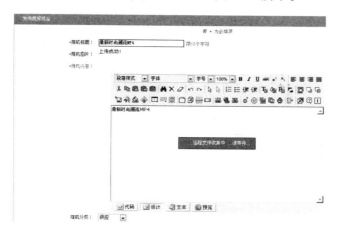

图 9.70　发布商贸机会

图 9.71　商贸机会编辑

第八步，发布展会，并编辑，如图 9.72～图 9.73 所示。

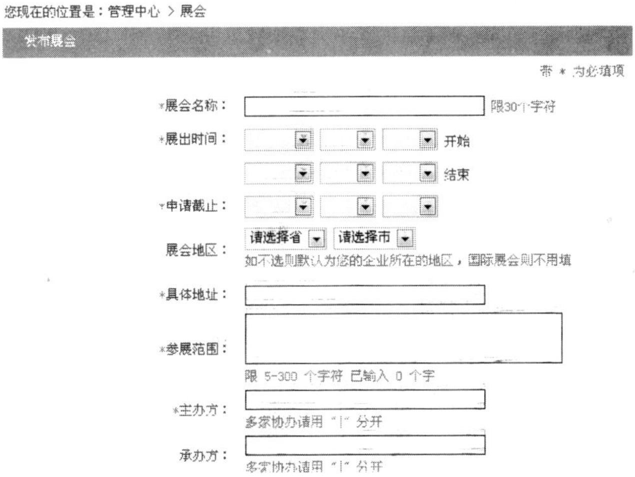

您现在的位置是：管理中心 ＞展会

发布展会

※ 为必填项

※展会名称：　　　　　　　　　　　　　限30个字符

※展出时间：　　　　　　　　　　　　开始

　　　　　　　　　　　　　　　　　结束

※申请截止：

展会地区：　请选择省　请选择市

如不选则默认为您的企业所在的地区，国际展会则不用填

※具体地址：

※参展范围：

限 5-300 个字符 已输入 0 个字

※主办方：

多家协办请用 "｜" 分开

承办方：

多家协办请用 "｜" 分开

图9.72　**发布展会**

图9.73　**展会编辑**

第九步；发布新闻、招聘信息，如图 9.74 ~ 图 9.75 所示。

图9.74　**发布新闻**

图9.75　**发布招聘信息**

第十步，产品报价，如图9.76所示。

图 9.76　产品报价

第十一步，公文包管理，如图9.77所示。

图 9.77　我的公文包

第十二步，订单编辑，如图9.78所示。

图 9.78　订单编辑

9.4.2.4　订单处理

第一步，搜索MP4，查到发布的商品，如图9.79～图9.80所示。

图 9.79　搜索MP4

第二步，订单信息提交，如图9.81～图9.82所示。

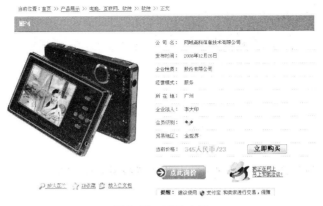

图 9.80 MP4 宝贝

图 9.81 订单信息

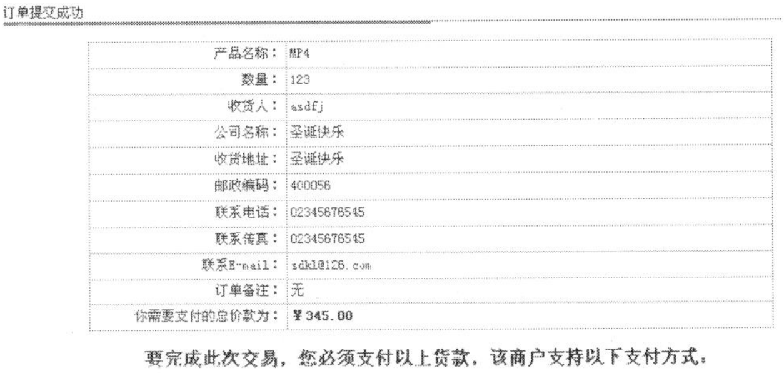

图 9.82 订单提交成功

　　第三步，后台管理从前台网站输入 http：//＊＊＊.＊＊＊.＊＊＊/admin 进入后台管理。管理员：admin；登录密码：admin。如图 9.83 ~ 图 9.89 所示。

图 9.83　后台登录

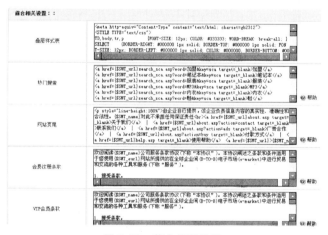

图 9.84　后台界面

第四步，前台设置，如图 9.85 所示。

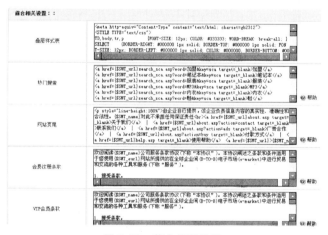

图 9.85　前台相关设置

第五步，邮件列表设置，如图 9.86 所示。

图 9.86 邮件列表管理

第六步，企业会员管理，明星企业管理，如图 9.87 所示。

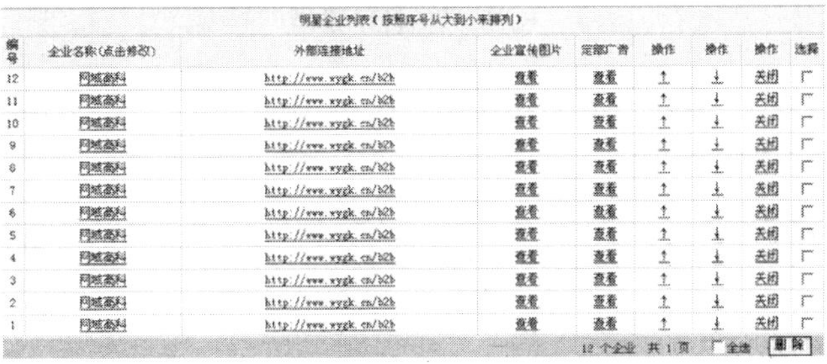

图 9.87 明星企业管理

第七步，商机管理、分类添加、招聘管理、网站源码编辑等设定，如图 9.88～图 9.91 所示。

图 9.88 商机管理

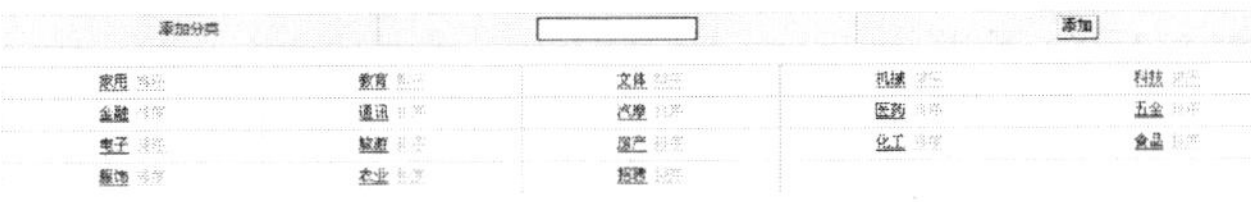

图 9.89 分类添加

图9.90　招聘管理

图9.91　网站源码编辑

第八步，订单管理，如图9.92所示。

图9.92　订单管理

第九步，其他管理功能，如图9.93～图9.95所示。

图9.93　其他后台功能列表

图9.94　图关键词管理

图9.95　服务器性能

9.4.3　B2C操作与后台管理

本实训要求学生发布B2C电子商务网站，熟悉前台注册、后台管理，进行网站维护。

9.4.3.1　网站配置

（1）网站源代码下载。

登录 http：//down. chinaz. com/soft/10507. htm，下载西亚电子商务网站源代码，解压到 F 盘 xiya 文件夹中，阅读操作步骤。（数据库：Access2000）。

（2）设置 IIS，配置该网站。

第一步，我的电脑右键—管理—服务与应用层程序—设置网站 ip 地址—设置网站主目录为 F 盘中的 xiya 文件夹—设置默认文档。如图 9.96 所示。

图 9.96　web 配置

第二步，访问自己的西亚购物网站，如图 9.97 所示。

图 9.97　西亚网站

用默认超级管理员（用户名：admin　密码：admin 或　用户名：5757net　密码：5757net 或　用户名：siacart　密码：siacart）登录西亚购物系统，管理登录地址为 http：//www. xxx. com/siacart　为了保障系统的安全性，进入后台超级管理后在管理员管理中重新设置西亚购物系统管理员信息，如图 9.98～图 9.99 所示。

9.4.3.2　网站维护

第一步，访问 http：//ip 地址/siacart 访问后台管理，如图 9.98 ~ 图 9.99 所示（管理员账号，密码：admin，admin），注意将"ip 地址"替换成自己的实际 ip 地址。

图 9.98　登录后台

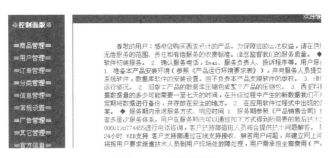

图 9.99　后台面板

第二步，先进行分类管理，分别进行商品大类管理，商品小类管理，修改成自己喜欢的名称。

图 9.100　商品品类添加

第三步，进入商品管理，添加几种商品到不同的分类中，设置好各参数，如图 9.100 ~ 图 9.101 所示。

图 9.101　添加新商品

9.4.3.3　订单处理

第一步，退出后台管理，注册一个用户，或直接用前台测试用户名 5757net，密码 5757net，登录系统。

第二步，看看网上购物商城有哪些功能，找到自己添加的商品，选择感兴趣的商品购买，提交订单，如图 9.102 所示。

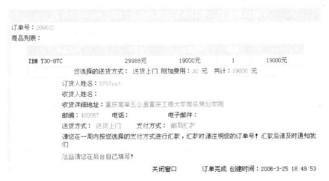

图 9.102　商品订单处理

第三步，登录后台管理，进入商品管理中的管理商品订单，可以看到刚才下的订单，根据后续的处理情况可以对订单状态进行修改，以便跟踪服务用户。如图 9.103 所示。

图 9.103　完成对整体购物流程的处理

9.5　实训思考与练习

（1）对第三方商贸平台进行优劣分析。

（2）简述网络贸易的流程。

（3）简述网络国内外贸易差异是什么？

第三篇 综合实训篇

综合实训篇的主要目的是从物流装备与技术、物流管理系统、网络贸易及供应链一体化几个角度提供供应链模式下物流与电子商务的综合实训，让学生在功能实训的基础上，进行多种综合实训，达到理论知识的综合应用能力及实际动手能力的进一步提升；此外，综合实训多以分组的形式进行，便于学生培养团结协作精神、有利于锻炼学生与人沟通及组织协调能力。

综合实训篇的主要内容如下：

1. 物流装备与物流技术综合实训；

2. 物流管理系统综合实训；

3. 网络商贸综合实训；

4. 供应链一体化桌面沙盘综合实训。

第 10 章　物流装备与技术综合实训

本章目的和任务

1. 了解物流装备与物流技术的基础知识（包括流水线生产系统、叉车、AGV 小车、电子标签拣货系统、捆扎机、自动化立体仓库系统、POS 系统和 RFID 系统等）。

2. 熟悉物流装备与物流技术的主要类型，掌握各物流装备与物流技术的技术参数与要求，熟练掌握完成各种业务硬件设备的操作。

3. 了解物流装备与物流技术的选择及工作过程，了解各装备的业务操作及管理的辅助支持功能。

本章要点

1. 物流技术与物流装备的业务流程。
2. 物流装备与物流技术的主要类型及典型设备。
3. 物流技术与物流装备的使用、操作。

10.1　实训目的

熟悉物流技术与物流装备，掌握基础物流技术知识；熟悉物流装备的使用；掌握物流装备的选用要求；掌握在物流过程中合理的使用恰当的物流装备。掌握物流技术与装备的操作和关键环节，能够对物流活动中具体环节所采用的装备与技术进行合理计划。

10.2　实训要求

实训课前认真阅读物流装备与技术的相关理论知识，为实训课做好充分准备。

实训开始之前，根据提供的案例资料，根据所学知识做好实训前的准备。

实训过程中根据操作规程认真完成各实训步骤并做好实训记录。

实训结束后对实训结果进行分析，并撰写实训报告。

实训过程中注意安全。

10.3 实训理论基础

10.3.1 物流装备与技术概述

10.3.1.1 物流装备的概念

物流装备是在生产、流通、消费和军事等领域中，为了实现各种物资从供应地到消费地的空间转移和时间转移，并保证物资高效、快捷、准确、安全的流转和有效监控所需的设施与设备。

物流的发展离不开先进的物流装备（即物流设施与设备）。物流装备是现代物流的主要技术支撑要素，在整个物流活动中，对提高物流能力与效率、降低物流成本和保证物流服务质量等方面有着非常重要的作用。随着技术的进步，尤其是自动控制技术、信息技术和系统集成技术在物流设备中的应用，现代物流设备已经迈入自动化、智能化、柔性化的新阶段。

10.3.1.2 物流装备的分类

根据物流活动的不同需求，可从不同的角度对物流装备进行分类。总体看来可分为两大类：一类是物流设施，另一类是物流设备。

10.3.1.2.1 物流设施

物流设施包括公路、铁路、航道、管道及机场、港口、货运站场和通信基站等基础设施，这些基础设施的建设水平和通过能力直接影响着物流各环节的运行效率。

10.3.1.2.2 物流设备

物流设备按功能可划分为运输设备、仓储设备、装卸搬运设备、集装设备、包装设备、流通加工设备、信息采集与处理设备等。

（1）运输设备。运输设备是指用于较长距离输送货物的设备，包括公路运输设备、铁路运输设备、水路运输设备、航空运输设备和管道运输设备等几种类型。

（2）仓储设备。仓储设备是指在储存区进行作业活动所需要的设备器具，即用于物资储藏和保管的设备。常见的仓储设备有货架、托盘、计量设备、通风设备、温湿度控制设备、养护设备和消防设备等。

（3）装卸搬运设备。装卸是指将物品在指定地点以人力或机械方式装入或卸下运输设备。搬运是指在同一个场所之内，以对物品进行水平移动为主的物流作业活动。物料装卸搬运设备是指用于搬移、升降、装卸较短距离运输物料的装备。它是物流系统中使用的频率最高、数量最多的一类装备，是物流装备的重要组成部分。

（4）集装设备集装设备是指用集装单元化的形式进行存储、运输作业的物流设备。货物经过集装单元器具的集装和组合包装后，其搬运活动性有所提高，随时处于准备流动的状态，便于储存、装卸搬运、运输等环节的合理组织，也便于实现物流作业的机械化、自动化和标准化。集装设备主要包括集装箱、托盘、滑板、集装袋、集装网络与货捆等。

（5）包装设备。包装设备是指完成全部或部分包装过程的机械设备。它按功能可划分为灌装机械、充填机械、裹包机械、封口设备、贴标机械、清洗设备、干燥机械、杀菌机械、捆扎机械、拆卸机械、多功能包装机械及完成其他包装作业的辅助包装设备。

（6）流通加工设备。流通加工设备是指用于物品包装、分割、计量、分拣、组装、价格贴附、标签贴附、商品检验等作业的专用机械设备。它是完成流通加工任务的专用机械设备，根据加工对象的不同，可分为金属加工机械、木材加工机械等。

（7）信息采集与处理设备。现代物流系统广泛而又深入地使用了现代信息技术，并配备了相应的装备，如在自动化立体仓库中广泛采用条形码信息系统。物流信息技术面向物流各个环节的管理信息，根据不同的需求，又可形成各种运输管理信息系统、装卸搬运计划与调度系统、仓储管理信息系统、分拣配送与车辆调度系统等。

10.3.1.3　物流技术的概念

物流技术是指物流活动中采用的自然科学与社会科学方面的理论、方法，以及设施、设备、装备与工艺的总称。

物流技术包含流通技术或物资输送（含静止）技术，与生产技术有所不同。物流技术是把生产出的物资进行移送、储存，为社会提供无形服务的技术。也就是说，物流技术的作用是将各种物资从生产者一方转移给消费者一方。

物流技术是以科学知识和实践经验为依据而创造的物流活动手段，是人们在进行物流活动中所使用的各种物质手段、作业流程、工艺技巧、劳动经验和工作方法的总称。物流技术可以表现为抽象的概念。如规划设计、图纸、说明、物流预测、计算机程序，也可以表现为实物形态，如在运输、装卸、包装、流通加工、配送及信息交互处理等物流活动中所使用的工具、仪器和设备及其他物资设备。

10.3.1.4　物流技术的分类

10.3.1.4.1　按形态分类

物流技术按形态可以分为物流硬技术和物流软技术。

（1）物流硬技术。物流硬技术是指组织物资流动所涉及的各种机械设备、运输工具、站场设施及为物流服务的电子计算机、通信网络设备等方面的技术，如自动导向搬运车、自动化立体仓库、大型货运专运船、集装箱装置等。

（2）物流软技术。物流软技术是指以提高物流系统整体效益和供应链运营效用为中心的技术，如物流网络布局、物流量预测、物流中心选址设计、物流设施的厂内规划布局、物流装备的优化集成、各项物流功能作业的组织管理、配送线路优化设计等。

10.3.1.4.2　按科学原理分类

物流技术按科学原理可分为物流信息与网络技术、物流机械与电子技术、物流自控技术、物流标识技术、物流跟踪技术与定位技术、绿色物流技术、物流运筹技术等。

10.3.1.4.3　按物流功能运作分类

物流技术按功能运作可分为物流运输技术、物料搬运与装卸技术、物流库存技术、物流包装技术、物流集成技术、物流流通加工技术、物流信息技术等。

（1）物流运输技术。物流运输技术是铁路、公路、水路、航空及管道运输基础设施的布局及修建、载运工具运用工程、交通信息工程及控制、交通运输经营和管理的工程领域所采用的各种技术的总称。

（2）物料搬运与装卸技术。在物流活动中，物料搬运与装卸连接运输、储存活动，发生次数频繁，作业形式复杂，又是劳动密集型作业。为了保证物流安全、顺畅，降低物流成本，必须特别重视搬运与装卸环节。

现代物流搬运与装卸技术正朝着机械化、自动化、集成化和智能化方向发展，既减轻了工人的劳动强度，又极大地提高了工作效率。

（3）物流库存技术。它是对物资的存储、保管、缓冲等所采用的各种技术的总称。现代化仓库已成为促进各物流环节平衡运转的物流集散中心。

（4）物流包装技术。它是使用包装设备并运用一定的包装方法，将包装材料附着于物流对象的技术。它不仅保护商品的质量和数量，而且在物流运输过程中，有利于物资的运输和保管，提高装卸效率和转载率，促进销售。物流包装技术包括包装材料、包装设备和包装方法等。

（5）物流集成技术。物流集成技术是物流系统中应用的集成技术，包括软硬件技术应用的集成，网络版与单机版技术应用的集成，光机电信息技术的应用集成，工业过程自动化、物流装备自动化、信息采集自动化等技术应用的集成。它通过信息化、全球化的系统集成并进行创新，使物流产品和系统达到新的功能和水平。

（6）物流流通加工技术。社会生产在向大规模生产、专业化生产转变之后，变得越来越复杂，生产的标准化和消费的个性化也随之出现，生产过程中的加工制造常常满足不了消费者的需求。加工活动开始部分由生产及再生产过程向流通过程转移，在流通过程中形成了某些加工活动，这就是流通加工。流通加工可以以少量的投入获得很好的效果。

（7）物流信息技术。它是物流现代化极为重要的领域之一，计算机网络技术的应用使物流信息技术达到新的水平。从数据采集的条形码系统、仓储管理系统，到办公室自动化系统中的计算机，各种终端设备及软件都在日新月异地发展，并得到了广泛应用。物流信息技术发展主要体现在以下几个方面：

①数字化的高端多媒体摄像监控工业视频系统开始向数字化方向转变，通过高分辨率、低照度变焦摄像头和大屏幕电视墙，对物流系统现场中的人身及设备安全进行实时观察和监控。

②射频识别技术。它将成为未来物流领域的关键技术技术应用于物流行业。可大幅提高物流管理与运作效率，降低物流成本。

③公共物流信息平台的建立将成为物流发展的突破点。公共物流信息平台是指为物流企业、物流需求企业和政府及其他相关部门提供物流信息服务的公共商业性平台，其本质是为物流生产提供信息化手段的支持和保障。公共物流信息平台的建立，能实现对客户的快速反应，也能加强与协作单位的沟通。

④物流信息安全技术将日益受到重视。

10.3.1.5　物流技术与物流装备在物流系统中的地位和作用

物流技术与物流装备是现代物流系统的主要支撑要素，担负着各项物流作业的任务，影响着物流活动的每一个环节。在整个物流活动中，对于提高物流能力与效率，降低物流成本，保证物流服务质量等方面都有着十分重要的地位与作用，也是提高物流系统总体水平及运行效率的基本保证。物流技术与物流装备在物流系统中的地位和作用主要体现在以下几个方面：

（1）物流技术与物流装备构成了现代物流运作的基础。

现代物流能充分体现出高度机械化、自动化、信息化和智能化的时代特征，完全是依靠现代物流技术的支撑，没有现代物流技术装备做后盾，就不会有现代物流的运作。无论是社会的宏观物流，还是企业的生产物流，都是各种原材料、在制品、成品、商品等在各自的领域内流转。这一流转过程的良好运作有赖于各种物流技术与物流装备。

（2）物流技术与物流装备是物流系统中的重要资产。

科学技术的发展使物流装备的技术含量和技术水平日益提高，现代物流技术与物流装备一方面是技术密集型的生产工具，另一方面也是资金密集型的社会财富。物流技术与物流装备是进行物流活动的物质基础，是实现物流各种功能的技术保证，同时也是实现物流现代化、科学化、自动化的重要决定因素。

（3）物流技术与物流装备影响了物流活动的各个环节。

在物流活动的全过程中，一个高效的物流系统离不开先进的物流技术与物流装备。从物流的功能来看，物料或商品需要经过包装、运输、装卸、储存等作业环节，这些作业环节及其辅助环节的高效完成，都需要相应的物流技术与物流装备的支撑和良好运作。物流活动的每一个环节，在物流活动中都处于十分重要的地位。离开了物流技术与物流装备，物流系统就无法运行，服务水平及运行效率就可能极低。

（4）物流技术与物流装备保证系统安全运行和物流增值服务的实现

为避免货物在流通过程中发生物理上的损伤及化学上的变质，降低破损率，有效实现"零破损"，是实现物流安全运行和优质服务的重要标准。通过包装和流通加工、集装容器和集装运输等物流技术，可以大幅降低货物和商品在生产加工领域和流通领域的破损率，真正实现"零破损"。

（5）物流技术与物流装备使现代物流与电子商务的无缝结合成为可能。

随着互联网络和电子商务的出现，企业实现了与上游的供应商、下游的客户、中间环节的金融机构和政府部门的及时沟通与协调，这种"直通方式"使企业能准确、迅速、全面地了解市场需求信息，实现基于客户订单的生产模式，消费者可以直接在网上获取有关商品或服务的信息，实现网上购物。

10.3.1.6　物流技术与物流装备的合理配置原则

企业的成功离不开先进的物流技术。企业只有掌握了先进的物流技术，结合企业自身的特点，通过合理的设计和选型，从物流管理的最佳实践中获得经验，并取得专业化服务支持，才能建立起先进、适合的物流系统。

使用现代物流技术与物流装备可使物流效率得到不断提高。在进行物流技术与物流装备的配置时，必须考虑物流系统的目标，即物流系统付出低成本，获得高效服务。因此，在进行物流技术与物流装备的配置时应遵循以下几个原则：

10.3.1.6.1　物流技术与物流装备配置的合理性原则

物流技术与物流装备配置的合理性原则主要体现在：合理采用现代化物流机械系统、合理选用适合的物流机械装备和合理配置物流机械装备。

（1）合理采用现代化物流机械系统。现代化物流机械化系统可以较大地改善劳动条件，减轻劳动强度，提高作业的安全性、效率和效益。在进行物流系统的整体规划时，必须首先从系统的角度把物流机械系统及其装备看成物流系统的一个子系统，然后根据物流系统的规划目标及实际情况，确定一个可行的物流机械装备配置方案。

（2）合理选用适合的物流机械装备。合理选用适合的物流机械装备是指所选的装备在使用过程中能充分地发挥其性能，不造成装备的功能性浪费。在选择物流机械装备时，既要考虑装备所含技术的先进性，又要考虑装备购置和使用的经济性及装备的环保性。合理地选择装备的类型和具体型号，使整个系统的作业效率达到最高，而运行成本最低。

（3）物流机械装备的合理配置。所谓物流机械装备的合理配置是指不仅各环节本身所用的机械装备需要进行合理配置，而且各物流环节之间的物流机械设备也要进行合理配置，每个环节自身的装备配置只能保证自身环节的作业功能及效率的实现。只有各环节之间选用的装备配置合理，才能使整个物流系统的功能及运行效率达到最优。

10.3.1.6.2　确保物流系统快速、及时、准确、经济的原则

物流系统向外界输出服务，物流系统能否合理利用物流技术与物流装备，用最低的物流成本，提供高效、优质的服务，为客户创造出最大的价值，是降低物流运行的总成本，提高物流运作的总效益，赢得持久竞争优势的关键。小到生产企业内部的物流，大到企业外部的物流，都需要快速，装卸搬运和运输周转也需要快速，这样可以充分利用时间，提高经济效益。

10.3.1.6.3　物流技术与物流装备选用的标准化原则

实现物流技术与物流装备应用的标准化，可以降低购买成本和管理费用，提高物流作业的机械化水平，改善劳动条件，提高物流效率和经济效益。选用标准化的集装设备，有利于装卸、搬运、运输、仓储等作业的一体化和对物流技术与物流装备的充分利用；有利于国内外物流的接轨，提高物流运行效率，降低物流运行成本。此外，选用标准化的集装单元装备，可以有效防止货物在物流过程中出现的货物损失，节省包装费用，减少库房的使用量，缩短货物的周转期。

10.3.1.6.4　物流技术与物流装备配置的灵活性与适用性原则

物流系统中采用的物流技术与物流装备应能够适应不同的物流环境、物流任务和实际作业需求，满足使用方便、充分考虑到人体工效学的因素、容易操作、不易出错等要求。

10.3.1.6.5　提高空间利用率和减少人力搬运的原则

在使用托盘和集装箱进行堆垛时，采用架空布置的悬挂输送机、立体库、梁式起

重机、高层货架等，都可以减少占地面积，提高土地利用率，达到充分利用空间的目的。

在进行物料搬运时，人机工程的要求就是尽量减少搬运的次数，缩短人员步行的距离，减少弯腰的搬运作业。同时在作业过程中，应尽量减少作业人员上下往返作业、弯腰的次数以及人力码垛的范围和次数，充分提高人力搬运的效率。

10.3.2 流水线生产系统

10.3.2.1 流水线生产系统的概述

企业的生产系统实质上也是一个物流系统。企业的生产系统是用来支撑生产过程的，而产品生产过程是企业生产系统的核心部分。产品的生产过程就是一个典型的物流过程，它是企业物流系统的主要组成部分，同时它也导致其他的企业物流，如供应物流、销售物流和回收、废弃物流等。

一个产品的各个部件在各自的生产流水线并行运作，分别由原材料库输入原材料，然后沿各自的流水线一道一道工序地前进、依次进行加工，最后在流水线的末端，被加工成一个完整的部件。这些部件再装配成一个完整的商品。生产物流最突出、最本质的功能是创造物资的形质效用，创造为需求者所需要的物资的形状和性质，以满足需求者的需要。

在其中生产物流和生产流程同步，是从原材料购进开始，直到产成品发送为止的全过程的物流活动。原材料、半成品等按照工艺流程在各个加工点之间不停地移动、转移，形成了生产物流。如果生产物流中断，生产过程也就随之停顿。

流水生产线是现代工业企业很重要的一种生产组织形式。它是按照产品（零部件）的工艺顺序排列工作地，使产品（零部件）按照一定的速度，连续和有节奏地经过各个工作地依次加工，生产经过不同的部门生产，由各部门人员负责，直到生产出成品。在不同部分生产转接中以自动输送机传送。流水生产线能够满足合理组织生产过程的要求，使企业生产的许多技术经济指标得到改善。

10.3.2.2 流水线生产系统的特点

在流水线生产的物流活动中，输送机械承担货物的运输任务。输送机械是指以连续的方式沿着一定的线路从装货点到卸货点均匀输送散料或成件包装货物的机械。其工作时输送货物是沿着一定的线路不停地输送；工作构件的装载和卸载都是在运动过程中进行的，无需停车，启动制动少；被输送的散货是以连续形式分布于承载构件上，输送的成件货物也同样按一定的次序以连续的方式移动。同时产品的生产过程也是在半成品的输送过程中不断加工，直至完成。

生产流水线与普通的加工生产相比具有以下特点：

（1）工作地专业化程度高，每一个工作地只固定完成一道或少数几道工序，具有较高的生产效率。

（2）工作地按工艺顺序排列，劳动对象在工序间作单向移动。

（3）节奏性强，按照规定的节拍生产产品。

（4）流水线上各工序间生产能力是平衡的，成比例的。

（5）每种流水线只能用于一定类型的产品生产，通用性差。

（6）减少了搬运环节的工作，便于生产过程的控制。

10.3.2.3 流水线生产系统的结构组成

生产流水线是由布置在空中的链条牵引式的悬挂式输送机与布置在平整地面上的装配线链条式输送机、控制系统三大部分构成。

悬挂输送机是根据用户合理的工艺线路，以理想的速度实现车间内部、车间与车间之间连续输送成件物品达到自动化、半自动化流水线作业的理想设备。可在三维空间作任意布置，能起到在空中储存作用，节省地面使用场地，广泛适用于各行各业。如图 10.1 所示。

图 10.1　悬挂输送机

悬挂式输送机是一种空间封闭的运输系统，适用于工厂车间、仓库内部成件物品或货物及集装单元货物的空中运输。由于悬挂式输送机系统的空间布置对地面设备和作业的操作影响甚小，同时由于输送机本身就是一个"活动仓库"，所以有可能取消各工序间的储存场地，从而提高生产作业面积和仓储面积的经济合理性。悬挂式输送系统由牵引链、滑架、承载小车、架空轨道、回转装置、驱动装置、拉紧装置、安全装置和电控装置等组成。按牵引小车的驱动方式分为四种：链条牵引式、螺杆驱动式、自行式和积放式。

链条牵引式的承载小车与牵引链固定连接，由牵引链直接带动。该系统的结构简单，但很难实现装卸作业过程的自动化。由于系统的装卸作业必须在系统运行的过程中进行，轻便的货物可以由人工操作，比较重的货物则要用专用的装卸设备来进行操作。

螺杆驱动式的载重小车挂钩是通过螺母与螺杆配合，由螺杆转动推动载重小车行走。这是一种特别简单的悬挂式输送机。它的缺点是小车运行的速度低，在载荷较大时，螺杆的磨损加剧。自行式电动小车的行走轮由输送机自带的电机驱动，而不是通过链条来牵引的，承载能力一般为 500kg，行走速度在 10 ~ 100m/min。

自行式输送机的轨道有直道、弯道、岔道几种，根据作业要求可灵活布置其运行线路。

通过岔道，很容易帮助小车从一条轨道转到另一条轨道。自行式输送机主要用在仓库、配送中心、电子、纺织、食品和医院等相关行业及领域，也用在汽车制造厂，用于非危险品的装卸和整理分类工作。

积放式输送机中牵引小车和承载小车分别在各自的轨道上运行。承载小车由牵引链通过推杆推动运行，根据需要利用停止器可将小车停在输送线上的任何位置；通过控制装置，推杆可与小车脱开；通过岔道装置，可将小车从一条输送线转移到另一条输送线上；可将不同速度下的独立环线通过岔道或直线传递组成一个完整的输送系统。

悬挂链输送机，根据用户的要求选择各种规格，出厂前做好规定许用拉力三倍的拉力试验，确保使用性。驱动装置的动力通过调速电机经皮带传至摆针轮减速器，再由减速器经链条链轮传至驱动轮主轴，后由驱动轮带动链条，再由驱动链条上的拨爪推动输送链条的十字节传输悬挂物件前行。当运行中出现故障而造成牵引力超载时，本驱动装置上所设的可调式安全离合器瞬即自动脱开啮合，同时其驱动头架将作逆时针转动压迫行程开关，使调速电机停转和整个线路停止运行。故障排除后，驱动头架转回原处，离合器端重新啮合。此时不作任何调速即能开机正常运行。如图 10.2 所示。

图 10.2　悬挂输送机驱动装置

流水装配线，通常称为：自流式输送系统。它采用特制的，经表面处理的挤压铝合金型材作为导轨，使自流式输送系统在输送过程中具有非常好的稳定性和持久性，适合产品大批量连续生产。同时自流式输送系统灵活、多样化的设计使它具备多功能的特性。如图 10.3 所示。由倍速链构成的装配线由若干个工位组成，每个工位上包括一个坐凳、一个工作台、一个输送平台、一个摄像头等设备，还有充足的照明。自流式输送系统广泛地应用于各种电子电器、机电等行业生产线。

图 10.3　流水装配线

10.3.2.4 流水线生产系统的应用

可根据具体的要求制定特有的生产线，应用于各行各业的生产系统中，最常用的行业有：电脑显示器生产线、电脑主机生产线、笔记本电脑装配线、空调生产线、电视机装配线、微波炉装配线、打印机装配线、传真机装配线、音响功放生产线、发动机装配线。输送机是一种能把物料沿固定线路移动的机械，这种移动可以是连续的，也可以是断续的。在物流各阶段的前后和同一阶段的不同活动之间，都必须进行输送作业。输送机可以传输、接收、装运、处理、装配和存储物料，具有把各物流阶段连接起来的作用。由于流水线生产系统在输送设备的运行过程中不需要人工干预，因此，它被广泛用于物料搬运领域。有的场合需要人工装卸货物，其他场合可使用自动化设备装卸。

10.3.3 叉车

10.3.3.1 叉车的概述

按照 ISO（国际标准化组织）的分类，叉车属于工作起升搬运自载车辆，用途广泛，是装卸搬运机械中应用最广泛的一种设备。它把水平方向的搬运和垂直方向的起升紧密结合起来，有效地完成各种装卸搬运作业。

叉车机动灵活，既可用于集装箱装卸，又可用于杂件装卸，既可用于堆场垂直堆码作业，又可用于水平运输，应用广泛，性能可靠，造价不高。由于作业时回转半径大，堆场面积利用率低，叉车主要用在集装箱吞吐量不大的多用途码头。各种装卸作业系统的集装箱码头往往都配备有叉车。

叉车是物流领域中应用最广泛的装卸搬运设备，用于装卸、搬运和堆码单元货物。它被广泛应用于车站、机场、码头、货栈、仓库、车间和建筑工地，对成件、成箱或散装货物进行装卸、堆垛以及短途搬运、牵引和吊装工作。

自托盘发明使用、集装运输以来，叉车（包括室内、室外叉车）即作为物料搬运的主要工具。在未来的很长一段时期内，随着功能不断创新、自动化程度越来越高，叉车仍将在搬运领域占据主导地位。

叉车由自行的轮胎底盘和能垂直升降、前后倾斜的货叉、门架等组成，主要用于件货的装卸搬运，是一种既可作短距离水平运输，又可堆拆垛和装卸载货车、铁路平板车的机械，在配备其他取物装置以后，还能用于散货和多种规格货物的装卸作业。

10.3.3.2 叉车的特点

叉车在物流装卸作业中与其他起重运输机械一样，能够减轻装卸工人繁重的体力劳动，提高装卸效率，缩短货物停留时间，降低装卸成本，除此以外，还具有它自身的一些特点：

（1）机械化程度高。在使用各种自动的取物装置或在货叉与货板配合使用的情况下，可以实现装卸工作的完全机械化，不需要工人的体力劳动。

（2）机动灵活性好。叉车外形尺寸小，重量轻，能在作业区域内任意调动，适应货物数量及货流方向的改变，可机动地与其他起重运输机械配合工作，提高机械的使用率。

（3）可以一机多用。在配备与使用各种工作属具，如货叉、铲斗、臂架、串杆、货夹、抓取器、倾翻叉等之后，可以适应各种品种、形状和大小货物的装卸作业。扩大对特定物料的装卸范围，并提高装卸效率。

（4）能提高仓库容积的利用率，堆码高度一般可达 3～5 米。

（5）开展托盘成组运输和集装箱运输。

（6）与大型起重机械比较。它的成本低，投资少，能获得较好的经济效益。

10.3.3.3 叉车的结构组成及分类

10.3.3.3.1 叉车的结构组成

叉车是一种复杂的机械，在吨位、型号、式样上各有不同，但在总体结构上都具有动力系统、传动系统、转向系统、制动系统、起重系统、液压系统、电器系统和行驶系统八大装置系统。

（1）动力系统。动力系统是叉车行驶和工作的动力来源。目前，在叉车上采用的发动机 80% 为往复式。动力由两端输出，后端通过飞轮与离合器连接，将动力传给传动系统，前端通过钢球联轴节，经风动箱传递给液压齿轮油泵，或者是通过人的体能驱使叉车运行。

（2）传动系统。传动系统的作用是将发动机传来的动力有效地传递到车轮，满足叉车实际工况的需要。传动系统由离合器、变速器和驱动桥等组成。传动系统的传动方式有机械式传动、液力式传动和静压传动等几种。

（3）转向系统。转向系统通过驾驶操作来控制叉车的行驶方向，由转向器和转向联动机构两部分组成。转向器有机械转向器、具有液力助力器的机械转向器和全液压转向器等几种。

（4）制动系统。制动系统使叉车能迅速地减速或停车，并使叉车能稳妥地停放，以保证安全。制动系统通常由手制动和脚制动两个独立部分组成，它们又由制动器和制动驱动机构组成。制动驱动方式有机械制动驱动机构和液压制动驱动机构两种。

（5）起重系统。起重系统的作用是通过起重装置实现对货物的装卸、堆垛。由内外门架、货叉架、货叉（前移叉、油桶挂钩等属具）组成。

（6）液压系统。液压系统利用液压油把能量传给各执行元件，以达到装卸货物的目的。通常把液压系统的工作过程称为液压传动。

（7）电器系统。它包括发动机，启动机、照明装置、蓄电池、喇叭和仪表等。

（8）行驶系统。行驶系统承受叉车的全部重量，传递牵引力及其他力和力矩，并缓冲对叉车的冲击，以保证叉车平稳地行驶，它由车架、悬挂装置、车轮等组成。

10.3.3.3.2 叉车的分类

叉车种类繁多，分类方法也很多，通常可按动力装置、结构特点和用途分类。

现简单介绍按动力装置分类的情况：

①内燃式叉车。以内燃机为动力提供作业所需能量。它可分为以汽油、柴油、液

化石油气、双燃料（汽油/液化石油气或柴油/液化石油气）为动力的叉车。

②电动式叉车（俗称电瓶叉车）。以蓄电池供给能量，直流电动机驱动。

③步行操纵式叉车。靠人的体能进行作业。

④托盘式叉车。托盘式叉车又称为托盘搬运车，是以搬运托盘为主的搬运车辆。托盘式叉车包括手动托盘式叉车（如图10.4所示）和电动托盘式叉车。与平衡重式叉车相比，托盘式叉车体积小，重量轻。采用人工操作时，负载不能太大。当搬运两吨以上的货物时，搬运比较费力，适合短距离搬运。在物流活动中，手动托盘式叉车主要用于区域装卸。当搬运距离加大时，应采用电动托盘式叉车。

图10.4　手动托盘叉车

10.3.3.4　叉车选用的原则

叉车的种类很多，形式规格各异，在流通管理中要充分发挥叉车的使用价值，必须了解叉车的选用原则，主要包括以下两点：

（1）首先满足使用性能要求。

选用叉车时应合理地确定叉车的技术参数，如起重量、工作速度、起升高度、门架倾斜角度等。如果需要的起重量是非标准系列，则选用的标准最好大于所需起重量，这样使用较经济；同时要考虑叉车的通过性能是否满足作业场地及道路要求，如最小转弯半径、最小离地间隙以及门架最高位置时的全高、最低位置时的全高等，除此之外，所选的叉车要求工作安全可靠，要跑得快、停得下，在任何作业条件下，都要具有良好的稳定性。

（2）选择使用费用低、经济效益高的叉车。

选择叉车除了考虑叉车应具有良好的技术性能之外，还应具有较好的经济性；使用费用低、燃料消耗少、维护保养费用低等。可用重量利用系数和比功率对叉车的经济性进行定量比较。重量利用系数 $K = Q/G$，即叉车载重量 Q 与自重 G 的比值，反映的是叉车制造、设计的综合水平。减轻叉车自重 G，不但可以节省原材料，降低生产成本，而且可以减少燃料的消耗和轮胎的磨损。比功率 $= N/(Q + G)$，反映的是叉车单位总重量（自重与载重之和）所耗用的功率。它是叉车动力性能的综合指标，直接影响燃料消耗量。

10.3.4 AGV 小车

10.3.4.1 AGV 小车的概述

AGV 是自动导向搬运车（automated guided vehicle）的英文缩写，一般简称为 AGV 小车。根据美国物流协会的定义。自动导向搬运车是指具有电磁或光学导引装置，能够按照预定的导引路线行走，具有小车运行和停车装置、安全保护装置以及各种移载功能的运输小车。

在我国国家标准《物流术语》中，对 AGV 的定义为：装有自动导引装置，能够沿规定的路径行驶，在车体上具有编程和停车选择装置、安全保护装置以及各种物料移载功能的搬运车辆。在一个物流系统中，往往采用多台 AGV，在控制系统的统一指挥下组成一个柔性化的自动搬运系统，称为自动导引车系统，简称 AGVS。

AGVS 集光、机、电、计算机于一体，综合了当今科技领域先进的理论和应用技术。其系统内部包括导航定位、车载伺服驱动与控制、车辆行驶、安全保护、货物装卸、地面计算机控制与管理、系统仿真、无线电通信、红外通信或载波通信、信息采集与处理、自动充电等功能。系统能实现对各台 AGV 的合理分配调度、最佳路径选择、安全交通管理、实时图形监控等功能，其系统外部可与自动化物流系统、生产管理系统或信息自动化系统有机结合，实现信息的联网流通和管理的实时监控。

1958 年世界上第一台 AGV 研制成功。20 世纪六七十年代，AGV 技术的发展与应用达到了一个高峰，主要用于汽车制造和柔性加工线。欧洲成为最先使用 AGV 的国家，随后美国和日本开始使用。到 90 年代初，全世界拥有 AGV 超过 2 万台。

我国 AGV 的研究从 20 世纪 70 年代开始，北京起重与运输机械研究所、清华大学等 10 余个单位开展了研究。目前我国约有 100 多家单位应用 AGV，数量超过 500 台。

10.3.4.2 AGV 小车的优势

AGV 由于其独特的功能而在很多方面具有优势：

（1）可以十分方便地与其他物流系统实现自动连接，完成物流及信息流的自动连接。比如，从立体仓库到生产线的连接、从立体仓库到立体仓库的连接，均可以通过无线通信完成信息的自动传递，从而实现自动化物流。

（2）AGV 的最大优势是：由于采用埋设在地下的通信电缆或激光制导技术，能够保持地面的平整和不受损坏，因此，在许多需要其他交通、运输工具交叉运行的环境中得到广泛应用。

（3）AGV 输送对于减少货物在运输过程中的损坏、降低工人的劳动强度等均具有积极意义。

（4）AGV 系统本身具有的可靠性较高、能耗较低等特点，使其近年来得到广泛的应用。

10.3.4.3 AGV 小车的结构组成

AGV 的总体结构主要由以下几部分组成：

10.3.4.3.1 车体

车体即自动导引搬运车的基本骨架，车架要求有足够的强度和刚度，以满足车体运行和加速的需要。一般情况下，车架由钢构件焊接而成，上面由 1mm ~ 3mm 厚的钢板或硬铝板覆盖，以安装移载装置、液压装置、电控系统、按键和显示屏，板下空间安装驱动装置、转向装置和蓄电池，以降低车体的重心。

10.3.4.3.2 车轮

根据自动导引搬运车结构的不同，车轮有卧式结构的驱动轮和立式结构的驱动轮两种形式。

10.3.4.3.3 移载装置

移载装置是与所搬运货物接触的装置。根据搬运货物的不同，所采用的移载装置也不同。

10.3.4.3.4 安全装置

安全装置的主要作用是为自动导引搬运车运行或故障急停时提供一定的安全保证，主要包括缓冲器、接近检测装置和紧急停车按钮等。

10.3.4.3.5 蓄电池和充电系统

自动导引搬运车采用直流工业蓄电池作为动力，电压为 24V 或 48V。蓄电池在额定的电流下，一般应保证 8h 以上的工作需要，对于两班制工作环境，要求蓄电池有工作 17h 以上的工作能力。

蓄电池充电可以采用自动充电和交换电池两种形式。自动充电是指在 AGV 的各个停泊站无时间限制随时充电，交换电池式充电是指当蓄电池的电荷降到指定范围后，要求 AGV 退出服务，进入指定的充电区进行充电。

10.3.4.3.6 驱动控制装置

驱动控制装置的功能是驱动 AGV 运行并对其进行速度控制和制动控制。它由车轮、减速器、制动器、电机和速度控制器所组成。驱动装置及制动装置的控制命令由计算机或人工控制器发出。

10.3.4.3.7 转向控制装置

AGV 的方向控制是接收导引系统的方向信息，通过转向装置来实现的。一般情况下，AGV 被设计成三种运动方式：只能向前、向前与向后和万向运行。

10.3.4.3.8 信息传输及处理装置

信息传输及处理装置主要的功能是对 AGV 进行监控，监控 AGV 所处的地面状态，包括手动控制、安全装置启动、蓄电池状态、转向和驱动电机的控制情况，然后将车上控制器的监控信息与地面控制等所发出的信息进行传递，以达到控制 AGV 运行的目的。

10.3.4.4 AGV 的分类

AGV 的分类方式有许多种。

10.3.4.4.1 根据控制形式的不同分类

AGV 分为智能型和普通型两种。智能型是指每台小车车载计算机的控制系统中都存有全部运行路线和线路区段控制的信息，小车只需要知道目的地和要完成的任务，就可以自动选择最佳线路完成规定的任务。普通型是指 AGV 的所有功能、路线规划和区段控制都由主控计算机进行控制。

10.3.4.4.2　根据导向方式的不同分类

AGV 可分为固定路径导向和自由路径导向。固定路径导向是指在固定的路线上设置导向用的信息媒介物，如导线、磁带、色带等，自动导向搬运车通过检测出线路媒体的导向信息，经实时处理后控制车辆的行驶路线。自由路径导向是指自动导向搬运车根据要求随意改变行驶路线。这种导向方式的原理是在自动导向搬运车上储存好作业环境的信息，通过识别车体当前的方位、与环境信息相对照，自主地决定路径的导向方式，如推算导向、惯性导向、环境映射法导向、激光导向等。

10.3.4.4.3　根据移载方式的不同分类

AGV 可分为链式输送机移载、辊道输送机移载、胶带输送机移载、推拉输送机移载、升降台移载、伸缩货叉移载、机械手移载和手动移载等。

10.3.4.4.4　根据充电方式的不同分类

AGV 可分为交换电池式和自动充电式。交换电池式是指当电池的电荷降到预定的范围后，要求 AGV 推出服务区，进入指定的充电区充电。自动充电式是在 AGV 的各个停泊位无时间显示的随时充电。

10.3.4.4.5　根据转向方式的不同分类

AGV 可分为前轮转向、差速转向和独立多轮转向。

10.3.4.4.6　根据运行方向的不同分类

AGV 可分为向前运行、前后运行和万向运行。

10.3.4.4.7　根据用途和结构形式的不同分类

AGV 可分为牵引型拖车、托盘运载车、承载车、自动叉车、装配小车及堆垛机等。

10.3.4.5　AGV 小车的导引方式

AGV 的导引可分为两大类：固定路径导引方式和自由路径导引方式。车外固定路径导引方式，在行驶的路径上设置导引用的信息媒介物，AGV 通过检测出它的信息而得到导引的导引方式，如电磁导引、光学导引、磁带导引（又称磁性导引）等。自由路径（无固定路径）导引方式，AGV 上储存着布局上的尺寸坐标，通过识别车体当前方位，自主地（Autonomous）决定路径而行驶的导引方式。这类导引方式也被称为车上软件—编程路径方式。

10.3.4.5.1　固定路径导引

（1）电磁导引（Electronic - Magnetic Guided）。

这种导引方式采用了电磁感应的原理，它又称为自导引（Selfguided）。这是当前应用最广的 AGV 导引方式。这种导引方法需在地面下的地槽中埋设电线，通以低压、低频电流。该交流电信号沿电线周围产生磁场，AGV 上装有两个感应线圈，可以检测磁场强弱并以电压表示出来。当导引轮偏离到导线的右方，则左方感应到较高的电压，此信号控制导向电机，使 AGV 的导向轮跟踪预定的导引路径。

电磁导引常配以固定点的通信方法，即在停泊点如缓冲站进行通信。采用此种导引方式一个地面控制站最多可控制多达 50 台 AGV。

（2）光学导引（OpticaiGuided）。

采用涂漆的条带来确定行驶路径的导引方法称为光学导引。AGV 上有一个光学检测系统用以跟踪涂漆的条带，具体说有两种导引原理：

其一，利用地面颜色与漆带颜色之反差，漆带在明亮的地面上为黑色；在黑暗的地面上为白色。小车上备有紫外光源，用以照射漆带。AGV 上的光学检测器上装有两套光敏元件，分别处于漆带的两侧。当 AGV 偏离导引路径时，光敏元件检测到的亮度将不等，由此形成信号差值，用来控制 AGV 方向，使其回到导引路径上来。由于周围环境的光线可能影响光电元件的检测效果，故常在此种反射光检测系统上加上滤光镜以保证 AGV 不会发生误测。

其二，是采用 25mm 宽含荧光粒子的漆带，来自车上检测系统的紫外光线激励着这些荧光粒子，使其发射出引发光线，而这种引发光线的光谱在周围环境中是不存在的，所以不会受到干扰。AGV 上的一个旋转镜子对导引路径进行扫描并把引发光反射到光感受器（photoreceptor）从而将信号转发给计算机。根据漆带中心光强最大。而两侧边光强最小的原理很容易找出 AGV 偏离的方向从而修正方向保证跟踪导引路径。

本导引方式的优点是路径长度不限，且易于更改与扩充。漆带可在任何类型地面上涂置。漆带须保持清洁和完整，并需定期重涂与更新。

与电磁导引相比，光学导引方式的漆带本身不具有能量，故称为无源（passive）导引方式。电磁导引方式则称为有源（active）导引方式。

（3）磁带（磁气）导引（MagneticGuided）。

以铁氧（磁体）与树脂组成的磁带代替漆带，以 AGV 上的磁性感应器代替光敏传感器，就形成了磁带导引方式。AGV 上有三个线圈作为磁感应装置，一个为扁平矩形线圈，起激励作用。另两个为圆盘形探测线圈起导向作用。

10.3.4.5.2　自由路径导引

（1）行驶路径轨迹推算导向法（dead‐reckoning）。

在 AGV 的计算机中储存着距离表，通过与测距法所得的方位信息比较，AGV 就能推算出从某一参数点出发的移动方向。这种导引方式最大优点在于改动路径布局时的极好柔度，只需改变软件即可更改路径。此种导引方式的缺点在于精度较低，主要原因是各种测距法所得到的方位信息精度不高。

（2）惯性导航（导引）。

在 AGV 的导向系统中有一个陀螺仪，用以测量加速度。将陀螺仪的坐标调整成平行于 AGV 的行驶方向，当小车偏离规定路径时，产生一个垂直于其运动方向的加速度，该加速度立即为陀螺仪所测得。惯性导引系统的计算机对加速度进行二次积分处理即可算得位置偏差，从而纠正小车的行驶方向。由于该导引系统只是从陀螺仪的测试值推导出 AGV 的位置信息，因此容易产生偏差。另外，需用另一套绝对导航系统定期进行重新校准。此导引方法价格昂贵，较难推广使用。

（3）环境映射法导引。

通过对周围环境的光学或超声波映射（imaging），AGV 上周期性地产生其周围环境的当前映象（map），并将其与存储在存储器内的映象进行比较，以此来判断 AGV 自身方位。极好的柔性是此种导引方法的优点，而映射传感器的价格昂贵和精度不高则是其缺点。

（4）激光导航导引。

在导引车顶部装置一个沿 360°按一定频率发射激光的装置。同时在 AGV 四周的一些固定位置上放置反射镜片。当 AGV 运行时，不断接收到从三个已知位置反射来的激光束，经过简单的几何运算，就可以确定 AGV 的准确位置，从而实现导航导引。

10.3.4.5.3　其他方式

在地面上用两种颜色的涂料涂成网格状，车载计算机存储地面信息图，由摄像机（或 CCD 器件）探测网格信息，实现 AGV 的自律行走。

几种引方式结合也可作为一种比较好的导引方式。如电磁导引解决路径问题，而数据传输则由红外线通信来实现。

10.3.5　电子标签拣货系统

10.3.5.1　电子标签拣货系统的概述

电子标签拣货系统在欧美一般被称为 PTL（pick‐to‐light or put‐to‐light）System，在日本被称为 CAPS（computer aided picking system）或者 DPS（digital picking system）。它是一种计算机辅助的无纸化的拣货系统，采用计算机将拣选指令传输到操作者面前的显示屏上，导引操作者完成规定的作业。其原理是：在每一个货位安装数字显示器，利用电脑的控制将订单信息传输到数字显示器，拣货人员根据数字显示器所显示的数字拣货、拣完货后按确认钮即完成拣货工作。这种方式也叫做电子标签拣货。

在这种分拣方式中，电子标签取代了拣选单。货架上显示出拣选信息，以减少"寻找货品"的时间。分拣的动作仍由人工完成，电子标签具有很好的人（拣选员）机（计算机）界面，由计算机负责烦琐的拣选顺序规划与记忆，拣选员只需依照电脑指示执行拣选作业。电子标签上有一盏小灯，灯亮表示该货位的货品是待拣货品。电子标签中间有多个字元的液晶屏，可显示拣选数量。拣选人员在货架通道行走，看到亮灯的电子标签就停下来，并按显示的数字来拣取该货品所需的数量。电子标签设备主要包括电子标签货架、信息传送器、电脑辅助拣选台车、条形码、无线通信设备等。

10.3.5.2　电子标签分拣系统的优点

与传统的人工分拣方式相比，电子标签分拣系统具有以下优点：

（1）无纸化作业方式。无须打印出/入库及盘点单，出/入库及盘点信息通过中央计算机直接控制对应的电子标签，做出相应的指示。

（2）提高拣货速度及效率，降低拣错率。电子标签借助明显易辨的储位视觉引导，可将作业简化为看、拣（放或盘点）、按三个简单的动作，减少拣货人员思考及作出判断的时间，以降低拣错率，并节省拣货人员寻找货物存放位置所花的时间。

（3）对作业人员的走动路线进行最优设计，使之距离最短。

（4）可动态监视操作管理过程，实时显示货品出入库数据，存储显示员工操作的进展情况。

（5）提升出货配送物流效率。由于可将作业的差错率降至最低，因此可成倍地提高工作效率。

（6）降低作业成本。除了提高拣货效率之外，因拣货作业所需的熟练度降低，作业人员不需要经过特别培训就能上岗工作。此外，可以对每一名员工的作业情况进行统计，实时监测员工的工作效率。

10.3.5.3　电子标签分拣系统的组成

电子标签辅助拣货系统的基本结构组成中的主要部件如下：

（1）PC 主机。这是系统的总控机，负责指挥整个系统的运行。它以物流仓库管理软件模块为基础，通过以太网控制器与电子指示器进行信息交流，控制发送或接收各种数据或指令信息，智能地进行各类仓库的入仓、出仓、盘点等操作，并能对整个操作过程进行电子标签的控制、数据记录的存储、作业状态的统计显示等。

（2）交换机。为 PC 主机与控制器的连接提供平台（PC 主机可连接多台控制器。没有数量限制）。

（3）接线箱和控制器。接线箱和控制器是为电子标签提供电力和信号的装置。

根据实际需要，一台接线箱可连接多个电子标签，向多个电子标签发送拣货指令，同时接收有关拣货作业完成情况的确认信息，并将确认信息通过交换机传输给控制计算机。

控制器一端通过交换机与 PC 主机相连，另一端与电子标签相连，从而实现 PC 主机以太网传输方式与电子标签传输方式的相互转换，是主计算机与电子标签信息流双向传输的桥梁。

（4）电子标签。电子标签是根据 PC 主机传送的信息进行相应的显示、蜂鸣操作，提示作业人员进行操作，作业人员按确认键后负责把操作结果信息上传到主机，由主机进行相应处理。

（5）条形码扫描枪。配合管理软件条形码功能，为作业人员提供出入库、盘点的电脑快速录入。

（6）条形码打印机。配合管理软件条形码功能，为物品制作条形码，便于严格控制物品的流动。

（7）显示屏。可用于显示每一区段作业的内容，大型显示屏还可用于实时显示作业进度，同时可以提示下一作业区域的区域号。

10.3.5.4　电子标签分拣系统的分类

10.3.5.4.1　摘取式

摘取式电子标签拣货系统（pick‑to‑light）主要是应用在采取订单拣货策略时的作业辅助。货架上安装的标签是对应至一个储位品项，拣货人员只要根据电子标签点亮的灯号指示至指定储位，按标签面板上的数量显示，从货架上拿取相同数量的商品，并放置在该客户订单所对应的承载物（纸箱、物流箱或栈板）中，再于标签上进行确认动作，即可完成品项的拣取作业。此外，过程中拣货人员可完全借由电子卷标的作业指示，导引其轻松、迅速地完成一张订单所有品项的拣货作业。

10.3.5.4.2　播种式

播种式电子标签拣货系统（digital assorting system. DAS）是利用电子标签实现播种式分货出库的系统。DAS 中的储位代表每一客户（各个商店，生产线等），每一储位都设置电子标签。操作员先通过条形码扫描把将要分拣货物的信息输入系统中，下订单客户的分货位置所在的电子标签就会亮灯、发出蜂鸣。同时显示出该位置所需分货的数量，分拣员可根据这些信息进行快速分拣作业。因为 DAS 系统是依据商品和部件的标识号来进行控制的，所以每个商品上的条形码是支持 DAS 系统的基本条件。当然，在没有条形码的情况下，也是可通过手工输入的办法来解决。

10.3.5.5　电子标签拣货系统的主要应用领域

电子标签拣货系统的主要应用领域有：

（1）连锁超市、百货商场的物流配送中心。

（2）物流配送中心的冷冻仓库（−280℃）。

（3）量贩式日配食品的配送分拣业务。

（4）其他各类物流配送仓库。

（5）制造业中多零部件产品的组装生产及零部件供应。

10.3.6　捆扎机

10.3.6.1　捆扎机的概述

捆扎机俗称打包机，是使用捆扎带缠绕产品或包装件，然后收紧并将两端通过热效应熔融或使用包扣等材料连接的机器。捆扎机的功用是使塑料带能紧贴于被捆扎包件表面，保证包件在运输、贮存中不因捆扎不牢而散落，同时还应捆扎整齐美观。属于外包装设备。主要用于食品、化工、各种零件、部件和整机的包装。

10.3.6.2　捆扎机的组成

捆扎机主要由导轨与机架送带、紧带机构、封接装置、控制系统等组成。

10.3.6.2.1　机架与导轨

机架一般用角钢焊接而成，外面用钢板覆面。送带导轨位于机架上部，它由一条导槽和一些可以开启的叶片组成。带子的端部沿导槽滑动送进，因此，导槽内壁应光洁圆滑，以利于带子顺利滑动。导槽是活动式封闭结构. 有让带子脱出的叶片，送带时可引导带子环绕物品一圈，退带时叶片被拉出的带子推开，再随后复位。

10.3.6.2.2　送带机构

送带机构包括带盘、颈送轮、储带箱、送带轮等，它将带子从带盘中引到导轨导槽内。

10.3.6.2.3　收带紧带机构

收带由送带轮反转快速完成，由离合器控制使送带轮反转，使带子自导槽中拉出并捆在包装件上，并产生一定的收紧力。而紧带则把带子进一步抽紧，使其紧捆住包装件。紧带机构一般包括紧带器和紧带调节器两部分。

10.3.6.2.4　封接装置

带子抽紧后、需将其接头固定。对于塑料带，一般利用热熔接方式进行封接。

10.3.6.2.5　控制系统

基本型捆扎机的控制系统多用机械式，即由分配轴发出指令，由凸轮控制各执行机构，按工作循环要求依次进行动作。这种控制系统的动作可靠，结构较简单，应用广泛。

10.3.6.3　捆扎机的分类

（1）按自动化程度不同；捆扎机可分全自动捆扎机、半自动捆扎机、手提式捆扎机。

（2）按接头接合形式，捆扎机械可分为热熔搭接式、高频振荡式、超声波式、热针式、打结式和摩擦焊接式捆扎机。

（3）按接合位置，捆扎机械可分为底封式、侧封式、顶封式、轨道开闭式和水平轨道式捆扎机。

（4）按捆扎效果不同，捆扎机械可分为带状捆扎机、线装捆扎机等几种类型。

10.3.6.4　常见打包机设备

常见打包机设备包括：

10.3.6.4.1　自动捆扎机（基本型）

该机是应用十分广泛的通用型自动捆扎设备，适应包装品尺寸在 $800mm \times 800mm$ 以下的各类包件捆扎，多为单机使用。如图10.5 所示。

10.3.6.4.2　低台式捆扎机

该机与普通型不同，具有较低的工作平台面，便于大型包件上机捆扎。工作台面有带输送带和不带输送带两种，台面带输送带可与生产线配套使用。最大捆扎尺寸可达 $2000mm \times 2000mm$。如图10.6 所示。

图10.5　自动捆扎机

图10.6　低台式捆扎机

10.3.6.4.3　台式捆扎机

台式捆扎机体积小。捆扎过程用微机控制，用摩擦熔接方式粘接捆扎带，捆扎可靠，噪声小，主要用于书籍、邮件等小件物品的捆扎。如图 10.7 所示。

10.3.6.4.4　侧面捆扎机

该机适应带托盘的包件和特大包件的捆扎，考虑到托盘结构的特殊性和尽可能降低台面；将机器的传动系统和烫合粘接部件配置在轨道的侧面，相当于把低台型翻转 90°，使捆扎带的接头移到包线的侧面。如图 10.8 所示。

图 10.7　台式捆扎机　　　　　图 10.8　侧面捆扎机

10.3.6.4.5　无人化全自动捆扎机

这种自动捆扎机无需技术人员操作，捆扎尺寸可任意调整。如图 10.9 所示。

10.3.6.4.6　手动捆扎机

靠人的体力来完成打包作业。如图 10.10 所示。

图 10.9　全自动捆扎机　　　　图 10.10　手动捆扎机

10.3.6.5　捆扎机的应用

捆扎机广泛用于食品、医药、五金、化工、服装、邮政等行业，适用于纸箱打包、纸张打包、包裹信函打包、药箱打包、轻工业打包、五金工具打包、陶瓷制品打包、汽车配件打包、日化用品打包、文体用品打包、器材打包等各种大小货物的自动打包捆扎。

10.3.7　自动化立体仓库系统

10.3.7.1　自动化立体仓库的概述

自动化立体仓库（Automated Storage and Retrieval System，AS/RS）又称自动化高架仓库和自动存储系统，它是一种基于高层货架、采用电子计算机进行控制管理、采用自动化存取输送设备自动进行存取作业的仓储系统。自动化立体仓库是实现高效率物流和大容量储藏的关键系统，在现代化生产和商品流通中具有举足轻重的作用。

立体仓库的产生和发展是第二次世界大战之后生产和技术发展的结果。20 世纪 50 年代初，美国出现了采用桥式堆垛起重机的立体仓库；20 世纪 50 年代末、60 年代初出现了司机操作的巷道式堆垛起重机立体仓库；1963 年美国率先在高架仓库中采用计算机控制技术，建立了第一座由计算机控制的立体仓库。此后，自动化立体仓库在美国和欧洲得到迅速发展，并形成了专门的学科。20 世纪 60 年代中期，日本开始兴建立体仓库，并且发展速度越来越快，成为当今世界上拥有自动化立体仓库最多的国家之一。我国于 1963 年研制成功第一台桥式堆垛起重机（机械部北京起重运输机械研究所），1973 年开始研制我国第一座由计算机控制的自动化立体仓库 C 高 15 米，机械部北京起重运输机械研究所负责），该库 1980 年投入运行。到目前为止，我国自动化立体仓库数量已超过 200 座。立体仓库由于具有很高的空间利用率、很强的入出库能力、采用计算机进行控制管理而有利于企业实施现代化管理等特点，已成为企业物流和生产管理不可缺少的仓储技术，越来越受到企业的重视。

自动化立体仓库管理的主要内容如下：

10.3.7.1.1　仓库作业管理

自动化仓库的作业管理，是负责合理安排出/入作业，有效完成立体仓库在生产线与平面仓库（或其他供料系统）之间运送物料的任务。其具体作业包括毛坯入库、毛坯出库、成品入库、成品出库等。有的自动化仓库还可以直接与其他生产系统相连，不需人工搬运作业而实现收发作业。

10.3.7.1.2　货位管理

对自动化立体仓库的货位进行管理，是合理地分配和使用货位。即考虑如何提高货位的利用率，又要保证出库效率。货位分配包含有两层意义：一是为出/入库的物料分配最佳货位（因为可能同时存在多个空闲的货位），即入库货位分配；二是要选择待出库物料的货位（因为同种物料可能同时存放在多个货位里）。

10.3.7.2　自动化立体仓库的组成

自动化立体仓库是一个有机的仓储系统，由各种各样的仓储设备组成。一般来说它由以下主要设备组成：

（1）高层货架。高层货架是用于存储货物的钢结构，目前主要有焊接式货架和组合式货架两种基本形式。

（2）巷道堆垛机。巷道堆垛机是用于自动存取货物的设备，按结构形式可分为单立柱和双立柱两种形式；按服务方式可分为直道、弯道和转移车三种形式。

（3）托盘（货箱）。托盘是用于承载货物的器具，也叫工位器具。

（4）输送机系统。输送机系统是立体仓库的主要外围设备，是指负责将货物运送到堆垛机或从堆垛机将货物移走的输送设备。

（5）自动控制系统。自动控制系统用于驱动自动化立体仓库系统各设备，目前以采用现场总线方式为主。

（6）库存信息管理系统。库存信息管理系统亦称中央计算机管理系统，是全自动化立体仓库系统的核心。目前典型的自动化立体仓库系统均采用大型的数据库系统（如 LERA‐CLE、SYBASE 等）构筑典型的客户机/服务器体系，可以与其他系统（如 ERP 系统等）联网或集成。

就立体仓库构成而言，还应包括土建、消防、通风、照明等多方面的内容，它们共同构成完整的仓库系统。

10.3.7.3　自动化立体仓库的功能和特点

10.3.7.3.1　自动化立体仓库的功能

（1）储存和保管的功能。

仓库具有一定的空间，用于容纳物品。现代仓库常常不仅是一个物品储存的场所，还应有相应的设备，根据储存物品的特性来保管好储存的物品。例如，一些储存挥发性溶剂的仓库，必须设有通风设备以防止空气中挥发性物质含量过高而引起爆炸；有些储存精密仪器的仓库，需要防潮、防尘、恒温，所以应设置空调、恒温控制设备；一般仓库还要防止在搬运和堆放时碰坏、压坏物品。随着搬运机具和操作方法的不断改进，保护物品的措施和手段日趋完善，这样就真正起到了储存和保管作用。

（2）供需调节的功能。

从生产和消费的连续性来看。有些产品的生产是均衡的；而有些产品的生产是不均衡的，而消费却是均衡不断进行的。要使生产和消费协调起来，这就需要仓库起到"蓄水池"的调节作用。

（3）运输调节的功能。

各种运输工具的运输能力是不一样的。船舶的运输能力很大，海运一般是万吨级的，江河船也有几百吨至几千吨级；汽车的运输能力最小，一般每辆车装 4～10 吨。它们之间的运输衔接是不平衡的，这种运输能力的差异也是通过仓库进行调节衔接的。

自动化仓库除了全部具备而且更能充分实现上述功能外，还能显著地节省仓库用地面积和充分利用空间，容易实现现代化的控制和管理，较好地适合特殊场合需要。物流的发展，要求仓库由保管型向流通型转变，立体仓库的出现，使仓库由储存、保管货物中心向流通、销售中心的转变成为可能。自动化立休仓库提高了仓库存取作业自动化程度，货物流系统更加方便和合理。它还扩大了仓储系统的综合利用率和作业范围，增加了分拣、转运、配送、流通加工、信息处理等设施，能够全面地为生产和商业流通服务。

10.3.7.3.2　自动化立体仓库的结构特点

通过无数企业的实践证明，使用自动化立体仓库能够产生巨大的社会经济效益。主要因其具有以下特点：

（1）高层货架存储。

由于使用高层货架存储货物，存储区可以大幅度地向高空发展，充分利用仓库地面和空间，因此节省了库存占地面积，提高了空间利用率。目前世界上最高的立体仓库高度已达 50 米。立体仓库单位面积的储存量可达 7.5 吨/平方米，是普通仓库的 5～10 倍。采用高层货架储存，并结合计算机管理，可以很容易地实现"先入先出"，防止货物的自然老化、变质、生锈或发霉。立体仓库也便于防止货物的丢失及损坏，对于防火防盗等大有好处。集装箱化的存储也利于防止货物搬运过程中的破损。

（2）自动存取。

自动化立体仓库使用机械和自动化设备，运行和处理速度快，提高了劳动生产率，降低了操作人员的劳动强度。同时，能方便地纳入企业的物流系统，使企业物流更趋合理化；采用自动化技术后，还能较好地适应黑暗、低温、污染、有毒和易爆等特殊场合的物品存储需要。如国内已有的冷冻物品自动化仓库在低湿和完全黑暗的库房内，由计算机自动控制，实现货物的出入库作业，从而改善了工作环境，保证了安全生产。

（3）计算机控制。

计算机能够始终如一并且准确无误地对各种信息进行存储和管理，因此能减少货物处理和信息处理过程中的差错。同时借助于计算机管理还能有效地利用仓库能力，便于清点和盘库，合理减少库存，加快储备资金周转，节约流动资金，从而提高仓库的管理水平。

自动化仓库的信息系统可以与企业的生产信息系统集成，实现企业信息管理的自动化。同时，由于使用自动化仓库，促进企业的科学管理，减少了浪费，保证均衡生产，从而也提高了操作人员素质和管理人员的水平。由于仓储信息管理及时准确，便于企业领导随时掌握库存情况，根据生产及市场情况及时对企业规划做出调整，提高了生产的应变能力和决策能力。自动化仓库的使用也会带动企业其他部门人员素质的提高，还有其他间接的社会效益，如提高装卸速度等。

10.3.7.3.3　自动化立体仓库的优势

自动化立体仓库具有如下一些优势：

（1）采用高层货架，库存量大，占地面积小。

（2）采用巷道式堆垛起重设备．其操作可采用计算机程序控制，自动装卸货物，省人省力，工作效率高。

（3）货架存取和仓库管理的全部活动都由计算机控制，实现全过程自动化。

10.3.7.4　自动化立体仓库的分类

自动化立体仓库是一个复杂的综合自动化系统，作为一种特定的仓库形式一般有以下几种分类方式：

10.3.7.4.1　按建筑形式分类

按建筑形式，自动化立体仓库可分为整体式仓库和分离式仓库。整体式仓库是指货架除了储存货物以外，还作为建筑物的支撑结构，是建筑物的一个部分。分离式仓库是指储存货物的货架独享存在，建在建筑物内部，货架与建筑物相互独立。

10.3.7.4.2　按货物存取形式分类

按货物存取形式，自动化立体仓库可分为单元货架式仓库、移动货架式仓库和拣选货架式仓库。单元货架式是一种最常见的结构。在此种结构的仓库内，货物先被放在托盘或集装箱内，再被装入仓库货架的货位中。移动货架式仓库是由电动货架组成的，货架可以在轨道上行走，由控制装置控制货架的合拢和分离。作业时货架分开，在巷道中可进行作业；不作业时可将货架合拢，只留一条作业巷道从而节省仓库面积，提高空间的利用率。拣选货架式仓库的分拣机构是这种仓库的核心组成部分。它有巷道内分拣和巷道外分拣两种方式。每种分拣方式又分为人工分拣和自动分拣两种形式。

10.3.7.4.3　按货架构造形式分类

按货架构造形式，自动化立体仓库可分为单元货位式仓库、贯通式仓库、水平循环式仓库和垂直旋转式仓库。其中，单元货位式仓库是使用最广、适用性较强的一种仓库形式，其特点是货架沿仓库的宽度方向分成若干排，每两排货架为一组，其间有一条巷道供堆垛机或其他设备作业。每排货架沿仓库纵长方向分为数列，沿垂直方向又分若干层，从而形成大量货位用以储存货物。在大多数情况下，每个货位存放一个货物单元（一个托盘或一个货箱）。在某些情况下，一个货位内往往存放两三个货物单元，以便充分利用货位空间，减少货架投资。在单元货位式仓库中，巷道占去了 1/3 左右的面积。为了提高仓库利用率，在某些情况下可以取消位于各排货架之间的巷道，将个体货架合并在一起，使同一层、同一列的货物互相贯通，形成能依次存放多货物单元的通道。

10.3.7.4.4　按作用分类

按作用，自动化立体仓库可分为生产性仓库和流通性仓库。生产性仓库是指工厂内部为了协调工序和在工序间进行有节奏的生产而建立的仓库。流通性仓库是一种服务性仓库。它是企业为了调节生产平衡而建立的仓库。这种仓库进出货物比较频繁，吞吐量较大。

10.3.7.4.5　按其与生产连接的紧密程度分类

按其与生产连接的紧密程度，自动化立体仓库可分为独立型仓库、半紧密型仓库和紧密型仓库。独立型仓库是从操作流程及经济性等方面来说都相对独立的自动化仓库。这种仓库一般规模都比较大，其存储量也较大，仓库系统具有自己的计算机管理、监控、调度和控制系统。独立型仓库又可分为存储型和中转型仓库，配送中心也属于这一类仓库。半紧密型仓库是指它的操作流程、仓库的管理、货物的出入和经济性与其他厂（或部门、或上级单位）有一定关系，但又未与其他生产系统直接相连。紧密型仓库也称为"在线"仓库，它是那些与工厂内其他部门或生产系统直接相连的立体仓库，两者间的关系比较紧密。

10.3.7.4.6　按环境分类

按环境分类，自动化立体仓库可分为一般自动化立体仓库、低温自动化立体仓库、高温自动化立体仓库、防爆自动化立体仓库和其他特殊环境用的自动化立体仓库。一般自动化立体仓库用于温度为 0℃ ~40℃、湿度为 45% 的环境中存储货物。低温自动化立体仓库用于温度为 0℃ 以下的环境中存储货物。高温自动化立体仓库用于温度在 40℃ 以上的环境中存储货物。防爆自动化立体仓库用于在有防爆要求的环境中存储货物。其他特殊环境用的自动化立体仓库用于如防毒、防污染和防辐射等环境下的自动化立体仓库。

10.3.7.4.7　按布局分类

（1）按导轨布置分类，可分为直线型、U 型和转盘型。

（2）按入库站和出库站的平面布置分类，可分为单侧入库方式、中间入库方式。

10.3.7.5　自动化立体仓库的发展现状

在我国，自动化立体仓库的普及率还比较低。因为目前在国内建造普通仓库投入成本低，而建造自动化立体仓库投入成本高，价格相差 10 倍之巨。除硬件之外，自动化立体仓库的运行成本，如自动叉车、计算机集成、拣货系统、信息控制系统等成本也相当高。其次，成本与效益问题。我国劳动力资源丰富而廉价。因此，国内企业自动立体化仓库发展相对落后。在我国，自动化立体仓库应用的行业主要有机械、冶金、化工、航空航天、电子、医药、食品加工、烟草、印刷、配送中心、机场、港口等。

在发达资本主义国家，由于工业资本的转移，社会逐渐向消费型和享受型转变。美国至 2005 年，工业自动化立体仓库使用率已经萎缩了一半，而使用在流通领域中的物流配送中心（自动化立体仓库的改进形式）则增加 20%。在日本，小型冷冻加工配送中心得到更为广泛的利用，自动化立体仓库从小规模逐渐转向大规模，又由大规模逐渐向小规模过渡。大规模的自动化立体仓库技术目前正在向非洲和中亚地区转移。

10.4　实训内容

10.4.1　实训安排

10.4.1.1　人员分配

人员分配：分为 A、B、C、D、E、F、G、H 组。

A 组：负责对 RFID 系统环节的实训；人员 1 人，对 RF 卡的信息读写。

B 组：负责对电子标签分拣系统环节的实训；人员 4 人，一名收货员、一名系统管理员、一名仓库管理员、一名发货员。

C 组：负责对 AGV 小车运行环节的实训；人员 1 名，负责对货物的运送。

D 组：负责对叉车搬运环节的实训；人员 1 名，负责手动液压叉车的操作。

E 组：负责对流水线生产系统的实训；人员 6 名，一名生产运行经理，一名供货员，4 名工位上的操作人员。

F 组：负责对包装环节的实训；人员 1 名，负责打包机的操作。

G 组：负责对自动化立体仓库的出、入库管理实训；人员 3 名，一名收货员、一名系统管理员、一名发货员。

H 组：负责对销售环节的实训；人员 2 名，一名负责 POS 收银系统后台的信息数据处理，一名负责前台的销售和收银操作。

还需要需要人工搬运的在任两个环节之间设立一个搬运工。整个实训共需 20 人。

10.4.1.2　实训准备

10.4.1.2.1　开始阶段

在实训开始阶段，各个小组要针对本小组的具体工作设计相应的表格、单据。在物流活动中单据的设计是一项十分重要的工作。

任何作业单据都是根据作业需求而设计的。除了一些国际标准化的单据之外，一般企业都会根据自身作业需求来设计单据。单据类型不同，其栏目、内容就会不同，用途也不同。同样名称的单据，不同企业来设计使用，其设计的栏目、内容、单据联次等一般也都会有差异。单据上所设计的内容栏目，用于提供作业信息、指引作业。需要设计哪些栏目，填写哪些内容，与企业对其作业管理的需求有关，一定程度上反映了企业对作业管理、监控的精细程度，也影响着作业的复杂程度。

一般单据都有一定数量的联次，常见的有 3 联、4 联、5 联或者更多。单据的流转与企业的作业流程密切相关。随着流程展开，单据各联也在不同环节、部门或人员之间流转。单据某一联次在经历某一环节后，即作为相应的凭证留存在该环节的经手部门。单据所有联次在不同环节分配完成，往往也就意味着流程终止，一项完整的作业结束。例如运输单据，一般都有发货联、财务联、收货人留存联等联次。企业在设计流转用的单据时，会根据自身管理控制的需要，决定设计多少联次，各联次分别由哪些部门或人员留存。单据联次的多少，很大程度上受作业流程的影响，反过来也会影响作业效率、企业对作业的控制能力，以及运作成本。

合理设计业务单据是顺利开展作业、对业务进行有效监控与分析的前提。

10.4.1.2.2　在实训过程中，作业现场实行 5S 管理

5S 是整理（SEIRI）、整顿（SEITON）、清扫（SEISOU）、清洁（SEIKETU）、素养（SHITUKE）五个日语单词的词头缩写，且后一个 S 都是以前一个 S 为基础，因此顺序不能颠倒。5S 的目的是通过积极持久的努力，让每位员工都积及参与进来，养成良好的工作习惯。减少出错的机会，从而提高员工素养、公司整体形象和管理水平，营造特有的企业文化氛围。5S 活动特别强调"全员参与"和"高层领导亲自参与"，"贵在坚持"是 5S 成功的关键。

（1）整理。

把需要和不需要的物品分开；把工作现场内所有不需要的东西清理掉；不常用的东西放远一点；偶尔使用的东西集中存放；经常使用的东西放在作业区；保证不需要的物品不会占据过多空间，也不会阻碍正常的生产作业。

（2）整顿。

把需要的东西定位放置，定量摆放；整齐排布，标识明显，方便取用，减少拿取的时间。例如：设备、工具放置在固定的地点；先储存的物料先使用，以免因过期腐坏、生锈造成浪费。

（3）清扫。

打扫尘污，修护异常，防止意外发生。例如：定期清扫，使用的工具和物品要擦拭干净。清扫设备和工作台，检查工具与设备，定期检查厂房的设施等。

（4）清洁。

保持工作区域清洁。随手复原，维持整理、整顿、清扫的成果，防止意外、异常事件的发生。例如：制作设备检查记录表或记录看板，以免忘记进行定期检查工作；在仓库中制作各区储存标示牌，以利于正确定位、定量储存货物。

（5）素养。

训练员工使其具有较强的自律精神。遵守作业规则，养成良好的工作生活习惯，自觉动手创造一个整齐、清洁、方便的工作现场，以提高品质。例如：制作现场工作重点、流程看板，并养成遵守的习惯。

实施5S管理的企业应制订相应的实施制度和检查标准规范，并有相应的奖惩激励机制相配套，以保障实施效果。

10.4.2 案例资料

客户所需电脑主机6台，从零部件入库开始，零部件进入企业后由 A 组同学对 RF 卡进行编码，机箱 100000001、硬盘 100000002、显卡 100000003、网卡 100000004、风扇 100000005，并将 RF 卡与相应的零部件粘贴在一起，放进包装盒中。由 B 组同学完成在电子标签分拣系统中的入库工作，当生产营运经理下达生产指令后，从电子标签分拣系统中出库，通过 C 组同学将货物送达生产现场的暂存仓库，由 D 组同学完成货物的存放，当生产流水线开始运行起来后，E 组同学中现场供料员按生产运营经理下达的计划将 D 组同学取出的带有 RF 卡的零部件通过 RFID 系统识读，确认零部件的正确性，并投放进悬挂链的料斗中，相应工位的操作工在各自岗位，完成装配工作，组成一个完整的电脑主机。F 组同学将合格的产品进行包装并贴上条码 6901028026062 标签，用打包机打包。G 组同学用自动化立体仓库完成商品的入库工作，当接到销售计划后，G 组同学完成商品的出库工作，将货物交由商场进入销售环节。此时，H 组的同学将货物的信息进行 POS 系统后台管理，再进行前台的 POS 收银系统完成商品的销售，将电脑主机交由顾客。

具体业务流程如下：

整个实训的流程如表 10.1 所示。

表 10.1 货物流程表

产品名称_____

实训环节	收货		管理员		出货员		备注
	人员及角色	时间	人员及角色	时间	人员及角色	时间	
A							
B							
C							
D							
E							
F							
G							
H							

执单人：_____

10.4.3 实训过程

实训过程主要有八个阶段：

10.4.3.1　A 组

（1）实训设备：

该 RFID 系统由 RF 标签、RFID 控制器、一对门禁系统和 RFID 射频数据采集计算机组成。

（2）实训步骤：

①A 组同学取用 RF 标签，认识了解 RF 卡，如图 10.11 所示。RF 标签含有可用于识别其所依附的目标物的相关信息数据。

②贴有 RF 标签的商品或者物流盒经过门禁（如图 10.12）之间的区域时，控制计算机就能读到该 RF 标签上的信息数据。

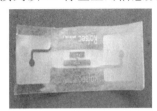 

图 10.11　RF 标签　　　　　　　　图 10.12　门禁系统

③将 RF 标签放在门禁之间，打开 RFID 数据采集计算机，登录到 RFID 写卡软件界面（见图 10.13），点击连接系统，可以看到开读写器成功，分别写入 5 张卡号，卡号码分别是 100000001、100000002、100000003、100000004、100000005，关掉写卡软件。

④打开货物信息软件，设置货物信息，获取 UID 号，填写相应的货物信息（见图 10.14），比如：对应 UID 号是 100000001 的卡，填入信息是：货物名称，机箱；价格，300 元；生产日期，2011－1－1；规格，台。同样，卡号是 100000002 的对应硬盘；卡号是 100000003 的的显卡；卡号是 100000004 对应网卡；卡号是 100000005 的对应是风扇等。

图 10.13　RFID 写卡程序　　　　　　图 10.14　设置货物信息

⑤写入信息后，点击"确认"，当显示"写入成功"，则完成了信息的写入。

⑥将写好信息的 RF 卡与对应的货物贴在一起。

⑦进入下一个实训。

10.4.3.2　B 组

（1）实训设备：

电子标签分拣系统，包括：货架、电子标签、控制系统。如图 10.15 所示。

（2）实训步骤：

①收货员接收到上一个实训流转下的货物，经过验收，签字确认。通过流利式输送链（图10.16）将货物送入仓库。

图 10.15　电子标签分拣系统

图 10.16　流利式输送链

②系统管理员打开控制系统如图 10.17 所示，进入入库环节，将不同的货物放入控制计算机预先设定好的货位中，如将货物"硬盘"8 个放进 10303 货位。

③这时计算机控制系统的界面上对应位置会显示"8"，同时电子标签上数码显示管也会亮起"8"，电子标签分拣系统货位如图 9.18 所示。

④库管员根据亮起数字的指引，在相应的货位入库 8 个硬盘，并按下右边的黑色确认键，货位上的数码灯熄灭。当一个任务单完成后，蜂鸣器会响起，绿色指示灯也亮起来。如图 9.19 所示。按下任务单的确认键后，灯光熄灭，蜂鸣器停止鸣响。

图 10.17　电子标签分拣控制系统

图 10.18　电子标签　　图 10.19　确认键

⑤系统管理员的显示器上对应位置的显示数字"8"也消失，表示这一货物入库单完成，相应货位的数量已累计计入系统中。

⑥当生产运营经理下达生产 6 台电脑主机的计划后。

⑦系统管理员接到相应的出库单据后，在系统中相应的货位出库 6 台电脑的零部件。同样，系统管理员的显示器显示相应货位出库数为"6"。

⑧在电子标签分拣系统相应货位的电子标签也显示"6"，仓库管理员根据信号显示，进行货物的摘取式分拣出库工作。并按下"确认键"，直至整个单据所列货物出库完成。

⑨系统管理员的显示屏幕上的数字界面消失，系统自动将出库数量从总数中减出。

⑩仓库管理员将分拣出的货物交给仓库发货员。

⑪发货员与前来领取货物的人员共同检查、验收后，办理相应的手续后，该实训结束。

⑫转入下一个实训环节。

10.4.3.3　C 组

（1）实训设备：

AGV 小车系统，包括：AGV 小车、磁导线、控制系统。

（2）实训步骤：

①首先认识了解 AGV 小车的结构，如图 10.20 所示。这款 AGV 小车是前后向运行。

②认识 AGV 小车运行的路径是电磁导引方式，沿着地面上敷设的磁导线运行，如图 10.21 所示。

图 10.20　AGV 小车

图 10.21　磁导线路径

③该组同学要将从电子标签分拣系统仓库中出库的货物运送到生产系统的场地，也就是将货物从磁导线上的 1 号站点运行至 8 号站点（如图 10.22 所示）。

④选用 AGV 控制方式，则对 AGV 小车的操作在 AGV 小车前端的控制面板上（如图 10.23）完成。

图 10.22　站点

图 10.23　控制面板

⑤AGV 小车在 1 号站上用钥匙打开电源开关，进入控制界面，按"确认"键；"控制方式选择"，显亮，再按"确认"键；选择"AGV CONTROL"方式，"OK"，按"确认"键；再选择"配置设置"，显亮，按"确认"；再按"F2"，显示小车行走路径表如表 10.2 所示。"速度"范围为 1~4 档；"方向"前进为"0"，后退为"1"；"终地址"即目的地；"停车时间"无限长设置为"8888"。经检查，设置参数无误后，按"确认"键。AGV 小车按既定路线平稳地运行起来，顺利到达终点。

表 10.2　　　　　　　　　　　小车行走路径表

ID 号	导引线	速度	方向	辊链	终地址	停车时间
00	0	3	0	00	08	8888
01	0	0	0	00	00	0000
02	0	0	0	00	00	0000
03	0	0	0	00	00	0000
04	0	0	0	00	00	0000
05	0	0	0	00	00	0000

⑥AGV 小车完成任务，进行货物交接，办理相关的手续，填制单据后，回到停泊点，等待下一次指令。

10.4.3.4　D 组

10.4.3.4.1　实训设备：

手动液压叉车如图 10.24 所示。

图 10.24　手动液压叉车

10.4.3.4.2　实训步骤：

（1）了解手动液压叉车的结构。

手动液压叉车是物流领域最常用的具有装卸、搬运双重功能的机械。它以货叉作为主要的取货装置，依靠液压起升机构升降货物，由轮胎式行驶系统实现货物的水平搬运。叉车除了使用货叉以外，还可以更换其他类型的取物装置以适应多种货物的装卸、搬运和堆垛作业要求。主要的构件有舵柄、架体与机身、液压起升系统、车轮及承载滚轮。

（2）了解叉车的技术参数。

叉车的技术参数说明叉车的结构特征和工作性能，也是选用叉车的主要参考依据。其中主要的技术参数如下：

额定起重量，是指门架处于垂直位置，货物重心位于载荷中心距范围以内时，允许叉车举起的最大货物质量，单位为 t。

载荷中心距，是指叉车在确保纵向稳定时，设计规定的额定起重量的标准货物重心到货叉垂直段前臂之间的距离，单位是 mm。

最大起升高度，是指在叉车在平坦坚实的路面上，满载、门架直立条件下，将货物提升到最高位置时，货叉水平段的上表面距地面的垂直距离。

最大起升速度，是指在满载、门架垂直的条件下货物起升的最大速度。

门架倾角，是指叉车在平坦、坚实的路面上，无载条件下门架相对垂直位置向前或向后的最大倾角，分别称为门架前倾角和门架后倾角。门架前倾的目的是便于货叉取货，门架后倾的目的是防止叉车载货行驶时货物从货叉上滑落。一般叉车门架的前倾角和后倾角分别为 6°和 12°。

满载最高行驶速度，是指叉车在平直、干硬的路面上满载行驶时所能达到的最高车速。由于叉车主要用于短距离的装卸和搬运作业，因此活动范围不宜过大，没有必要具备太高的行驶速度。

最小外侧转弯半径，是指叉车在空载低速行驶、转向轮处于最大偏转角时，车体最外侧至转向中心的最小距离。叉车的最小外侧转弯半径值越小，代表叉车运行越灵活，可以适应货场多变的作业环境。

直角通道最小宽度，是指可供叉车往返行驶的、成直角相交的通道的最小理论宽度。直角通道最小宽度越小，叉车的机动性越好，同时可以提高库场的利用率。

堆垛通道最小宽度，是指叉车在正常作业时，通道的最小理论宽度。叉车的正常作业是指叉车在通道内直线运行、并且要作90°转向进行取货。堆垛通道最小宽度值反映了叉车的作业灵活性，最小宽度值小可提高货场的利用率。

回转通道最小宽度，是指可供叉车调头行驶的直线通道的最小理论宽度。

叉车的最大高度和宽度，反映了叉车自身的几何尺寸，决定了叉车能否进入仓库、集装箱、船、车厢内部进行作业。

（3）在静止状态下测量叉车的几何尺寸，在运行状态下测量叉车的转弯半径、运行速度、起升速度、起升高度等运行参数并记录。

（4）利用暂存区的两排货架，让叉车将 C 组实训流转下来的货物在两排货架上完成存货、取货作业，总结叉车操作时需要的最小巷道宽度。实际测量叉车所能达到最大高度。说明采用托盘对仓库的要求，包括货架自身的几何尺寸、托盘的尺寸以及需要提升的作业高度，并在此基础上说明叉车的出入库作业的主要影响因素。

（5）利用叉车完成托盘式货架的存储作业，测量托盘高度、货架高度、叉车作业提升高度等参数，并说明托盘式货架在高度设计上应考虑的主要因素。

（6）进行叉车的实际作业，进行基本的启动、行走、进叉和提升操作。

叉车操作规程如下：

第一，检查车辆。

叉车作业前后，应检查外观，看是否有擦挂的痕迹，能否满足工作要求。

①检查启动、运转及制动性能。车轮是否紧固，检查车轮螺栓的紧固程度；检查转向及制动系统的灵活性和可靠性。

②工作场地能否满足叉车的工作需要。

③叉车运行后还应检查有无渗漏现象。如有，则要及时更换密封件。

第二，起步。

①叉车起步前，应先观察四周，确认无影响行车安全的障碍物之后，先发信号后起步。

②叉车起步必须缓慢平稳。如果叉车载物起步时，驾驶员应先确认所载货物平稳可靠。

第三，行驶。

①叉车行驶时，货叉底端距地高度应保持在 300～400mm。行驶时不得将货叉升得太高，货叉升得太高，会增加叉车总体重心高库，影响叉车的稳定性。

②转弯时，如附近有行人或车辆，应先发出信号，并禁止高速急转弯。高速急转弯会导致车辆失去横向稳定而倾翻，禁止在坡道上转弯，也不应横跨坡道行驶。

③在坡度超过 7°的坡上运载货物应使货物在坡的上方，叉车在装货下坡时，应以

倒车行驶。当后仰角大于斜坡角度时，可以正向下坡。运载货物行驶时不得紧急制动，以防货物滑出。在搬运大体积货物时，货物挡着视线，叉车应倒车低速行驶。

④叉车应逐步加速和停车，尽量避免开快车时紧急制动。下坡及转弯时要减速慢行，严禁快速急转弯。

⑤载物行驶在坡度超过7°的坡上和用高于一档的速度上下坡时，非特殊情况下不得使用制动器。

⑥卸货后应先降落货叉至正常的行驶位置后再行驶。

⑦叉车载运行时要遵守交通规则，必须与前面的车辆保持一定的安全距离。

第四，装卸。

①叉载物品时，货物的重量应平均由两货叉分搭，以免偏载或货物向一边滑脱，使两叉负荷均衡，不得偏斜，二物品的一面应贴靠挡物架，叉载的重量应符合载荷中心曲线标志牌的规定。载物高度不得遮挡驾驶员的视线。操作时注意周围情况，以免碰撞，叉取、放物品时要平稳，待物品安放牢靠后再起吊、升降。

②货叉在接近或撤离物品时，车速应缓慢平稳，注意车轮不要碾压物品、垫木，以免碾压物绷起伤人。

③用货叉叉货时，货叉应尽可能深地叉入载荷下面，还要注意货叉尖不能碰到其他货物或物件。应采用最小的门架后倾来稳定载荷，以免载荷向后滑动。放下载荷时可使门架少量前倾，以便于安放载荷和抽出货叉。禁止高速叉取货物和用叉头向坚硬物体碰撞。

④叉车作业时禁止人员站在叉车上。叉车叉物作业时，禁止人员站在货叉周围，以免货物倒塌伤人。起升或下降货物等，起重架下绝对禁止有人。

⑤禁止用货叉举升人员从事高处作业，以免发生高处坠落事故。

⑥禁止用制动惯性溜放物品。

⑦禁止使用单叉作业。

⑧在良好的路面上作业时，叉车起重量为额定起重量；在较差的道路条件下作业时，起重量应适当降低，并降低行驶速度。禁止超载作业。

⑨不允许将货物吊于空中而操作人员离开操作位置。

10.4.3.5 E 组

（1）实训设备：

流水线生产系统。包括若干个工位、倍速输送链、悬挂输送链、控制系统如图、监控系统组成。

（2）实训步骤：

①接到生产指令后，E 组成员全部到位，做好实训前的一切准备。

②通过控制系统（见图 10.25）启动悬挂链（见图 10.26）、倍速链构成的流水装配线（见图 10.27）使整个流水线生产系统硬件设备全部正常运转起来。由空气压缩机（见图 10.28）为动力源的气动系统的推杆为气动控制，统一由一台空气压缩机集中供气，气动电磁阀（见图 10.29）由 PLC 控制。

图 10.25　生产流水线控制柜

图 10.26　悬挂链

图 10.27　流水装配线

图 10.28　空气压缩机

③供料员将流水线上所需的货物经 RFID 系统识别后，投放进悬挂链固定的物料盒中，通过悬挂链的运行，将货物运送到装配线的工位上。

④每一个工位的工作情况全部通过摄像系统（见图 10.30）记录下来。

图 10.29　电磁阀

图 10.30　工位

⑤1 号工位的同学将悬挂链输送来的机箱取下后，再将悬挂链输送来的硬盘在工作台上装配完成，经检查合格后，在交接单据上完善手续，放到输送板上，用脚踩下踏板（见图 10.31）。气动开关将挡住输送板的挡杆（见图 10.32）拉下，输送板就顺利进入到 2 号工位。同时，1 号工位的同学还要按下计数器（见图 10.33）系统自动计算完成的件数。

图 10.31　踏板

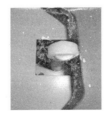

图 10.32　挡杆

图 10.33　计数器

⑥按照同样的方法，2 号工位的同学将显卡装进机箱。

⑦3 号工位的同学将网卡装进机箱。

⑧4 号工位的同学将风扇装进机箱，并将连接线插好。经检查合格后，将装好的整机交由下一组的同学。

10.4.3.6 F 组

（1）实训设备：

捆扎机，分为：自动捆扎机（见图 10.34）、半自动捆扎机（见图 10.35）、手提式捆扎机。

图 10.34 自动捆扎机

图 10.35 半自动捆扎机

（2）实训步骤：

①接到由 E 组同学流转下来的货物（电脑主机）经外观检查合格后，将其装入包装盒内。

②将自动捆扎机电源打开，进带完成，经过预热后，按下操作按钮，捆扎完成。

③打印条码标签（见图 10.36），贴在包装盒上。

图 10.36 条码标签

④进入下一个实训。

10.4.3.7 G 组

（1）实训设备：

自动化立体仓库系统（见图 10.37）。

（2）实训步骤：

①认识了解自动化立体仓库的组成结构。自动化立体仓库由入库理货区、仓储区、出库理货区三部分组成。仓储区由高层货架组成，分为 A 区和 B 区，每个区又分为 10 列 5 层构成 100 个货位。

②收货员收到从 F 组流转下来的货物后，完成相关的货物交接手续。进入入库理货区（见图 10.38）。

图 10.37　自动化立体仓库系统

图 10.38　入库理货区

③系统管理员打开控制软件,进入界面(见图 10.39),选择出入库操作。

图 10.39　操作系统

④在运行方式上,选择入库方式(见图 10.40),入库地址是 A 区 7 列 3 层就输入 a10703,选择入库的货物的条形码是 6922456805036。当选择"开始运行",则入库端的带式输送机开始运行。

图 10.40　入库操作

⑤入库员要将贴有条码也是 6922456805036 的货物放在带式输送机上,货物有条码的一端向着条码扫描器(见图 10.41)放置。

⑥货物随着带式输送机的运行,到带式输送机末端,有一个光电传感器(见图 10.42),传感器感受到货物到达后,经过信号转换传输到控制系统,控制系统指令入库台(见图 10.43)的输送机启动运行。

图 10.41　条码扫描枪

图 10.42　光电传感器

图 10.43　入货台

⑦货物运行到入货台，通过扫描器扫描条码后与系统中的信息进行比对，当与指令中的条码一致时，同时入货台末端的传感器也感受到货物到达入货台末端，控制系统指令自动堆垛机（见图 10.44）运行到如货端口。叉板伸出将物料盒抬起放进载货平台。

⑧自动堆垛机由堆垛机控制柜（见图 10.45）控制三个电机，实现 X、Y、Z 三个方向全方位的控制，分别是行走、升降、叉伸电机，都有包闸制动功能。前后行走定位（见图 9.46），由两个光电传感器提供，并安装有前后极限限位。在堆垛机前后行走过程中，光电信号传输到可编程控制器（PLC）后作为列的计数信号。堆垛机前后行走到指定列，如果第一个光电传感器被认址片挡住后，则信号传输到 PLC，再由 PLC 控制变频器减速。当两个光电传感器都被认址片挡住后，认址成功，变频器停止输出，电机包闸制动，堆垛机停止前后行走。

图 10.44　自动堆垛机

图 10.45　堆垛机控制柜

图 10.46　前后行走定位

⑨上下升降定位与前后行走定位的工作过程相同。自动堆垛机按指令要求将货物运送到 a10703 货位，叉板将物料盒送进货位，完成入库工作。

⑩当系统管理员接到出库的指令后，在系统中输入指令（见图 10.47）。选择运行方式是出库，选择出库地址 a10703，出库出口为 2 号出口，点击开始运行。

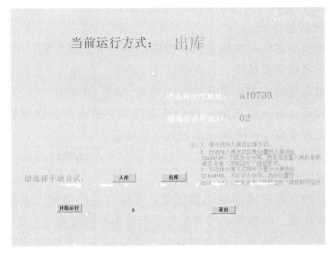

图 10.47　出库操作

⑪自动堆垛机运行到 A 区 7 列 3 层的货位，用叉板将物流盒放到载货平台上。自动堆垛机自动运行到出库理货区（见图 10.48）。

⑫自动堆垛机运行到出库口，叉板将货物放上出货台（见图 10.49）。

图 10.48　出库理货区

图 10.49　出货台

传感器接受到货物信息后，启动出货台上的带式输送机和出库区的辊筒式输送链（见图 10.50）。

货物通过出货台的运行，再通过辊筒式输送机的运行将货物分配到 2 号出库口的位置。在通过流利式输送链（见图 10.51）将货物输送到发货员的位置。

图 10.50　辊筒式输送链

图 10.51　出库口

⑬发货员与客户办理了相关的交接手续后，将货物交给客户。完成了该组实训，进入到下一项实训。

10.4.3.8　H 组

10.4.3.8.1　实训设备：

POS 系统。包括：后台管理信息系统与前台收银系统。

10.4.3.8.2　实训步骤：

（1）后台管理信息系统

后台管理员将商品名称：电脑主机；价格：6000 元；条形码：6922456805036 等所有商品信息输进管理信息系统中。并完成其他工作。

后台管理信息系统的内容主要有：

①商品入库管理。对入库的商品进行输入登录，建立商品数据库，以实现对库存的查询、修改、报表及商品入库验收单的打印等功能。

②商品调价管理。由于有些商品的价格随季节和市场等情况而变动，系统对这些商品所进行的调价管理功能。

③商品销售管理。根据商品的销售记录，实现商品的销售、查询、统计、报表等管理，并能对各收款机、收款员、售货员等进行分类统计管理。

④单据票证管理。实现商品的内部调拨、残损报告、变价调动、仓库验收、盘点报表等各类单据票证的管理。

⑤报表打印管理。打印内容包括：时段销售信息表、营业员销售信息报表、部门销售统计表、退货信息表、进货单信息报表、商品结存信息报表等。实现商品销售过程中各类报表的分类管理功能。

⑥全面分析功能。POS 系统的后台管理能提供完善的分析功能，分析内容涵盖进、销、调、存过程中的所有主要指标，同时以图形和表格方式提供给管理者。

⑦数据维护管理。完成对商品资料、营业员资料等数据的编辑工作，如商品资料的编号、名称、进价、进货数量、核定售价等内容的增加、删除、修改。营业员资料的编号、姓名、部门、班组等内容的编辑。还有商品进货处理、商品批发处理、商品退货处理。实现收款机、收款员的编码、口令管理，支持各类权限控制。

⑧销售预测。包括畅销商品分析、滞销商品分析、某种商品销售预测及分析、某类商品销售预测及分析等。

（2）前台收银系统

前台 POS 系统（见图 10.52）是通过自动读取设备（主要是扫描器），如图 10.53 所示，在销售商品时直接读取商品销售信息（如商品名称、单价、销售数量，销售时间、销售店铺、购买顾客等）。

图 10.52　POS 系统

图 10.53　扫描枪

前台 POS 软件应具有的功能如下：

①日常销售。完成日常的售货收款工作，记录每笔交易的时间、数量、金额，进行销售输入操作。如果遇到条形码无法识读等现象，系统应允许采用价格或手工输入条形码号进行查询。

②交班结算。进行收银员交班时的收款小结、大结等管理工作，计算并显示出本班交班时的现金及销售情况，统计并打印收款机全天的销售金额及各售货员的销售额。

③退货。退货功能是日常销售的逆操作。为了提高商场的商业信誉，更好地为顾客服务，在顾客发现商品出现问题时，允许顾客退货。此功能记录退货时的商品种类、数量、金额等，便于结算管理。

④各种付款方式。可支持现金、支票、信用卡等不同的付款方式，以满足不同顾客的要求。

⑤即时纠错。在销售过程出现的错误能够立即修改更正，保证销售数据和记录的准确性。

（3）前台收银员用扫描器对准货物的条码进行扫描，在收银员的界面上自动显示货物的名称和单价，还可以进行货物数量的输入，付款方式等，然后确认，票据打印机自动打印购物小票，同时钱箱自动弹开，收银员进行收款工作。

（4）收银员将购物小票和找补的钱款及货物交给顾客，即完成整个实训。

10.5　实训思考与练习

（1）流水线生产系统的特点是什么？

（2）叉车的结构中包括哪些组成部分？

（3）AGV 小车在实际应用中有哪些优缺点？

（4）电子标签分拣系统是如何分类的？

（5）简述自动化立体仓库的结构组成。

（6）简述 POS 系统的功能。

（7）简述 RFID 系统的应用。

（8）如何理解物流技术的概念与分类？

（9）简述物流装备的概念与分类？

（10）物流装备与技术在物流系统中有何地位和作用？

（11）结合本次综合实训，阐述在物流活动中如何合理配置物流装备与技术。

第11章 供应链物流管理系统综合实训

本章目的和任务

1. 深入了解供应链模式下各环节的业务流程及各主体之间的相互关联。
2. 掌握公司组建的步骤及主要内容。
3. 利用管理信息系统完成案例中要求的业务操作。

本章要点

1. 公司组建及业务操作。
2. 供应链中各主体之间的信息交流与业务协调。

11.1 实训目的

理解供应链中物流与商务活动的流程,掌握物流与商务管理相关理论与方法的应用,培养和提高学生的实际操作能力和管理创新能力。

11.2 实训要求

实训内容包括供应链中零售、第三方物流、仓储和运输公司等多种角色的运营模拟。经过实训后,要求学生掌握供应链中物流及商务活动的一般业务运作流程,并完成其中的管理活动。根据供应链的基本原理,熟悉供应链中物流与商务活动运营管理的基本理论与方法,掌握相关流程及软件操作。

课前按4~5人将学生分成一组,每四组组成一条供应链。每组准备6种产品或其包装盒,每种2个以备实训课上使用。每个组轮流扮演供应链上的四个角色。上课时由扮演零售企业组的学生将准备的产品带到课堂,作为此次课上该组所在供应链上各角色处理的产品。

11.3 实训理论基础

组建公司涉及公司经营项目、公司资金筹划、公司选址、公司核名、验资、工商登记、税务登记、组织机构代码证、公司印鉴、银行开户、税务报到、公司年检、公司注销等许多方面的内容，在此仅介绍模拟实训用到的公司起名、经营范围及组织结构三方面的基本理论。

11.3.1 公司起名

公司起名对一个企业将来的发展而言，是至关重要的。因为公司起名它不仅关系到企业在行业内的影响力，还关系到企业所经营的产品投放市场后，消费者对本企业的认可度。

11.3.1.1 公司取名的基本原则

（1）识别性。这是本企业区别于其他企业的标志，要求具有独创意义，力避雷同，让人一目了然。

（2）统一性。企业名称与企业其他形象应具有一致性，不能自相矛盾。

（3）传播性。企业名称简明、清晰、易写、易记，是传播的必要条件，如百度公司的百度可传播性就很好。

（4）专有性。一个企业必须拥有自己专有的概念，才能在市场中标新立异。

11.3.1.2 公司起名的四项要素

构成企业名称的四项基本要素是行政区划名称、字号、行业或经营特点、组织形式，这是国家对公司起名的一般要求也是强行规定；例如：上海（行政区划）＋创冀（字号）＋信息技术（行业特点）＋有限公司（组织形式）。

行政区划名称是指企业所在地县以上行政区划的名称。企业名称中的行政区划名称可以省略"省"、"市"、"县"等字，但省略后可能造成误认的除外。县以上的市辖区行政区划名称应与市行政区划名称联用，不宜单独冠用市辖区行政区划名称。除符合《企业名称登记管理规定》特别条款外，行政区划名称应置于企业名称的最前部。

字号是构成企业名称的核心要素，应由两个以上的汉字组成。企业名称中的字号是某一企业区别于其他企业或社会组织的主要标志。除符合《企业名称登记管理规定》特别条款外，字号应置于行政区划之后，行业或经营特点之前。驰名字号是指在一定的时间和空间范围内，在某一行业或多个行业中为人们所熟知的企业字号。企业有自主选择企业名称字号的权利，但所起字号不能与国家法律、法规相悖，不能在客观上使公众产生误解和误认。企业名称字号一般不得使用行业字词。

11.3.1.3 公司名称的组织形式

依据《中华人民共和国公司法》《中华人民共和国中外合资经营企业法》《中华人

民共和国中外合作经营企业法》《中华人民共和国外资企业法》申请登记的企业名称，其组织形式为有限公司（有限责任公司）或者股份有限公司；依据其他法律、法规申请登记的企业名称，组织形式不得申请为"有限公司（有限责任公司）"或"股份有限公司"，非公司制企业可以申请用"厂"、"店"、"部"、"中心"等作为企业名称的组织形式，例如"北京＊＊食品厂"、"北京＊＊商店"、"北京＊＊技术开发中心"。

11.3.2 经营范围

经营范围是指国家允许企业法人生产和经营的商品类别、品种及服务项目，反映企业法人业务活动的内容和生产经营方向，是企业法人业务活动范围的法律界限，体现企业法人民事权利能力和行为能力的核心内容。

11.3.2.1 企业经营范围参考

11.3.2.1.1 服务类

企业营销策划、企业形象策划、企业投资贸易信息咨询、企业管理咨询、人力资源信息咨询、人力资源管理服务、人才信息咨询服务、职业发展咨询、人才中介、市场调研、商务咨询、财务咨询、劳务服务、会务服务、文化教育信息咨询、健康保健咨询、展览展示服务、建筑装饰工程、环保工程、通讯工程、房地产开发、室内装潢设计、水电安装、电器的安装维修服务、货运代理、货运代理服务、物流仓储、鲜花礼仪服务、婚庆服务、美术设计、盲人按摩、资料翻译、工艺礼品设计、服装设计、快递服务、清洁服务、清洁干洗、摄影服务、彩扩、绿化养护、汽车装潢、广告设计、广告制作、广告发布、广告代理。

11.3.2.1.2 科技类

计算机领域、计算机技术咨询服务、网络科技、网络技术、通讯工程、网络工程、电子计算机与电子技术信息、生物与医药、化工新材料、光机电一体化、航天海洋与现代运输装备、能源与环保、民用核能技术、传统产业中的高科技运用。

11.3.2.1.3 商贸类

日用百货、针纺织品、服装鞋帽、服装服饰、装饰品、工艺礼品玉器、玩具、花木、保健用品、文体用品、电脑软硬件及配件、包装材料、办公用品、文化办公用品、纸制品、纸张、化妆品、家具、木材、装潢材料、建筑材料、化工原料及产品、印刷机械、卫生洁具、陶瓷制品、皮革制品、橡塑制品、汽摩配件、压缩机及配件、制冷设备、轴承、管道配件、阀门、金属材料、电线电缆、电动工具、机电设备、仪器仪表、健身器材、照相器材、电讯器材、通讯器材、音响器材、音响设备、电子产品、五金交电、医疗器械、珠宝首饰、汽车等。

11.3.2.1.4 食品类

粮油制品、速冻小包装食品、奶制品、土特产、南北货、糖果糕点、饮料、日用香料、调味剂、保健食品、罐头食品、米面制品、植物油、茶叶、水产品、农副产品、食品添加剂。

11.3.2.1.5　国际贸易

自营和代理各类商品和技术的进出，但国家限定公司经营或禁止进出口的商品和技术除外。

11.3.2.2　确定经营范围的注意事项

11.3.2.2.1　经营范围字数限制

工商营业执照的版面有限，因此，对于经营范围的字数有一定要求，一般要求在100 个字左右。

11.3.2.2.2　允许跨行业

人们往往以为公司经营范围要与企业名称一致，其实不然。企业经营业务可以超出企业名称的行业属性。例如，上海天尚行商务咨询有限公司，除了可以做商务咨询、企业管理咨询、广告策划等服务类业务，经营范围上还可以有产品销售或者进出口业务。也就是说，公司经营范围可以跨多个行业。

11.3.2.2.3　可以增加或较少经营范围项目

公司注册登记完成后，在以后的日常经营活动中，可以随时增加或减少经营范围，需办理公司变更手续。

11.3.2.2.4　外资企业经营范围的特殊性

由于中国对于外资企业仍采取审批制度，对应某些行业的产品或服务是有一定限制的。因此，外资企业经营某些行业的产品或服务，审批要更为严格。例如，经营农产品、资源类产品需要到中国商务部审批。外资企业经营范围可以参考《外商投资产业目录》。

11.3.2.2.5　特殊行业的产品或服务需要行业主管部门审批

一般来说，普通的产品销售或咨询服务可以直接由工商局受理并办理工商注册登记。但是，属于前置审批项目的产品或服务需要先取得行业主管部门的审批后，方可以办理工商营业执照。例如，经营食品零售的需先到卫生部门办理《食品卫生许可证》，经营危险品贸易的需先到安监局办理《危险品经营许可证》，经营酒类销售的需先到酒类专卖局办理《酒类批发许可证》。

11.3.3　组织结构

组织结构（Organizational Structure）是指对于工作任务如何进行分工、分组和协调合作。组织结构是表明组织各部分排列顺序、空间位置、聚散状态、联系方式以及各要素之间相互关系的一种模式，是整个管理系统的"框架"。组织结构是组织的全体成员为实现组织目标，在管理工作中进行分工协作，在职务范围、责任、权利方面所形成的结构体系。组织结构是组织在职、责、权方面的动态结构体系，其本质是为实现组织战略目标而采取的一种分工协作体系，组织结构必须随着组织的重大战略调整而调整。

11.3.3.1　设计要素

管理者在进行组织结构设计时，必须正确考虑 6 个关键因素：工作专业化、部门化、命令链、控制跨度、集权与分权、正规化。

11.3.3.1.1 工作专业化

20 世纪初,亨利·福特(Henry Ford)通过建立汽车生产线而富甲天下。他的做法是,给公司每一位员工分配特定的、重复性的工作,例如,有的员工只负责装配汽车的右前轮,有的则只负责安装右前门。通过把工作分化成较小的、标准化的任务,使工人能够反复地进行同一种操作,福特利用技能相对有限的员工,每 10 秒钟就能生产出一辆汽车。福特的经验表明,让员工从事专门化的工作,他们的生产效率会提高。今天,我们用工作专门化(work specialization)这个术语或劳动分工这类词汇来描述组织中把工作任务划分成若干步骤来完成的细化程度。

工作专门化的实质是:一个人不是完成一项工作的全部,解成若干步骤,每一步骤由一个人独立去做。就其实质来讲,就是一个人完成工作活动的一部分,而不是全部活动。

20 世纪 40 年代后期,工业化国家大多数生产领域的工作都是通过工作专门化来完成的。管理人员认为,这是一种最有效地利用员工技能的方式。在大多数组织中,有些工作需要技能很高的员工来完成,有些则不经过训练就可以做好。如果所有的员工都参与组织制造过程的每一个步骤,那么,就要求所有的人不仅具备完成最复杂的任务所需要的技能,而且具备完成最简单的任务所需要的技能。结果,除了从事需要较高的技能或较复杂的任务以外,员工有部分时间花费在完成低技能的工作上。由于高技能员工的报酬比低技能的员工高,而工资一般是反映一个人最高的技能水平的,因此,付给高技能员工高薪,却让他们做简单的工作,这无疑是对组织资源的浪费。

通过实行工作专门化,管理层还寻求提高组织在其他方面的运行效率。通过重复性的工作,员工的技能会有所提高,在改变工作任务或在工作过程中安装、拆卸工具及设备所用的时间会减少。同样重要的是,从组织角度来看,实行工作专门化,有利于提高组织的培训效率。挑选并训练从事具体的、重复性工作的员工比较容易,成本也较低。对于高度精细和复杂的操作工作尤其是这样。例如,如果让一个员工去生产一整架飞机,波音公司一年能造出一架大型波音客机吗?最后,通过鼓励专门领域中进行发明创造,改进机器,工作专门化有助于提高效率和生产率。20 世纪 50 年代以前,管理人员把工作专门化看作是提高生产率的不竭之源,或许他们是正确的,因为那时工作专门化的应用尚不够广泛,只要引入它,几乎总是能提高生产率。但到了 60 年代以后,越来越多的证据表明,好事做过了头就成了坏事。在某些工作领域,达到了这样一个顶点:由于工作专门化,人的非经济性因素的影响(表现为厌烦情绪、疲劳感、压力感、低生产率、低质量、缺勤率上升、流动率上升等)超过了其经济性影响的优势。

现在,大多数管理人员并不认为工作专门化已经过时,也不认为它还是提高生产率的不竭之源。他们认识到了在某些类型的工作中工作专门化所起到的作用,以及使用过头可能带来的问题。例如,在麦当劳快餐店,管理人员们运用工作专门化来提高生产和售卖汉堡包、炸鸡的效率。大多数卫生保健组织中的医学专家也倡导工作专门化。但是,像奥帝康公司和土星公司则通过丰富员工的工作内容,降低工作专门化程度而获得了成功。

11.3.3.1.2 部门化

一旦通过工作专门化完成任务细分之后,就需要按照类别对它们进行分组以便使共同的工作可以进行协调。工作分类的基础是部门化。

对工作活动进行分类主要是根据活动的职能。制造业的经理通过把工程、会计、制造、人事、采购等方面的专家划分成共同的部门来组织其工厂。当然，根据职能进行部门的划分适用于所有的组织。只有职能的变化可以反映组织的目标和活动。一个医院的主要职能部门可能有研究部、护理部、财会部等；而一个职业足球队则可能设球员人事部、售票部门、旅行及后勤部门等。这种职能分组法的主要优点在于，把同类专家集中在一起，能够提高工作效率。职能性部门化通过把专业技术、研究方向接近的人分配到同一个部门中，来实现规模经济。

工作任务也可以根据组织生产的产品类型进行部门化。例如，在太阳石油产品公司 (Sun Petroleum Products) 中，其三大主要领域（原油、润滑油和蜡制品、化工产品）各置于一位副总裁统辖之下，这位副总裁是本领域的专家，对与他的生产线有关的一切问题负责，每一位副总裁都有自己的生产和营销部门。这种分组方法的主要优点在于提高产品绩效的稳定性，因为公司中与某一特定产品有关的所有活动都由同一主管指挥。如果一个组织的活动是与服务而不是产品有关，每一种服务活动就可以自然地进行分工。比如，一个财会服务公司多半会设有税务部门、管理咨询部门、审计部等等，每个部门都会在一个产品或服务经理的指导下，提供一系列服务项目。还有一种部门化方法，即根据地域来进行部门划分。例如，就营销工作来说，根据地域，可分为东、西、南、北四个区域，分片负责。实际上，每个区域是围绕这个地区而形成的一个部门。如果一个公司的顾客分布地域较宽，这种部门化方法就有其独特的价值。

位于纽约州北部的雷诺兹金属公司铝试管厂，生产过程由五个部门组成：铸造部、锻压部、制管部、成品部、检验包装运输部。这是一个根据生产过程来进行部门化的例子。公司这样做的主要原因在于：在铝试管生产过程中，由每个部门负责一个特定生产环节的工作。金属首先被铸造成巨大的胚料；然后送到锻压部，被挤压成铝管；再把铝管转送到试管部，由试管部负责把它们做成体积各异、形状不同的试管；然后把这些试管送给成品部，由它负责切割、清洗工作；最后，产品进入检验、包装、运输部。由于不同的环节需要不同的技术，因此这种部门化方法对于在生产过程中进行同类活动的归并提供了基础。

过程部门化方法适用于产品的生产，也适用于顾客的服务。例如，如果你到一家州属机动车辆管理办公室去办驾驶执照，你必须跑好几个部门。在某个州，办理驾照必须经过三个步骤，每个步骤由一个独立部门负责：负责核查工作的机动车辆分部；负责办理驾照具体工作的驾照部；负责收费的财务部。

最后一种部门化方法是根据顾客的类型来进行部门化。例如，一家销售办公设备的公司可下设三个部门：零售服务部、批发服务部、政府部门服务部。比较大的法律事务所可根据其服务对象是公司还是个人来分设部门。

根据顾客类型来划分部门的理论假设是，每个部门的顾客存在共同的问题和要求，因此，通过为他们分别配置有关专家，能够满足他们的需要。

大型组织进行部门化时，可能综合利用上述各种方法，以取得较好的效果。例如，一家大型的日本电子公司在进行部门化时，根据职能类型来组织其各分部；根据生产过程来组织其制造部门；把销售部门分为七个地区的工作单位；又在每个地区根据其顾客类型分为四个顾客小组。但是，90 年代有两个倾向较为普遍：第一，以顾客为基础进行部门化越来越受到青睐。为了更好地掌握顾客的需要，并有效地对顾客的需要的变化作出反应，许多组织更多地强调以顾客为基础划分部门的方法。例如，施乐公司已取消了公司市场部的设置，把市场研究的专家排除在这个领域之外。这样使得公司能更好地了解谁是它的顾客，并更快地满足他们的需要。第二个倾向是，坚固的职能性部门被跨越传统部门界限的工作团队所替代。

11.3.3.1.3 命令链

20 年前，命令链的概念是组织设计的基石，但今天它的重要性大大降低，只有在决定如何更好地设计组织结构时，管理者仍需考虑命令链的意义。

命令链是一种不间断的权力路线，从组织最高层扩展到最基层，澄清谁向谁报告工作。它能够回答员工提出的这种问题："我有问题时去找谁？""我对谁负责？"

在讨论命令链之前，应先讨论两个辅助性概念：权威和命令统一性。权威是指管理职位所固有的发布命令并期望命令被执行的权力。为了促进协作，每个管理职位在命令链中都有自己的位置，每位管理者为完成自己的职责任务，都要被授予一定的权威。命令统一性原则有助于保持权威链条的连续性。它意味着，一个人应该对一个主管，且只对一个主管直接负责。如果命令链的统一性遭到破坏，一个下属可能就不得不穷于应付多个主管不同命令之间的冲突或优先次序的选择。

时代在变化，组织设计的基本原则也在变化。随着电脑技术的发展和给下属充分授权的潮流的冲击，现在，命令链、权威、命令统一性等概念的重要性大大降低了。《商业周刊》最近的一篇文章中有两段话为这种变化提供了很好的例证：

3 月中旬一个星期三的上午，查尔斯·凯瑟困惑地扫视了一眼从公司配送中心送来的存货报告。根据电脑列印出来的报告，玫瑰牌上光油只能保证 3 天的供货了，远远低于公司要求的 3 周半的库存要求。但凯瑟知道，公司设在密苏里州杰弗逊城的工厂两天前刚运来 346 箱（每箱 12 瓶）上光油一定是被抢购一空了。他便打开自己与生产线相连的电脑，把批示输进去：在周四上午再生产 400 箱上光油。

这是一位计划经理工作日程中的一段小插曲，对不对？但事实上凯瑟不是管理人员，他只是生产线上的一名工人，官方的头衔是"生产线协调员"，是公司上百名工作于电脑网络上的工人中的一员。他们有权检查核对货物运送情况，安排自己的工作负荷，并经常从事以前属于管理人员领域的工作。

现在一个基层雇员能在几秒钟内得到 20 年前只有高层管理人员才能得到的信息。同样，电脑技术的发展使组织中任何位置的员工都能同任何人进行交流，而不需通过正式渠道。而且，权威的概念和命令链的维持越来越无关紧要，因为过去只能由管理层作出的决策现在已授权给操作员工自己作决策。除此之外，随着自我管理团队、多功能团队和包含多个上司的新型组织设计思想的盛行，命令统一性的概念越来越无关紧要了。当然，有很多组织仍然认为通过强化命令链可以使组织的生产率最高，但今天这种组织越来越少了。

11.3.3.1.4 控制跨度

一个主管可以有效地指导多少个下属？这种有关控制跨度的问题非常重要。因为在很大程度上，它决定着组织要设置多少层次，配备多少管理人员。在其他条件相同时，控制跨度越宽，组织效率越高，这一点可以举例证明。

假设有两个组织，基层操作员工都是 4096 名，如果一个控制跨度为 4，另一个为 8，那么控制跨度宽的组织比控制跨度窄的组织在管理层次上少两层，可以少配备 800 人左右的管理人员。如果每名管理人员年均薪水为 40 000 美元，则控制跨度宽的组织每年在管理人员薪水上就可节省 3 200 万美元。显然，在成本方面，控制跨度宽的组织效率更高。但是，在某些方面宽跨度可能会降低组织的有效性，也就是说，如果控制跨度过宽，由于主管人员没有足够的时间为下属提供必要的领导和支持，员工的绩效会受到不良影响。

控制跨度窄也有其好处，把控制跨度保持在 5～6 人，管理者就可以对员工实行严密的控制。但控制跨度窄主要有 3 个缺点：第一，正如前面所指出的，管理层次会因此而增多，管理成本会大大增加。第二，使组织的垂直沟通更加复杂。管理层次增多也会减慢决策速度，并使高层管理人员趋于孤立。第三，控制跨度过窄易造成对下属监督过严，妨碍下属的自主性。

近几年的趋势是加宽控制跨度。例如，在通用电气公司和雷诺金属公司这样的大公司中，控制跨度已达 10～12 人，是 15 年前的 2 倍。汤姆·斯密斯是卡伯利恩公司（Carboline Co.）的一名地区经理，直接管辖 27 人，如果是在 20 年前，处于他这种职位的人，通常只有 12 名下属。

加宽控制跨度，与各个公司努力降低成本、削减企业一般管理费用、加速决策过程、增加灵活性、缩短与顾客的距离、授权给下属等的趋势是一致的。但是，为了避免因控制跨度加宽而使员工绩效降低，各公司都大大加强了员工培训的力度和投入。管理人员已经认识到，自己的下属充分了解了工作之后，或者有问题能够从同事那儿得到帮助时，他们就可以驾驭宽跨度的控制问题。

11.3.3.1.5 集权与分权

在有些组织中，高层管理者制定所有的决策，低层管理人员只管执行高层管理者的指示。另一种极端情况是，组织把决策权下放到最基层管理人员手中。前者是高度集权式的组织，而后者则是高度分权式的。

集权化是指组织中的决策权集中于一点的程度。这个概念只包括正式权威，也就是说，某个位置固有的权力。一般来讲，如果组织的高层管理者不考虑或很少考虑基层人员的意见就决定组织的主要事宜，则这个组织的集权化程度较高。相反，基层人员参与程度越高，或他们能够自主地作出决策，组织的分权化程度就越高。

集权式与分权式组织在本质上是不同的。在分权式组织中，采取行动、解决问题的速度较快，更多的人为决策提供建议，所以，员工与那些能够影响他们的工作生活的决策者隔膜较少，或几乎没有。

近年来，分权式决策的趋势比较突出，这与使组织更加灵活和主动地作出反应的管理思想是一致的。在大公司中，基层管理人员更贴近生产实际，对有关问题的了解比高层管理者更详实。因此，像西尔斯和盘尼（J. C. Penny）这样的大型零售公司，在库存货物的选择上，就对他们的商店管理人员授予了较大的决策权。这使得他们的商店可以更有效地与当地商店展开竞争。与之相似,蒙特利尔银行把它在加拿大的1 164家分行组合成236个社区,即在一个有限地域内的一组分行,每个社区设一名经理,他在自己所辖各行之间可以自由巡视,各个分行之间最长距离不过20分钟的路程。他对自己辖区内的问题反应远远快于公司总部的高级主管,处理方式也会更得当。IBM的欧洲总监瑞纳托·瑞沃索采取类似的办法把欧洲大陆的公司分成200个独立自主的商业单位,每个单位都有自己的利润目标、员工激励方式、重点顾客。"以前我们习惯于自上而下的管理,像在军队中一样。"瑞沃索说,"现在,我们尽力使员工学会自我管理。"

11.3.3.1.6 正规化

正规化是指组织中的工作实行标准化的程度。如果一种工作的正规化程度较高,就意味着做这项工作的人对工作内容、工作时间、工作手段没有多大自主权。人们总是期望员工以同样的方式投入工作,能够保证稳定一致的产出结果。在高度正规化的组织中,有明确的工作说明书,有繁杂的组织规章制度,对于工作过程有详尽的规定。而正规化程度较低的工作,相对来说,工作执行者和日程安排就不是那么僵硬,员工对自己工作的处理许可权就比较宽。由于个人许可权与组织对员工行为的规定成反比,因此工作标准化程度越高,员工决定自己工作方式的权力就越小。工作标准化不仅减少了员工选择工作行为的可能性,而且使员工无需考虑其他行为选择。

组织之间或组织内部不同工作之间正规化程度差别很大。一种极端情况是,众所周知,某些工作正规化程度很低,如大学书商(向大学教授推销公司新书的出版商代理人)工作自由许可权就比较大,他们的推销用语不要求标准划一。在行为约束上,不过就是每周交一次推销报告,并对新书出版提出建议。另一种极端情况是那些处于同一出版公司的职员与编辑位置的人。他们上午8点要准时上班,否则会被扣掉半小时工资,而且,他们必须遵守管理人员制定的一系列详尽的规章制度。

11.3.3.2 组织结构的四大结构

组织结构一般分为职能结构、层次结构、部门结构、职权结构四个方面。

11.3.3.2.1 职能结构

职能结构是指实现组织目标所需的各项业务工作以及比例和关系。其考量维度包括职能交叉(重叠)、职能冗余、职能缺失、职能割裂(或衔接不足)、职能分散、职能分工过细、职能错位、职能弱化等方面。

11.3.3.2.2 层次结构

层次结构是指管理层次的构成及管理者所管理的人数(纵向结构)。其考量维度包括管理人员分管职能的相似性、管理幅度、授权范围、决策复杂性、指导与控制的工作量、下属专业分工的相近性等。

11.3.3.2.3 部门结构

部门结构是指各管理部门的构成(横向结构)。其考量维度主要是一些关键部门是否缺失或优化。

从组织总体型态,各部门一、二级结构进行分析。

11.3.3.2.4　职权结构

职权结构是指各层次、各部门在权力和责任方面的分工及相互关系。主要考量部门、岗位之间权责关系是否对等。

11.3.3.3　组织结构的三个内容

企业组织架构包含三个方面的内容：单位、部门和岗位的设置。

企业组织单位、部门和岗位的设置，不是把一个企业组织分成几个部分，而是企业作为一个服务于特定目标的组织，必须由几个相应的部分构成，就像人要走路就需要脚一样。它不是由整体到部分进行分割，而是整体为了达到特定目标，必须有不同的部分。这种关系不能倒置。

（1）各个单位、部门和岗位的职责、权力的界定。

这是对各个部分的目标功能作用的界定。如果一定的构成部分，没有不可或缺的目标功能作用，就像人的尾巴一样会萎缩消失。这种界定就是一种分工，但却是一种有机体内部的分工。嘴巴可以吃饭，也可以用于呼吸。

（2）单位、部门和岗位角色相互之间关系的界定。

这就是界定各个部分在发挥作用时，彼此如何协调、配合、补充、替代的关系。

这三个问题是紧密联系在一起的，在解决第一个问题的同时，实际上就已经解决了后面两个问题。但作为一大项工作，三者存在一种彼此承接的关系。我们要对组织架构进行规范分析，其重点是第一个问题，后面两个问题是对第一个问题的进一步展开。

（3）企业组织架构设计规范的要求。

对于这个问题，如果没有一个组织架构设计规范分析工具，就会陷入众说纷纭、莫衷一是的境地。我们讲企业组织架构设计规范化，也就是要达到企业内部系统功能完备、子系统功能担负分配合理、系统功能部门及岗位权责匹配、管理跨度合理四个标准。

11.3.3.4　制度形式

11.3.3.4.1　直线制

直线制是一种最早也是最简单的组织形式。该种组织形式下，企业各级行政单位从上到下实行垂直领导，下属部门只接受一个上级的指令，各级主管负责人对所属单位的一切问题负责。厂部不另设职能机构（可设职能人员协助主管人工作），一切管理职能基本上都由行政主管自己执行。

直线制组织结构的优点是机构层次少，权利集中，命令统一，决策和执行迅速，工作效率高。直线制组织结构的缺点是它要求行政负责人通晓多种知识和技能，亲自处理各种业务。这在业务比较复杂、企业规模比较大的情况下，把所有管理职能都集中到最高主管身上，显然是难以胜任的。

因此，直线制只适用于经营规模小、经营对象简单的企业，并不适合经营管理比较复杂的企业。

11.3.3.4.2　职能制

职能制组织结构，是各级行政单位除主管负责人外，还相应地设立一些职能机构。如在厂长下面设立职能机构和人员，协助厂长从事职能管理工作。这种结构要求行政主管把相应的管理职责和权力交给相关的职能机构，各职能机构就有权在自己业务范围内向下级行政单位发号施令。因此，下级行政负责人除了接受上级行政主管人指挥外，还必须接受上级各职能机构的领导。

职能制的优点是能够充分发挥职能机构专业管理的作用和专业管理人员的专长，加强管理工作的专业分工，提倡内行领导，提高管理工作的效率。职能制的缺点是各职能机构都有指挥权，形成多头领导，相互协调比较困难，从而影响工作的正常进行，容易造成纪律松弛，生产管理秩序混乱。

因此，职能制不适于大型企业。

11.3.3.4.3　直线职能制

直线职能制，又叫生产区域制或直线参谋制，是以直线制形式为基础将职能形式结合在一起的一种组织管理形式。这种组织结构形式是把企业管理机构和人员分为两类，一类是直线领导机构和人员，按命令统一原则对各级组织行使指挥权；另一类是职能机构和人员，按专业化原则，从事组织的各项职能管理工作。直线领导机构和人员在自己的职责范围内有一定的决定权和对所属下级的指挥权，并对自己部门的工作负全部责任。而职能机构和人员，则是直线指挥人员的参谋，不能对直接部门发号施令，只能进行业务指导。

直线职能制的优点是既保证了企业管理体系的集中统一，又可以在各级行政负责人的领导下，充分发挥各专业管理机构的作用。其缺点是职能部门之间的协作和配合性较差，职能部门的许多工作要直接向上层领导报告请示才能处理，这一方面加重了上层领导的工作负担；另一方面也造成办事效率低。为了克服这些缺点，可以设立各种综合委员会，或建立各种会议制度，以协调各方面的工作，起到沟通作用，帮助高层领导出谋划策。

直线职能制取直线制和职能制两种形式之长，舍二者之短，是一种较好的形式。因此，目前我们绝大多数企业都采用这种组织结构形式。

11.3.3.4.4　事业部制

事业部制最早是由美国通用汽车公司总裁斯隆于1924年提出的，故有"斯隆模型"之称，也叫"联邦分权化"，是一种高度（层）集权下的分权管理体制。事业部制是分级管理、分级核算、自负盈亏的一种形式，即一个公司按地区或按产品类别分成若干个事业部，从产品的设计，原料采购，成本核算，产品制造，一直到产品销售，均由事业部及所属工厂负责，实行单独核算，独立经营，公司总部只保留人事决策，预算控制和监督大权，并通过利润等指标对事业部进行控制。

事业部制的优点是有利于上层管理者摆脱日常的行政事务，集中进行决策；有利于事业部根据市场变化做出相应的决策机构，有利于组织专业化生产，提高效率。其缺点是事业部作为一个利益中心，往往只考虑自己的利益而影响相互协作。

它适用于规模庞大，品种繁多，技术复杂的大型企业，是国外较大的联合公司所采用的一种组织形式，近几年我国一些大型企业集团或公司也引进了这种组织结构形式。

11.3.3.4.5　模拟分权制

这是一种介于直线职能制和事业部制之间的结构形式。

许多大型企业，如连续生产的钢铁、化工企业由于产品品种或生产工艺过程所限，难以分解成几个独立的事业部。又由于企业的规模庞大，以致高层管理者感到采用其他组织形态都不容易管理，这时就出现了模拟分权组织结构形式。所谓模拟，就是要模拟事业部制的独立经营，单独核算，而不是真正的事业部，实际上是一个个"生产单位"。这些生产单位有自己的职能机构，享有尽可能大的自主权，负有"模拟性"的盈亏责任，目的是要调动他们的生产经营积极性，达到改善企业生产经营管理的目的。需要指出的是，各生产单位由于生产上的连续性，很难将它们截然分开，就以连续生产的石油化工为例，甲单位生产出来的"产品"直接就成为乙生产单位的原料，这当中无需停顿和中转。因此，它们之间的经济核算，只能依据企业内部的价格，而不是市场价格，也就是说这些生产单位没有自己独立的外部市场，这也是与事业部的差别所在。

模拟分权制的优点除了调动各生产单位的积极性外，就是解决企业规模过大不易管理的问题。高层管理人员将部分权力分给生产单位，减少了自己的行政事务，从而把精力集中到战略问题上来。其缺点是，不易为模拟的生产单位明确任务，造成考核上的困难；各生产单位领导人不易了解企业的全貌，在信息沟通和决策权力方面也存在着明显的缺陷。

11.3.3.4.6　矩阵制

在组织结构上，把既有按职能划分的垂直领导系统，又有按产品（项目）划分的横向领导关系的结构，称为矩阵组织结构。

矩阵制组织是为了改进直线职能制横向联系差，缺乏弹性的缺点而形成的一种组织形式。它的特点表现在围绕某项专门任务成立跨职能部门的专门机构上，例如组成一个专门的产品（项目）小组去从事新产品开发工作，在研究、设计、试验、制造各个不同阶段，由有关部门派人参加，力图做到条块结合，以协调有关部门的活动，保证任务的完成。这种组织结构形式是固定的，人员却是变动的，需要谁，谁就来，任务完成后就可以离开。项目小组和负责人也是临时组织和委任的。任务完成后就解散，有关人员回原单位工作。因此，这种组织结构非常适用于横向协作和攻关项目。

矩阵结构的优点是：机动、灵活，可随项目的开发与结束进行组织或解散；由于这种结构是根据项目组织的，任务清楚，目的明确，各方面有专长的人都是有备而来。因此在新的工作小组里，能沟通、融合，能把自己的工作同整体工作联系在一起，为攻克难关，解决问题而献计献策，由于从各方面抽调来的人员有信任感、荣誉感，使他们增加了责任感，激发了工作热情，促进了项目的实现；它还加强了不同部门之间的配合和信息交流，克服了直线职能结构中各部门互相脱节的现象。

矩阵结构的缺点是：项目负责人的责任大于权力，因为参加项目的人员都来自不同部门，隶属关系仍在原单位，只是为"会战"而来，所以项目负责人对他们管理困难，没有足够的激励手段与惩治手段，这种人员上的双重管理是矩阵结构的先天缺陷。由于项目组成人员来自各个职能部门，当任务完成以后，仍要回原单位，因而容易产生临时观念，对工作有一定影响。

矩阵结构适用于一些重大攻关项目。企业可用来完成涉及面广的、临时性的、复杂的重大工程项目或管理改革任务。特别适用于以开发与实训为主的单位，例如科学研究，尤其是应用性研究单位等。

11.3.3.4.7　委员会

委员会是组织结构中的一种特殊类型，它是执行某方面管理职能并以集体活动为主要特征的组织形式。实际中的委员会常与上述组织结构相结合，可以起决策、咨询、合作和协调作用。

优点：①可以集思广益；②利于集体审议与判断；③防止权力过分集中；④利于沟通与协调；⑤能够代表集体利益，容易获得群众信任；⑥促进管理人员成长等。

缺点：①责任分散；②议而不决；③决策成本高；④少数人专制等。

11.3.3.4.8　多维立体组织结构

这种组织结构是事业部制与矩阵制组织结构的有机组合。多用于多种产品，跨地区经营的组织。优点：对于众多产品生产机构，按专业、按产品、按地区划分；管理结构清晰，便于组织和管理。缺点：机构庞大，管理成本增加、信息沟通困难。

11.3.4　企业选址

选址对于企业来说非常重要。这是因为选址对企业建成后的生产经营费用、产品和服务质量以及成本都有极大而长久的影响。一旦选择不当，它所带来的不良后果不是通过建成后的加强和完善管理等其他措施可以弥补的。因此，在进行选址时，必须充分考虑到多方面因素的影响，慎重决策。其次，除新建企业的选址问题以外，随着经济的发展，城市规模的扩大，以及地区之间的发展差异，很多企业面临着迁址的问题，等等。可见，选址是很多企业都面临的，是现代企业生产运作管理中的一个重要问题。

11.3.4.1　选址的战略目标

对于一个特定的企业，其最优选址取决于该企业的类型。工业选址决策主要是为了追求成本最小化；而零售业或专业服务性组织机构一般都追求收益最大化；至于仓库选址，可能要综合考虑成本及运输速度的问题。总之，选址的战略目标是使地址的选择能给企业带来最大化的收益。

11.3.4.2　影响选址的因素

11.3.4.2.1　经济因素

物流费用。产品和原料的运输成本在总成本中均占有较大的比重。交通条件的好坏、运输距离的远近、运输环节的多少、运输手段及运输时间的不同，均对交通运输成本构成直接的影响。因此，合理选址可以使运输成本降低、服务水平提高。因此，应该尽量选择选择靠近铁路、高速公路、海港或其他交通运输条件较好的地区。

人力资源的可得性与费用。不同地区的人力资源状况是有很大差别的，其教育水平、文化素质、劳动技能、工资费用等都不同，这也是企业选址的必要考虑因素。劳动力成本是企业经营成本中比较重要的一部分，选择劳动力丰富并且价格低廉的地区，将有利于降低经营成本。

能源供应及三废（废水、废气、废渣）处理条件。对于任何一个企业来说，选址必须保证水、电、气的供应，同时还包括对三废的处理。对于那些能源消耗较大的生产，动力能源的获得有着举足轻重的影响。选址关系到能否获得价格相对低廉的能源，从而相对降低生产成本。对于制造业企业来说，选址必须保证水电等的供应，同时保证三废有符合法律法规的处理及排放条件。

11.3.4.2.2　政治因素

有些地区为了促进地方经济发展，往往采取鼓励企业在当地落户的政策，在各地划出特区或各种经济开发区，低价出租或出售土地、厂房、仓库，并在税收、资本等方面提供优惠政策。同时，这些地区的基础设施情况也较好，交通、通信、能源、用水都很便利。

11.3.4.2.3　社会因素

企业所在地区如果有良好的住房条件、学校、医院、体育娱乐设施，能够给员工提供良好的居住、购物、教育、交通、娱乐、保健等服务的生活环境，可以减少企业与社会的负担，也可以提高员工的工作效率。企业周围的生活配套设施如果比较齐全，可以减少企业自身的投资。

11.3.4.2.4　自然因素

企业在选址的时候，还要考虑到所选位置的地理、气候等自然条件。温度、湿度、气压、风向等因素会对某些产品的质量、库存和员工的工作条件带来不利的影响。企业愿意在气候适宜的地方建造，不仅可以降低通风、采暖、除湿、降温的费用，还能避免由于气候原因导致的停工待料、延误交货、无法正常生产造成的损失。

11.3.4.2.5　其他因素

供应商条件。由于市场需求的多变，生产系统的柔性日益被企业所重视，越来越多的企业要求供应商及时送货、小批量供货。另外，企业之间的竞争营业逐渐演变为供应链之间的竞争。因此，要求企业与供应商之间要有很好的合作关系。这就要求选址的时候必须考虑与供应商之间的物理距离。

环境保护。企业在经营过程中会发生一些废物。有些废物的排放可能会对环境造成危害。因此，在选址的时候应考虑尽可能选在对环境影响最小的地方，并且要便于进行污染处理。

11.3.4.3　选址影响因素的权衡

第一，必须仔细权衡所列出的这些因素，决定哪些是与设施选址紧密相关的，哪些虽然与企业经营或经营结果有关，但是与设施位置的关系并不大，以便在决策时分清主次，抓住关键。否则，有时候所列出的影响因素太多，在具体决策时容易主次分不清楚，做不出最佳的决策。

第二，在不同情况下，同一影响因素会有不同的影响作用，因此，决不可生搬硬套任何原则条文，也不可完全模仿照搬已有的经验。

第三，对于制造业和非制造业的企业来说，要考虑的影响因素以及同一因素的重要程度可能有很大不同。一项在全球范围内对许多制造业企业所作的调查表明，企业认为下列 5 组因素是进行设施选址时必须考虑的劳动力条件、与市场的接近程度、生活质量、与供应商和资源的接近程度、与其他企业设施的相对位置等。

由此可见，制造业企业在进行设施选址时，要更多地考虑地区因素，而对于服务业来说，由于服务项目难以运输到远处，那些需要与顾客直接接触的服务业企业的服务质量的提高有赖于对最终市场的接近与分散程度时，设施必须靠近顾客群。例如，一个洗衣店或一个超级市场，影响其经营收入的因素有多种，但其设施位置有举足轻重的作用。如设施周围的人群密度、收入水平、交通条件等，将在很大程度上决定企业的经营收入。对于一个仓储或配送中心来说，与制造业的工厂选址一样，运输费用是要考虑的一个因素，但快速接近市场可能更重要，可以缩短交货时间。此外，制造业的生产的选址来说，与竞争对手的相对位置有时并不重要。而在服务业，可能是一个非常重要的因素。服务业企业在进行设施选址时，不仅必须考虑竞争者的现有位置，还需估计他们对新设施的反映。在有些情况下，选址时应该避开竞争对手，但在商店、快餐店等情况下，在竞争者附近设址有更多的好处。在这种情况下，可能会有一种"聚焦效应"，即受聚焦于某地的几个公司的吸引下而来的顾客总数，大于这几个公司分散在不同地方情况下的顾客总数。

11.3.4.4 企业选址基本原则

11.3.4.4.1 企业选址的费用原则

企业首先是经济实体，经济利益对于企业无论何时何地都是重要的。建设初期的固定费用，投入运行后的变动费用，产品出售以后的年收入，都与企业选址有关。

11.3.4.4.2 企业选址的集聚人才原则

人才是企业最宝贵的资源，企业地址选得合适有利于吸引人才。反之，因企业搬迁造成员工生活不便，导致员工流失的事实常有发生。

11.3.4.4.3 企业选址的接近用户原则

对于服务业，几乎无一例外都需要遵循这条原则，如银行储蓄所、邮电局、电影院、医院、学校、零售业的所有商店等。许多制造企业也把工厂建到消费市场附近，以降低运费和损耗。

11.3.4.4.4 企业选址的长远发展原则

企业选址是一项带有战略性的经营管理活动，因此要有战略意识。选址工作要考虑到企业生产力的合理布局，要考虑市场的开拓，要有利于获得新技术、新思想。在当前世界经济越来越趋于一体化的时代背景下，要考虑如何有利于参与国际间的竞争。

11.3.4.5 选址方法

仓库选址时除考虑以上自然环境、经营环境、基础设施状况等方面的因素外，利用数学方法对仓库位置进行量化分析也是仓库选址的重要方法之一。

设施选址的方法有基于选址成本因素的盈亏点平衡评价法、重心法、线性规划的表上作业法、启发式算法等，也有基于选址诸多因素的综合因素评价法。这些方法都是设施选址的量化分析方法，各有计算繁简，各有优势特点，也各有不足。在此着重介绍重心法和综合因素评价法。

11.3.4.5.1 重心法

重心法是一种设置单个厂房或仓库的方法，这种方法主要考虑的因素是现有设施之间的距离和要运输的货物量，经常用于中间仓库或分销仓库的选择。商品运输量是影响商品运输费用的主要因素，仓库尽可能接近运量较大的网点，从而使较大的商品运量走相对较短的路程，就是求出本地区实际商品运量的重心所在的位置。

设有一系列点分别代表生产地和需求地，各自有一定量货物需要以一定的运输费率运向位置待定的仓库，或从仓库运出，那么仓库该位于何处呢？我们以该点的运量乘以到该点的运输费率，再乘以到该点的距离，即可求出上述乘积之和（即总运输成本）最小的点。

精确重心法是一种以微积分为基础的模型，用来找出起止点之间使运输成本最小的中间设施的位置。如果要确定的点不止一个，就有必要将起止点预先分配给位置待定的仓库。这就形成了个数等于待选址仓库数量的许多起止点群落。随后，找出每个起止点群落的精确重心点。

针对仓库进行起止点分配的方法很多，尤其是在考虑多个仓库及问题涉及众多起讫点时。方法之一是把相互间距离最近的点组合起来形成群落，找出各群落的重心位置，然后将各点重新分配到这些位置已知的仓库，找出修正后的各群落新的重心位置，继续上述过程直到不再有任何变化。这样就完成了特定数量仓库选址的计算。该方法也可以针对不同数量的仓库重复计算过程。

11.3.4.5.2　综合因素评价法

综合因素评价法是基于影响设施选址的诸多因素而设计出的一种选址定量分析的方法。

设施选址的影响因素很多，有从地区选址宏观角度考虑的市场条件、资源条件、运输条件、社会环境等因素，它们对地理位置与设施特点的关系有很大的影响；有从选址的具体地点微观角度考虑的地形地貌条件、地质条件、施工条件、供排水条件、成本条件等因素。上述因素有些可以进行定量分析，并用货币的形式加以反映，称为经济因素或成本因素，可以采用基于选址成本因素的盈亏点平衡评价法、重心法、线性规划的表上作业法、启发式算法等方法进行选址分析评价。而有些因素诸如政策法规、气候条件、人文环境、环境保护等则是非经济因素，对这些非经济因素采用基于选址成本因素的盈亏点平衡评价法、重心法、线性规划的表上作业法、启发式算法等方法评价目前尚存在较大的难度。我国对这些非经济因素在设施选址上的影响，长期以来一直采用定性的经验分析方法，此方法很大程度上依赖于设计者个人的经验和直觉，使得有些决策存在较大的失误。

设施选址的一个重要原则是应根据系统分析的方法，求得整体优化，同时把定性分析与定量分析结合起来，避免决策的失误。如何采用更加科学的定量分析方法来避免或者减少定性分析方法的个人主观化色彩，是设施选址定量分析的经典，同时也是亟待解决和完善的问题。

综合因素评价法是目前设施选址对非经济因素影响进行定量分析的好方法。它是基于数理统计与概率论分析问题的方法，将非经济因素进行量化处理，然后用一定的方法计算各选址方案得分，以得分高的方案为合理方案。综合因素评价法的作用在于可以对影响设施选址的非经济因素（非成本因素）进行量化分析，为设施选址决策提供重要依据；不仅如此，综合因素评价法中的因次分析法还可以将影响选址的经济因素和非经济因素一并纳入进行计算分析评价，为设施选址决策提供重要依据，这一点是目前盈亏点平衡评价法、重心法、线性规划的表上作业法、启发式算法等方法很难做到的。

11.4　实训内容

11.4.1　案例资料

角色扮演将以一条简单的供应链为例进行实训。本实训项目考虑的是由一个超市、一个第三方物流企业、一个仓储企业和一个运输企业构成的简单供应链。当然，为了使整条供应链能正常运转起来，需有产品的来源生产或批发企业。但在本实训项目中，不安排学生具体扮演生产或批发企业的角色。供应链中产品的来源有三个：重庆某批发商、北京某生产商、上海某生产商，分别提供产品 1 和产品 2、产品 3 和产品 4、产品 5 和产品 6。产品 1、2、3、4、5、6 经过物流企业最终到达超市分店 1 和超市分店 2 进行销售。各角色之间关系如图 11.1 所示。

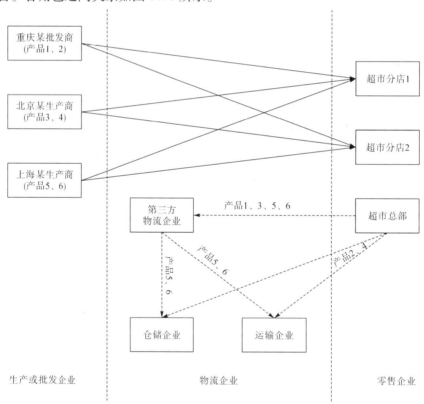

11.1　供应链中不同角色之间的关系图

产品到达超市过程中的物流活动的管理由超市总部负责。超市总部将产品 1、3、5 和 6 的物流活动外包给第三方物流企业，并与其签订此四种产品的物流外包合同。第三方物流企业由于各种原因，进一步将产品 5 和 6 的物流活动进一步外包出去，即委托仓储企业完成仓储活动、委托运输企业完成运输活动，并分别与仓储企业、运输企业签订物流外包合同。对于产品 2 和 4 的物流活动，超市总部分别委托仓储企业完成仓储活动、委托运输企业完成运输活动，并与之分别签订物流外包合同。在完成物流活动的过程中，运输企业与仓储企业之间存在货物的交接，但相互之间并没有业务往来，各自分别与自己的委托方签订合同并进行财务结算。

　　各条供应链需将自己组的 6 种产品对应产品 1、2、3、4、5 和 6。模拟时间及业务内容见表 11.1 所示。

表 11.1　　　　　　　　　　　　　　业务时间表

时间	业务内容
第一天	最终送至分店 1 的产品 2，1 个，由运输企业从重庆某批发商运输并送入仓储企业在重庆的仓库。 最终送至分店 2 的产品 3，1 个，由第三方物流企业安排车辆将产品 3 从北京某生产商处送至第三方物流企业在北京的仓库。 最终送至分店 2 的产品 6，1 个，由运输企业从上海某商处运送至仓储企业在上海的仓库。
第二天	最终送至分店 1 的产品 2，1 个，由运输企业从仓储企业在重庆的仓库运送至分店 1，入分店 1 的仓库。 最终送至分店 1 的产品 1，1 个，由第三方物流企业从重庆某批发商处直接运送至分店 1，入分店 1 的仓库。 最终送至分店 2 的产品 4，1 个，由运输企业从北京某生产商运输并送入仓储企业在北京的仓库。 最终送至分店 2 的产品 1，1 个，由第三方物流企业从重庆某批发商处直接运送至分店 2，入分店 2 的仓库。
第三天	最终送至分店 2 的产品 3，1 个，由第三方物流企业安排车辆将产品 3 从第三方物流企业在北京的仓库运送至分店 2，直接上分店 2 的货架。 分店 1 仓库中产品 2，1 个，上货架。 最终送至分店 2 的产品 4，1 个，由运输企业从仓储企业在北京的仓库运送至分店 2，入分店 2 的仓库。 最终送至分店 1 的产品 2，1 个，由运输企业从重庆某批发商运输并送入分店 1 的仓库。
第四天	分店 1 销售产品 2，1 个 分店 2 销售产品 3，1 个 最终送至分店 1 的产品 5，1 个，由运输企业从上海某生产商处运送至仓储企业在上海的仓库。 最终送至分店 1 的产品 3，1 个，由第三方物流企业安排车辆将产品 3 从北京某生产商处送至第三方物流企业在北京的仓库。 仓储企业按客户、产品、仓库分别进行盘点。 第三方物流企业按客户、产品、仓库分别进行盘点。
暂停	仓储企业、运输企业、第三方物流企业分别向客户提供四天以来的业务统计报表，并与之进行财务结算。 各企业对四天以来的业务进行统计分析，并总结模拟运行过程中存在的问题或不足，并进行相应的调整。

表11.1(续)

时间	业务内容
第五天	最终送至分店1的产品4，1个，由运输企业从北京某生产商运输并送入仓储企业在北京的仓库。 最终送至分店2的产品6，1个，由运输企业从仓储企业在上海的仓库运送至仓储企业在重庆的仓库。 最终送至分店1的产品3，1个，由第三方物流企业安排车辆将产品3从第三方物流企业在北京的仓库运送至第三方物流企业在重庆的仓库。
第六天	分店1仓库中产品1，1个，上货架。 分店2仓库中产品4，1个，上货架。 最终送至分店1的产品5，1个，由运输企业从仓储企业在上海的仓库运送至仓储企业在重庆的仓库。 最终送至分店2的产品6，1个，由运输企业从上海某生产商处运送至仓储企业在上海的仓库。
第七天	分店1销售产品1，1个 最终送至分店2的产品6，1个，由运输企业从仓储企业在重庆的仓库运送至分店2，入分店2的仓库。 最终送至分店1的产品5，1个，由运输企业从仓储企业在重庆的仓库运送至分店1，入分店1的仓库。 第三方物流企业按客户、产品、仓库分别进行盘点。
第八天	分店2销售产品4，1个 分店1仓库中产品5，1个，上货架。 最终送至分店1的产品4，1个，由运输企业从仓储企业在北京的仓库运送至仓储企业在重庆的仓库。 仓储企业按客户、产品、仓库分别进行盘点。
业务模拟结束	要求第三方物流企业、仓储企业、运输企业分别向客户提供四天以来的业务统计报表，并与之进行财务结算。 根据第三方物流企业、仓储企业和运输企业提供的两份不同时间段业务数据的统计报表，各企业运用所学知识对这两个时间段的业务运行情况进行比较分析，并写出分析报告。 各企业对四天以来的业务进行统计分析，并总结模拟八天运行过程中存在的问题或不足，并写出改进意见。

11.4.2 实训步骤

11.4.2.1 主要流程

（1）根据角色分工，组建公司。

（2）确定公司的业务范围及业务流程。

（3）与供应链上其他角色协调，完成运营模拟前的资料准备及信息共享。

（4）完成运营模拟。

11.4.2.2 详细内容

业务开始前的准备：

11.4.2.2.1 超市

（1）给本企业取名，公司设两个分店（请为各分店取名），打印并贴在相应位置；

确定企业地址（重庆主城某个区），确定各分店的地址（重庆主城某个区）及经营范围。

（2）确定本企业的组织结构，具体的岗位设置及人员分工。

（3）经营产品：来自重庆某批发商的"产品1"、"产品2"，来自北京某生产商的"产品3"、"产品4"，来自上海某生产商的"产品5"、"产品6"。

（4）供应商：批发商、北京某生产商和上海某生产商。

（5）网上查询资料确定供应商基本信息，如名称、地址、联系人及联系方式、供应产品信息等。

（6）编写货物字典。

（7）与第三方物流企业谈判，并与之签订"产品1"、"产品3"、"产品5"、"产品6"物流外包合同。

（8）分别与仓储企业、运输企业谈判，并与之签订"产品2"、"产品4"的物流外包合同。

（9）将货物字典部分信息、供应商部分信息以及分店部分信息提供给第三方物流企业、仓储企业、运输企业。

（10）将相关信息录入相应的管理信息系统。

11.4.2.2.2 第三方物流企业

（1）给本企业取名，打印并贴在相应位置。

（2）确定企业地址（重庆主城某个区）及经营范围。

（3）确定本企业的组织结构，具体的岗位设置及人员分工。

（4）在北京和上海分别设置一个仓库，用于存放客户来自北京和上海的产品，重庆可根据需要设置仓库。

（5）查询资料确定本公司物流设施、设备相关信息并录入系统。

（6）主营业务：完成超市委托"产品1"、"产品3"、"产品5"、"产品6"的物流活动。

（7）与仓储企业、运输企业谈判，并与之签订"产品5"、"产品6"的物流二次外包合同。

（8）将相关信息录入相应的管理信息系统。

11.4.2.2.3 仓储企业

（1）给本企业取名，打印并贴在相应位置。

（2）确定企业地址及经营范围。

（3）确定本企业的组织结构，具体的岗位设置及人员分工。

（4）在北京、上海和重庆分别设置一个仓库，用于存放客户来自北京、上海和重庆的产品。

（5）将相关信息录入系统，包括系统角色分配、权限分配等。

（6）提供的服务：为超市、第三方物流企业提供包括产品入库、在库、出库在内的仓储管理服务。

（7）服务的客户：超市、第三方物流企业。

（8）查询资料确定本公司物流设施、设备相关信息并录入系统。

（9）将相关信息录入系统。

11.4.2.2.4　运输企业

（1）给本企业取名，打印并贴在相应位置。

（2）确定企业地址及经营范围。

（3）确定本企业的组织结构，具体的岗位设置及人员分工。

（4）将相关信息录入系统，包括系统角色分配、权限分配等。

（5）提供的服务：为超市、第三方物流企业提供运输服务，包括产品从供应商到仓储企业的运输、产品从仓储企业到超市以及产品从供应商到超市各分店的运输。

（6）服务的客户：超市、第三方物流企业。

（7）查询资料确定本公司物流设施、设备相关信息并录入系统。

（8）将相关信息录入系统。

11.5　实训思考与练习

（1）供应链上各角色之间的业务协作是怎样的？

（2）思考供应链中不同角色的职责及相互关系。

（3）对结果进行统计分析，并针对实训过程中存在的问题提出解决思路。

第 12 章　供应链一体化桌面沙盘综合实训

本章目的和任务

1. 深入了解供应链一体化桌面沙盘综合实训相关的基本概念、特点以及工作内容等问题，对供应链一体化桌面沙盘综合实训相关理念有个总体认识。

2. 了解供应链一体化桌面沙盘综合实训的总体流程和基本规则、禁忌规则。

3. 在实训过程中注意体会批量规则、生产能力约束、成本约束，并在实训后完成思考题。

本章要点

1. 供应链一体化与全程电子商务。

2. 回收物流。

3. 经济生态圈与市场监管。

4. 企业资源计划 ERP。

12.1　实训目的

在传统的教学模式下，多数学生缺乏对课程的理解，因而没有明确的目标定位，致使学习动力不足。因为只有学习者清晰地意识到自己的学习目标并形成与获得所希望的成果相应的预期时，学习才可能是成功的。学习目标不是从外部、由他人制定的，而是形成于学习过程的内部，由学习者自己制定的。如果学生缺乏管理自己学习的能力，他们就不可能成为自主的思考者和学习者，学生应该在教师的帮助下，发展自己控制学习过程的能力。在教学中很多教师没有意识到指导学生明确学习目标的重要性，导致学生学习动力不足。

传统教学过程中，学生是在情境缺失的状况下学习相关理论的。他们没有更多的对相关环境、要素之间的关系、教学实践的了解，缺少实践机会，学习过程中缺乏"认知冲突"，只能是机械记忆书本上的理论，而无法进行积极的知识建构。学生在这样的教学环境中，经常缺乏实际情境的支持，而单纯进行理论知识的学习。学生通过与现实生活分离的教学科目被动地学习知识"。

从现实情况来看，学生如果仅仅重视物流和商务中的理论概念知识，对于今后工作中的能力提升非常有限。另一方面，一段时间以来，电子商务、贸易、市场营销、物流等仿真软件越来越多地进入高校，然而从学生反馈的效果来看去不尽如人意。教学仿真类软件距离真实企业现状有较大的距离，更重要的原因是软件将复杂的计算、流转等过程大量简化或隐藏在后台，使学生在实训、实训过程中感受不直观、印象不深刻、思路不明晰、理解不透彻。例如通过对多种 ERP 软件仿真系统和沙盘仿真系统的研究，发现在生产与物流等方面仍存在不足。目前，经管类实训中表现出来的主要问题有：

一，常规的教学仿真类软件无法让人直观体验，无法体现物流状态，情境设计不科学，学生积极性不高、效果不理想；二，沙盘实训方案中缺乏制造装配模拟，局限于财务数据的变化，无法体现制造业的生产过程、物流过程。

本实验教学通过调研现有工业企业、物流企业在现实工作中的业务流程及数据流向的变化规律，结合高校实训教学的约束条件，综合建构主义理论中的多种模式，设计出直观的仿真实训方案；拟解决高校教学中学生在实训、实训过程中感受不直观、印象不深刻、思路不明晰、理解不透彻的问题，达到高效率、高质量、高满意度的"三高"实训教学目标，实现理论教学和单纯仿真电脑软件中无法企及的升华。

学生在理论课程学习之后，存在着极迫切想进入企业实习、体验的心理预期。然而，在大学本科教育大众化、企业业务复杂化、学生学习安排紧张的今天，非实习阶段的在校学生进入企业，存在着企业难以接受和指导，影响其他课程教学安排等一系列教学管理难题。因此，在校内构建仿真实训方案，就成为解决这一难题的有效手段。

本实训的目的就在于解决前述问题，通过设计一套基于构建主义教学理论、采用桌面游戏与沙盘演练方法的实训方案，使学生在学校期间得到一个不依赖电脑、具备动手操作效果的训练过程。

12.2　实训要求

本实训过程中需要使用相关的专用教具和表格。学生需要按角色进行分组、每组选择一名学生担任财务人员，用专用表格记录实训数据。为了简化计算，这里采用提前预设好的 Excel 电子表格进行计算。因此，每组需要准备一台电脑，并安装有 Excel 电子表格软件。

由于要采用分组（模拟企业）的方式进行，因此最好每个组有一个较宽大的桌面（建议采用 2~4 张课桌拼接），每组有一台电脑便于进行数据统计和分析。

12.3　实训理论基础

供应链桌面沙盘综合实训基于建构主义教学理念，避免过多抽象概念，提倡情意教学。教学方法采用融桌面游戏的趣味性与沙盘演练的对抗性于一体的方法，将现实世界中供应链运作过程中的问题以生动形象的方式展示到教学实训过程之中。

　　实训过程中，不可避免地涉及众多的知识点，因此本节将对该类知识点逐一解析，让学生在实训之前对此知识点进行熟悉，以便更好地进行后续实训操作。

12.3.1　建构主义教学理念概述

12.3.1.1　建构主义教学理念及其对现行教学效果改进的意义

　　建构主义是学习理论中行为主义发展到认知主义以后的进一步发展，被誉为当代教育心理学中的一场革命。建构主义学习理论认为，学习过程不是学习者被动地接受知识，而是积极地建构知识的过程，建构主义学习活动以学习者为中心，鼓励学习者进行批判型思维。这一理论给学习和教学带来了一场新的革命，对教育学的教学改革极具启发意义。

　　建构主义强调，知识并不是对现实的准确表征，它只是一种解释、一种假设，它并不是问题的最终答案。相反，它会随着人类的进步而不断地被"革命"掉，并随之出现新的假设；而且，知识并不能精确地概括世界的法则，在具体问题中，需要针对具体情境进行再创造。另外，建构主义者认为，知识不能以实体的形式存在于具体个体之外，尽管我们通过语言符号赋予了知识一定的外在形式，但这并不意味着学习者会对这些命题有同样的理解，因为这些理解只能由个体学习者基于自己的经验背景而建构起来，这取决于特定情境下的学习历程。根据这种观点课本知识只是一种关于各种现象较为可靠的假设，而不是解释现实的模板，因为经过筛选与提炼的知识不可能把现实具体而复杂的背景涵盖过去。

　　建构主义认为，知识不是通过教师传授得到，而是学习者在一定的情境即社会文化背景下，在获取知识的过程中，借助其他人（包括教师和学习伙伴）的帮助，利用必要的学习资源，通过意义建构的方式而获得的。由于学习是在一定的情境即社会文化背景下，借助其他人的帮助，即通过人际间的协作活动而实现的意义建构过程，因此建构主义学习理论认为"情境"、"协作"、"会话"和"意义建构"是学习环境中的四大要素或四大属性。建构主义学习理论受康德哲学的影响，强调学习者学习知识时主体认识特点的作用。

　　学习不是由教师简单地把知识传递给学生，而是由学生自己主动建构知识的过程，这种建构是无法由他人来代替的。

　　建构主义认为教学不能无视学生的经验，另起炉灶，从外部装进新知识，而是要把学生现有的知识经验作为新知识的生长点，引导学生从原有的知识经验中"生长"出新的知识经验。教学不是知识的传递，而是知识的处理和转换。建构主义把教学看成是一种培养学生主体性的创造活动，要求在教学活动中尊重学生主体地位，发挥学生的自觉性、主动性、创造性，不断提高学生的主体意识和创造力，最终使学生成为能自我教育的社会主体。

　　建构主义教学的目的是培养新世纪的善于学习的终身学习者，他们能够自我控制学习过程，具有自我分析和评价能力，具有反思与批判能力，具有创新精神。建构主义教学意味着教师和学生的作用的改变，教师和学生都要努力成功地适应自己的新角色。

　　建构主义认为，教师应该在教学中使用真实的任务和学习领域内的一些日常活动或实践。这些接近生活，真实的、复杂的任务整合了多重的内容或技能，它们有助于学生用真实的方式来应用所学的知识，同时也有助于学生意识到他们所学知识的相关性和有意义性。因此，结合学生的兴趣让他们选择教育现实中的问题进行探究，才会有利于他们教育理论与实践知识的积极建构。

12.3.1.2 建构主义教学模式简介

目前，在建构主义学习理论影响下形成的教学模式主要有：抛锚式教学（anchored instruction）模式、认知学徒（cognitive apprenticeship）模式、随机通达教学（random access instruction）模式等。

12.3.1.2.1 抛锚式教学

抛锚式教学的主要目的是"使学生在一个完整、真实的问题背景中，产生学习的需要，并通过镶嵌式教学以及学习共同体中成员间的互动、交流，凭借自己的主动学习、生成学习，亲身体验从识别目标到提出并达到目标的全过程。这种教学要求创设有趣的、真实的情境以鼓励学习者积极地进行知识建构。"

这种教学要求建立在有感染力的真实事件或真实问题的基础上。确定这类真实事件或问题被形象地比喻为"抛锚"，因为一旦这类事件或问题被确定了，整个教学内容和教学进程也就被确定了（就像轮船被锚固定一样）。建构主义认为，学习者要想完成对所学知识的意义建构，即达到对该知识所反映事物的性质、规律以及该事物与其他事物之间联系的深刻理解，最好的办法是让学习者到现实世界的真实环境中去感受、去体验（即通过获取直接经验来学习），而不是仅仅聆听别人（例如教师）关于这种经验的介绍和讲解。由于抛锚式教学要以真实事例或问题为基础（作为"锚"），所以有时也被称为"实例式教学"或"基于问题的教学"。

12.3.1.2.2 认知学徒式教学

认知学徒制是一种"做中学"的最早的形式，这种置于真实情境中的任务提供了学习的有组织的和统一的作用和目的。"认知学徒制"就是要改变传统的脱离现实生活的教学。

12.3.1.2.3 随机通达式教学

随机通达教学是斯皮罗（Spiro）等人提出来的，他把学习分为初级学习和高级学习。初级学习是学习中的初级阶段，学生只需掌握一系列概念和事实，并在相同情境中再现这些概念和事实；高级学习要求学生掌握概念的复杂性，并能广泛而灵活地应用到具体的情境中。建构主义寻求适合于高级学习的教学策略——随机访问教学，即在教学中避免抽象地谈概念的一般应用，而是要把概念具体到一定的实例中，并与具体情境联系起来。换句话说，学习者可以随意通过不同途径、不同方式进入同样教学内容的学习，从而获得对同一事物或同一问题的多方面的认识和理解，这就是随机访问教学。

由于事物的复杂性和问题的多面性，要做到对事物内在性质和事物之间相互联系的全面了解和掌握、即真正达到对所学知识的全面而深刻的意义建构是很困难的。往往从不同的角度考虑可以得出不同的理解。为克服这方面的弊病，在教学中就要注意对同一教学内容，要在不同的时间、不同的情境下，为不同的教学目的、用不同的方式加以呈现。换句话说，学习者可以随意通过不同途径、不同方式进入同样教学内容的学习，从而获得对同一事物或同一问题的多方面的认识与理解，这就是所谓"随机进入教学"。显然，学习者通过多次"进入"同一教学内容将能达到对该知识内容比较全面而深入的掌握。这种多次进入，绝不是像传统教学中那样，只是为巩固一般的知识、技能而实施的简单重复。这里的每次进入都有不同的学习目的，都有不同的问题侧重点。因此多次进入的结果，绝不仅仅是对同一知识内容的简单重复和巩固，而是使学习者获得对事物全貌的理解与认识上的飞跃。

随机进入教学的基本思想源自建构主义学习理论的一个新分支——"弹性认知理论"（cognitive flexibility theory）。这种理论的宗旨是要提高学习者的理解能力和他们的知识迁移能力（即灵活运用所学知识的能力）。不难看出，随机通达教学对同一教学内容，在不同时间、不同情境下，为不同的目的、用不同方式加以呈现的要求，正是针对发展和促进学习者的理解能力和知识迁移能力而提出的，也就是根据弹性认知理论的要求而提出的。

学习可以分为初级学习与高级学习两种层次。初级学习是学习中的低级阶段，教师只要求学生知道一些重要的概念和事实，在作业中学生只要将他们所学的东西按原样再生出来，为此，初级学习的内容主要是结构良好的领域（well - structured domain）。

传统教学往往混淆了初级学习与高级学习之间的界限，将初级学习阶段的教学策略（如将整体分割为部分、着眼于普遍原则的学习、建立单一标准的基本表征等）不合理地推及到高级学习阶段的教学中；同时，教学设计从低到高、由局部到整体地展开学习过程的做法，使得教学过于简单化。这种简单化使得学生的理解简单片面，妨碍了学习在具体情境中更广泛而灵活地迁移。

建构主义的目的就是要寻求适合于高级学习的教学途径。其中适合于高级学习的教学途径之一就是随机通达教学（Random Access Instruction）。"随机通达教学"认为，对同一内容的学习要在不同时间多次进行，每次的情境都是经过改组的，而且目的不同分别着眼于问题的不同侧面。这种反复绝非为巩固知识技能而进行的简单重复，因为在各次学习的情境中会有互不重合的地方，而这将使学习者对概念知识获得新的理解。这种教学避免抽象地谈概念的一般运用，而是把概念具体到一定的实例中，并与具体情境联系起来。每个概念的教学都要涵盖充分的实例（变式），分别用于说明不同方面的含义，而且各实例都可能同时涉及其他概念。在这种学习中，学习者可以形成对概念的多角度理解，并与具体情境联系起来，形成背景性经验。这种教学有利于学习者针对具体情境建构用于指引问题解决的图式。可以看出，这种思想与布鲁纳关于训练多样性的思想是一致的，是这种思想的深入发展。

12.3.2　桌面游戏与沙盘实训简介

12.3.2.1　桌面游戏

12.3.2.1.1　桌面游戏简介

桌上游戏这个名词来源于英文 Board Game，也译作"桌面游戏"，简称 BG，或称

"桌上游戏"、"桌游"，桌上游戏发源于德国，在欧美地区已经风行了几十年。大家以游戏会友、交友。在国外。桌上游戏内容涉及战争、贸易、文化、艺术、城市建设、历史等多个方面，大多使用纸质材料加上精美的模型辅助。它是一种面对面的游戏，非常强调交流。因此，桌面游戏是家庭休闲、朋友聚会甚至商务闲暇等多种场合的最佳沟通方式。本世纪初它也登录到国内，风靡白领群体。

狭义地说"桌上游戏"最初是用来特指运用一些指示物或者物件在特定的图板或盘面上（通常是为某个游戏而设计的）放置、移除或者移动来进行的游戏。这类游戏最广为人知的代表是：大富翁（强手棋／Monopoly）。但是，从广义上来讲，桌上游戏也可以是指一个很宽泛的游戏类型。英文也有 Tabletop Game 之说，广义的桌上游戏意义和 Tabletop Game 是相近的：是指一切可以在桌面上或者某个多人面对面的平台上玩的游戏，与运动或者电子游戏相区别，桌上游戏更注重对多种思维方式的锻炼、语言表达能力锻炼及情商锻炼，并且不依赖电子设备及电子技术。比如以下这些常见的游戏都是属于桌上游戏的范畴：麻将，象棋，扑克，杀人游戏（werewolf／lupus of tabula），万智牌（magic）。

当今大多数时候，我们说的桌上游戏是特指桌上游戏中的版图游戏，这类游戏通常是用特制的地图板，运用大量道具虚拟多种资源的生产、交易等流动过程，并紧密结合在一个统一的文化背景之下。透过这种游戏，可以训练人的思考力、记忆力、联想力、判断力，可以学习如何与别人相处、沟通，重在对互相的智力水平和分析计算能力挑战。而且，桌上游戏对玩家年龄的差别要求不大，适合家庭成员一起进行游戏从而增进家庭成员间的感情。通过游戏提高参与者的思维及逻辑推理能力，使游戏者认识到各种学科理论的应用，并为求达到目标制订出详细的策略与全盘计划。

从有人类文明开始就有了桌上游戏的开始。几乎在各种古文明甚至某些史前文明中都可以发现桌上游戏的痕迹。在大量的历史文献，考古遗迹中我们都发现了桌上游戏存在的证据——MERKNERA 埃及法老古墓中我们发现了 SENET 这一迄今认为是最古老的桌上游戏。

桌上游戏在现代的复兴起于 20 世纪初期，随着西方国家里中产阶级的形成而兴起。这一人群有着可供休闲消费的时间和金钱条件，并且受过良好的教育，他们理所当然地成为这一游戏方式的接受者。这种流行在二战后更加广泛：世界政治经济体系面临战后重建，但人们又无法熄灭对战争与竞争渴求的星星之火，于是大量以游戏方式模拟竞技的桌上游戏应运而生，其中更包括了大量以虚拟战争为主题材的原形，这成为了桌上游戏发展的黄金时代。电脑游戏是桌面游戏的近亲，很多里程碑式的电脑游戏如"文明"全是在其桌上游戏的版本上发展而来。随着电脑游戏的兴起，桌上游戏有着衰退的迹象，直到近年来，博智式，也被称为德式桌面游戏的兴起使得桌上游戏又焕发了新的青春。

12.3.2.1.2　桌面游戏分类

在国外，桌面游戏已经成为与书本一样品种多样的出版物，内容涉及战争、贸易、文化、艺术、城市建设、历史等多个方面。在漫长的发展时期中，形成了特点鲜明的两大派系，就是业内常说的"德式桌面游戏"（如图 12.1）以及"美式桌面游戏"。

图 12.1 德式桌面游戏

桌上游戏包括有许多类型。这些类型并不一定是绝对划分的，有的游戏也许有多个类型的特点，也不是所有的桌上游戏都能划分到某个类型中去。

（1）德式桌上游戏（German games）。

原本是指德国设计的一类游戏。而如今，即使有些桌游不是产自德国的，但是具有了德式桌上游戏特点，那么这类游戏也被划入到这一类游戏中来。传统的德式桌游强调规则简洁，玩家上手相对容易，并且在整盘游戏结束之前没有玩家会退出游戏。一些大型的德式版图游戏注重玩家个体的策略思考，并依靠多种条件来实现玩家间的制约及互动。德式桌上游戏更适合 2～6 人的家庭娱乐或小范围朋友间进行游戏，因此也诞生了很多著名的 family games。典型的德式桌游有卡坦岛（settlers of catan），卡卡颂（carcassonne）、电力公司（power grid）等。

（2）美式桌上游戏（American style board games）。

美国模式的桌面游戏。通常具有一个很完善的主题（theme），并代入浓烈的角色扮演要素。强调玩家与玩家之间的直接竞争与冲突，并很可能导致某些玩家提前退出游戏。美式文化氛围注重冒险精神，也导致了此类型的游戏更注重未知事物的刺激，这也是为何通常美式桌面游戏会包含一定程度的运气成分。后期，美式桌面游戏还派生出了很多的肢体动作类游戏，要求玩家模拟一些行为，并常常在多人参与的大型聚会中扮演 Party games 的角色。典型的美式桌面游戏有强手棋（monopoly）、扭扭乐（twister）、同盟国与轴心国（axis and allies）等。

（3）棋类桌上游戏。

用棋子＋棋盘或者单纯的棋子构成的游戏机制，重点围绕棋子的摆放、移动方式、分值数学模型等来规划游戏规则。代表游戏有：围棋、象棋；后续作品如：冰山棋、火山棋、智谋棋、大力士棋、六子棋、昆虫棋等，比较个性的作品如角斗士（含区域控制要素）、陆战棋（含战争游戏要素）、彩虹棋（含图形变换要素）、Mr Jack 以及妙探寻凶（含逻辑推理、心理猜测因素）等，因为其道具平台的问题，仍然可以划归此类。

（4）牌类桌上游戏。

用卡牌为核心运作的游戏机制，重点围绕卡牌的大小、功能、分值数学模型、牌库构建、手牌规划管理等来规划游戏规则，后续作品的卡牌个体还涵盖了收集、交换的概念。代表游戏有：扑克；后续作品有：UNO、Tichu、谁是牛头王、极限、古战线、领土等；比较个性的作品有：黑帮争斗卡牌版（含空间跑位要素）、大富翁卡牌版（含现金流经营要素）、吹牛（含拍卖、欺骗要素）、银河竞逐（含资源管理要素）、晦暗世界（Gloom、含角色扮演要素）等，因为其道具平台的问题，仍然可以划归此类。

（5）文字谈判类桌上游戏。

依托于语言谈判或文字交际进行的游戏，注重利益分析和说服、欺骗效果，最脱离"桌上"的本质概念，但因为个别配有简单的棋子或卡牌，仍然归为桌上游戏范畴。代表作品有：元老院、我是大老板。比较个性的作品有：僵尸商场（含空间占位要素）、唐人街（含区域规划、放置收集要素）等，因为其本质机制的问题，仍然可以划归此类。

（6）图形创意类桌上游戏。

依托于图形组合分辨或语言、文字表述进行的游戏，注重对图形空间的理解、创意和语言沟通，绝大部分需要道具。代表作品有：很久很久以前、只言片语、咪咪眼等。比较片个性的游戏有：捉鬼（语言创意沟通、含欺骗要素）、SET（含肢体反应要素）等，因为其本质机制的问题，仍然可以划归此类。

（7）肢体操作类桌上游戏。

以肢体动作为核心的游戏机制，包括模拟、反应、极限挑战等要素。代表作品有：扭扭乐、你是机器人、捣蛋大法师、通缉令、世纪建筑师、平衡天使等，国内最新推出的《回转寿司》也属于此类。

（8）版图策略类桌上游戏。

很大的一类，策略这个涵义广泛的词包括常见的资源管理、经营、现金流、区域规划/控制、心理预估、逻辑推理等等，主要通过版图和多种道具来实现策略的系统运作和整体性。代表作品有：卡坦岛、马尼拉、波多黎各、电厂、两河流域、小世界、穿越时代（历史巨轮）、冷战等绝大多数德式桌面游戏作品。要注意的是与战争游戏的区分。

（9）战争类桌上游戏。

以大范围的版图甚至沙盘运作的、包含众多兵种参与的模拟战争游戏。有多种策略综合的体现，规则一定涉及具体单位的行动方式、能力特性等，并有明确的区域概念。代表作品有：战锤、战争之道、星际争霸。部分简化构造及游戏时间的过渡产品如《权力的游戏 版图版》属此类的边缘产品。

（10）桌上角色扮演类游戏。

此类游戏同样含有大量要素，但最重要的是有一个固定的核心剧情，且可能每次游戏都不相同；它具有可套入、可成长的游戏角色，可供玩家去扮演操作。桌上角色扮演游戏所处理的是真实的个人行为，各种各样遭遇的结果则是取决于玩者的行动、仲裁者的作风，以及以骰子进行的随机数程序。代表游戏有：链甲（Chainmail）、龙与地下城，魔兽争霸战役版等等，部分简化的游戏如《小白世纪》等属于此类的衍生产品。

12.3.2.1.3　桌面游戏的特点

桌上游戏大多使用纸质材料（或者加上精美的模型辅助），而不需要其他电子设备的辅助。它不插电（unplugged），却有着网络游戏的特点——强调交流，并且是一种人与人面对面的游戏方式。玩游戏最好的状是人和人的直接接触，互相有交流，比如大家熟知的"天黑请闭眼"的游戏就不可能在网上进行，如果没有了面对面的表情和身体语言变化，这种游戏也就失去交流的乐趣。因此，桌游是一种非常适合朋友与家庭聚会的游戏，它有着更纯粹更质朴的游戏性。全世界很多电子游戏设计者都在桌游中寻找灵感，或者以桌游的方式测试他们的新创意。

因此，近现代的桌上游戏大致有如下几个特点：

（1）游戏通常被设计为多人游戏，一般供 2～8 人进行，一局的游戏时间一般在半小时到两个小时。

（2）游戏规则简单易懂，即使是 8～12 岁的儿童也可以掌握。另一方面游戏对策略的运用要求很高，使得游戏对成人同样有极大的吸引力。

（3）游戏设计运用历史、经济、战争、文化、艺术与建筑等多种主题以及趣味横生的规则设计，最大程度推动游戏者间的互动参与。与传统桌上游戏中通过掷骰子移动步数，以及随机抽取的方式进行游戏相比丰富许多。

（4）游戏中通常没有参与者会在游戏中途被淘汰，游戏在某个或多个游戏者达成某种目标或者一定的回合后结束。

（5）游戏设计绘图富有艺术创意，制作精良，用材讲究，使得每个游戏都成为游戏者乐于收藏的作品。

（6）游戏具有良好的开放性，支持玩家自创或扩展规则，并参与一些开放素材和规则以供玩家自行制作的良好模式。这在国外被称为"即打印型桌上游戏"（Print Play Games）。

12.3.2.2　沙盘演练

相较于桌面游戏通常 2～8 人的规模，沙盘演练可以融入更多复杂元素，将更多的团队策略应用进来，实现更大规模更复杂策略的营运。

沙盘演练又叫沙盘模拟培训、沙盘推演，源自西方军事上的战争沙盘模拟推演，是通过引领学员进入一个模拟的竞争性行业，由学员分组建立若干模拟公司，围绕形象直观的沙盘教具，实战演练模拟企业的经营管理与市场竞争，感悟经营决策真谛。

12.3.2.2.1　沙盘演练的概念

沙盘演练又叫沙盘模拟培训、沙盘推演，是通过引领学生进入一个模拟的竞争性行业，由学员分组建立若干模拟公司，围绕形象直观的沙盘教具，实战演练模拟企业的经营管理与市场竞争，在经历模拟企业 3～4 年的荣辱成败过程中提高战略管理能力，感悟经营决策真谛。每一年度经营结束后，学生通过对"公司"当年业绩的盘点与总结，反思决策成败，解析战略得失，梳理管理思路，暴露自身误区，并通过多次调整与改进的练习，切实提高综合管理素质。

12.3.2.2.2　沙盘培训的来源

企业沙盘模拟培训源自西方军事上的战争沙盘模拟推演。企业培养优秀管理人才同样面临代价高昂的困扰，因此，英、美知名商学院和管理咨询机构开发出了企业沙盘模拟培训这一新型现代培训模式。战争沙盘模拟推演通过红、蓝两军在战场上的对抗与较量，发现双方在战略战术上存在的问题，提高指挥员的作战能力，模拟推演跨越了通过实战军演检验与培养高级将领的巨大成本障碍和时空限制，受到世界各国的普遍运用。英、美知名商学院、管理咨询机构很快意识到这种方法同样适合企业对中、高层经理的培养和锻炼，随即对军事沙盘模拟推演进行了广泛的借鉴与研究，最终开发出了企业沙盘实战模拟培训这一新型现代培训模式。

12.3.2.2.3 沙盘模拟培训的优点

沙盘模拟培训特有的互动性、趣味性、竞争性特点，能够最大限度地调动学员的学习兴趣，使学员在培训中处于高度兴奋状态，充分运用听、说、学、做、改等一系列学习手段，开启一切可以调动的感官功能，对所学内容形成深度记忆，并能够将学到的管理思路和方法在实际工作中很快实践与运用。它运用独特直观的教具，融入市场变数，结合角色扮演、情景模拟、讲师点评，使受训人员在虚拟的市场竞争环境中，全真体会企业数年的经营管理过程，运筹帷幄，决战商场。沙盘培训一经面世，就以独特新颖的培训模式、深刻实用的培训效果受到中外企业高级管理人员和培训专家们的青睐。目前沙盘培训成为世界 500 强企业中 80% 的中高层管理人员经营管理培训的首选课程。在沙盘模拟培训中学员得到的不再是空洞乏味的概念、理论，而是极其宝贵的实践经验和深层次的领会与感悟。

12.3.2.2.4 沙盘模拟的工具

国内高校多选用用友或者金蝶的软件来进行 ERP 沙盘模拟。

12.3.2.2.5 沙盘模拟培训在国内外的推广情况

沙盘模拟演练课程是欧、美工商管理硕士的核心课程之一。欧、美、日等发达国家的众多大中型企业将其作为中高层的常设必修课程，目前，沙盘模拟培训已风靡全球，成为世界 500 强企业中高层管理人员经营管理能力培训的首选课程。北大、清华、浙大、人大、上海交大等 18 所高等院校相继将系列沙盘模拟培训课程纳入其 MBA、EMBA 及中高层经理在职培训的教学之中。

12.3.2.2.6 沙盘模拟培训的形势

通过实战模拟演练完成体验式学习。

12.3.2.3 物流沙盘及其主要应用领域

12.3.2.3.1 物流沙盘的概念

物流沙盘，是一种以信息技术为主，以物流实体模型为辅，对物流企业的实际运作进行模拟的实战演练。物流沙盘作为一种颠覆传统的教学和培训模式，目前，正在广大高校和物流企业的教学和培训中被广泛采用。通过物流沙盘教育和培训出来的人才，一方面，将掌握很好的物流管理相关实用理论；另一方面，也将掌握物流企业实际运作的主要技能。

12.3.2.3.2 物流沙盘的主要应用领域

（1）区域建设规划、工程建设规划的展示、设计方案分析。按照建设规划的布局，在沙盘上构建所要建设的建筑、设施、设备、道路以及周边环境，如城市、物流园区的物流建设规划，交通工程建设规划等。

（2）物流理论和理念的展示、说明。包括物流整体概念的说明、供应链、产品全生命周期中物质循环和环保理念的展示和说明等。例如，用飞机、火车、汽车、船舶、道路、机场、港口以及相关的物流设备和设施如仓库、搬运起重设备等表示物流过程中的航空、海运、陆路的主要运输工具及相关设施。

（3）物流系统和设备的介绍及展示。用模型展示和表达特定的物流系统（或设备），表示该物流系统（或设备）的设计、规划、布局甚至设备结构等，如车间内的物流系统。

12.3.2.3.3 主要教学内容和形式

（1）展示。

通过沙盘模型表达和展示物流的概念、设备、设施等，如：让学生从沙盘模型宏观地了解物流主要运输工具及机场、车站、港口、公路以及仓储等相关设施；宏观地了解物流的主要过程；展示与物流相关的信息流和资金流；重点介绍和展示区域性物流、物流园区或企业内物流，展示物流系统的设计方案、布局、设备等；物流设备的展示和介绍，例如使用模块化、可集成、有复杂控制的仿真模型构成的微型物流系统或生产系统模型表现和实现结构复杂的系统。

（2）沙盘推演。

即在沙盘上模拟表示和标识对抗性各方的最新情况，各方可根据最新情况选择行动方案，而沙盘上又可进一步模拟表示和标识各方行动方案对抗的结果。例如，在ERP 教学方面的沙盘推演可以在沙盘上直观地标识参与竞争的各个企业的现金流量、库存水平、生产设备、银行信贷等情况，学员分成若干组，每组经营一家虚拟公司，每人分别担任虚拟公司总裁、财务总监、营销总监等职务。通过这种模拟，体验、学习和分析自己所担任角色的职能以及经营理念和策略的正确与否。经过一定时间经营过程的模拟，学员可根据沙盘上直观地标出的各个企业经营结果得出自己的结论。通过这种教学和培训模式，学员可以深刻地体会到企业运营中的管理技巧和理论知识。

12.3.2.4 实训项目中融入桌面游戏与沙盘演练的意义

单纯的桌面游戏由于规模较小、复杂程度不够，因此在策略对抗上面尚有所欠缺；单纯的传统沙盘演练虽然规模和复杂度足够大，不过由于过多操作过程完全省略，仅留下策略对抗与数据记录，其趣味性也有所欠缺。

因此，由前述构建主义教学理念和桌面游戏、沙盘演练的方法论推知，将桌面游戏的趣味性与沙盘演练的对抗性融合到一起，采用建构主义教学理念，设计一套供应链桌面沙盘的综合实训项目，将摆脱电脑软件隐藏复杂计算、真实工作现场的对接麻烦等不利因素，独立、有效地训练学生的动手与动脑能力，提升学生供应链管理、运作水平。

12.3.3 供应链一体化与全程电子商务

12.3.3.1 供应链一体化

随着市场竞争的越演越烈，企业与企业之间的竞争已经从广度的竞争（企业产品线的宽度，企业的规模等）延伸到广度和深度（产品的总成本，生产的及时性等）两方面的共同竞争。波特把企业的竞争战略分为三类：成本领先战略、差异化战略和聚焦战略，每一个企业为了获得在市场上的领先地位，都在想方设法消减产品的总成本，积极地创造自己产品的特色。但是我们知道，随着技术的飞速发展，产品的特色很容易就被别的公司所仿制，差异化越来越不明显，而产品的同质化却席卷整个产品链。

供应链是围绕核心企业，通过对信息流，物流，资金流的控制，从采购原材料开始，制成中间产品以及最终产品，最后由销售网络把产品送到消费者手中的将供应商，制造商，分销商，零售商，直到最终用户连成一个整体的功能网链结构（如图 12.2）。

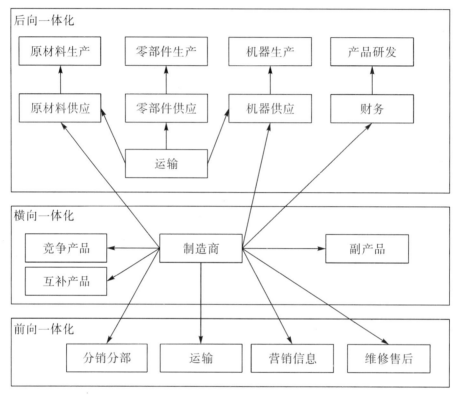

图 12.2　供应链一体化

供应链一体化是一个系统概念，它包括功能一体化、空间一体化、跨期一体化（分级规划）：采购、生产、运输、仓储等活动的功能一体化；这些活动在地理上分散的供应商、设施和市场之间的空间一体化；这些活动在战略层、战术层、运作层三个规划层次上的分级一体化。

其中，战略层规划包括了在长期规划中实施的资源获取决策；战术层规划包括了在中期规划中实施的资源分配决策；运作层规划包括了影响企业短期经营行为的决策。分级规划要求在各个规划层次上互相重叠的供应链决策具有一致性。跨期一体化的另一个方面是要求产品的供应链在整个生命周期达到最优。产品生命周期规划要求供应链与需求管理一体化。企业与企业之间的一体化也逐渐被重视。

IT 技术的进步促进了一体化供应链规划的发展，并对其提出了更高的要求。要求其具有更加完备的数据库，更快的访问，更加强大的数据支持功能和决策辅助功能。

中国《物流术语》国家标准对供应链是这样定义的："供应链，即生产与流通过程中涉及将产品或服务提供给最终用户活动的上游与下游企业所形成的网链结构。供应链管理，即利用计算机网络技术全面规划供应链中的商流、物流、信息流、资金流等，并进行计划、组织、协调与控制。"美国经济学家史蒂文斯认为："通过增值过程和分销渠道控制从供应商的供应商到用户的用户的流程就是供应链，他开始于供应的源点，结束于消费的终点。"美国另一位经济学家伊文思认为："供应链管理是通过反馈的信息流和反馈的物料流及信息流，将供应商、制造商、分销商、零售商，直到最终用户连成一个整体的模式。"通过上面的引述，可以将供应链理解为：供应链是围绕核心企业，通过对信息流、物流到消费者手中资金流的控制，从采购原材料开始，制成中间产品以及最终产品，最后由销售网络把产品送的将供应商、制造商、分销商、零售商、直到最终用户连成一个整体的网链结构和模式。从供应链的角度看，客户虽是在购买商品，但实质上客户是在购买能带来效益的价值。各种物料在供应链上移动，是一个不断采用高新技术增加其技术含量或附加值的增值过程。

供应链的一体化是随着经济的全球化，以及跨国集团的兴起，企业产品生产的"纵向一体化"运作模式逐渐被"横向一体化"所代替，围绕一个核心企业（不管这个企业是生产企业还是商贸企业）的一种或多种产品，形成上游与下游企业的战略联盟，上游与下游企业涉及供应商、生产商与分销商，这些供应商、生产商与分销商可能在国内，也可能在国外。在这些企业之间，商流、物流、信息流、资金流形成一体化运作，这样就构成了供应链的一体化运作。供应链一体化的运作模式是对企业纵向一体化运作模式的扬弃。

12.3.3.2　全程电子商务

在企业管理信息化发展的背景下，近年来众多企业管理软件供应商和电子商务软件供应商均企图把二者融合起来。传统企业管理软件公司提出"ERP Ⅱ"、"企业整体解决方案"等概念并推出相应的软件包，中国电子商务企业提出"全程电子商务"的概念及软件平台。实质上，这些思想和技术的本质都属于信息系统的融合，不过各企业侧重点有所不同。

电子商务与管理软件相融合不仅是信息技术应用的发展趋势，更是企业管理的必然要求。全程电子商务（Integrated Electronic Commerec，缩写为 IEC）正是迎合这种发展趋势，在企业界提出并得以实践和推广的信息化模式。虽然其概念、理论方法等尚无定论，但为众多企业，特别是中小企业的电子商务发展提供了良好的平台。

对单个企业而言，全程电子商务是指提供信息服务全程化，即为企业信息化提供全程服务，包括企业内部管理信息化、企业间业务协同、网络营销、移动营销、电子商务服务、移动商务服务等。在交易前，全程电子商务帮助企业建立企业门户、提供行业资讯、辅助网络推广、获得交易信息、支持询价、支持比价和谈判等，实现基于网络的营销等功能。在产生交易时，全程电子商务又能基于交易前的信息进行业务处理，实现采购、销售、库存、配货、生产、财务管理、支付结息等功能，实现企业内部管理与供应链的协同。交易后，全程电子商务又能够进行报表查询、分析，进行客户管理及供应商管理，不断进行供应链优化。

从全球化供应链网络的角度来看，全程电子商务正是以供应链整体为经营对象和管理对象，把企业与供应链伙伴共同赢利作为经营目标，把企业、客户、供应商、分销商等供应链上各个角色都纳入到经营和管理的范畴中，并充分利用现代先进的信息手段，全面协同企业内部和外部业务流程，从整体上提升企业和供应链伙伴的运营效率，提高对客户需求的响应速度和服务质量。

全程电子商务涵盖了供应链的上、中、下游的管理，并且形成信息流在供应链上的畅通无阻，体现了新经济信息流畅、快速反应的特点。企业不仅可以通过网络协助内部管理，同时也可以与对外的信息发布、信息搜索、信息匹配及基于互联网的电子商务活动连为一体；不仅可以管理内部的销售流程，还可以获取更多的客户信息和销售渠道来扩大企业的销售；不仅可以准确管理企业内部的采购和库存信息，还可以获取更多的供应商信息，优化供应商结构，降低采购成本；不仅可以提高企业内部业务流程的运转效率，还可以与外部合作伙伴进行协同工作，确保外部流程的可管理性和高效运作；不仅可以对企业部门信息进行准确管理，还可以通过将必要的信息及时共享给外部合作伙伴，从而对整个供应链的信息进行准确管理。

12.3.4　库存控制与回收物流

12.3.4.1　库存控制

库存控制（inventory control），是对制造业或服务业生产、经营全过程的各种物品、产成品以及其他资源进行管理和控制，使其储备保持在经济合理的水平上。库存控制是使用控制库存的方法，得到更高的盈利的商业手段。库存控制是仓储管理的一个重要组成部分。它是在满足顾客服务要求的前提下通过对企业的库存水平进行控制，力求尽可能降低库存水平、提高物流系统的效率，以提高企业的市场竞争力。

12.3.4.1.1　库存控制的定义

库存控制要考虑销量，到货周期，采购周期，特殊季节特殊需求等等。

库存控制需要利用信息化手段，每次进货都记录下来；要有盘库功能，库存的价值与市场同步涨跌；要有生产计划，根据生产计划和采购周期安排采购。进行单件成本核算，节约奖励，对供货商进行价格和服务管理，均衡采购，保持大家的竞争才能得到优质的服务和低廉的价格。

实物库存控制只是库存控制的一种表现形式，主要是针对仓库的物料进行盘点、数据处理、保管、发放等，通过执行防腐、温湿度控制等手段，达到使保管的实物库存保持最佳状态的目的。

如何从广义的角度去理解库存控制？库存控制应该是为了达到公司的财务运营目标，特别是现金流运作，通过优化整个需求与供应链管理流程（Supply Chain Management Processes，DSCMP），合理设置 ERP 控制策略，并辅之以相应的信息处理手段、工具，从而实现在保证及时交货的前提下，尽可能降低库存水平，减少库存积压与报废、贬值的风险。从这个意义上讲，实物库存控制仅仅是实现公司财务目标的一种手段，或者仅仅是整个库存控制的一个必要的环节；从组织功能的角度讲，实物库存控制主要是仓储管理部门的责任，而广义的库存控制应该是整个需求与供应链管理部门，乃至整个公司的责任。

12.3.4.1.2　库存控制的意义

库存控制的意义主要是：在保证企业生产、经营需求的前提下，使库存量经常保持在合理的水平上；掌握库存量动态，适时、适量提出订货，避免超储或缺货；减少库存空间占用，降低库存总费用；控制库存资金占用，加速资金周转。

库存量过大所产生的问题：增加仓库面积和库存保管费用，从而提高了产品成本；占用大量的流动资金，造成资金呆滞，既加重了货款利息等负担，又会影响资金的时间价值和机会收益；造成产成品和原材料的有形损耗和无形损耗；造成企业资源的大量闲置，影响其合理配置和优化；掩盖了企业生产、经营全过程的各种矛盾和问题，不利于企业提高管理水平。

库存量过小所产生的问题：造成服务水平的下降，影响销售利润和企业信誉；造成生产系统原材料或其他物料供应不足，影响生产过程的正常进行；使订货间隔期缩短，订货次数增加，使订货（生产）成本提高；影响生产过程的均衡性和装配时的成套性。

在谈到所谓"库存控制"的时候，很多人将其理解为"仓储管理"，这实际上是个很大的曲解。

传统的狭义观点认为，库存控制主要是针对仓库的物料进行盘点、数据处理、保管、发放等，通过执行防腐、温湿度控制等手段，达到使保管的实物库存保持最佳状态的目的。这只是库存控制的一种表现形式，或者可以定义为实物库存控制。那么，如何从广义的角度去理解库存控制呢？库存控制应该是为了达到公司的财务运营目标，特别是现金流运作，通过优化整个需求与供应链管理流程（Supply Chain Management Processes，缩写为 DSCMP），合理设置 ERP 控制策略，并辅之以相应的信息处理手段、工具，从而实现在保证及时交货的前提下，尽可能降低库存水平，减少库存积压与报废、贬值的风险。从这个意义上讲，实物库存控制仅仅是实现公司财务目标的一种手段，或者仅仅是整个库存控制的一个必要的环节；从组织功能的角度讲，实物库存控制主要是仓储管理部门的责任，而广义的库存控制应该是整个需求与供应链管理部门，乃至整个公司的责任。

其实，从广义的角度理解库存控制，应该包括以下几点：

第一，库存控制的根本目的。所谓世界级制造的两个关键考核指标（KPI）就是，客户满意度以及库存周转率，而这个库存周转率实际上就是库存控制的根本目的所在。

第二，库存控制的手段。库存周转率的提高，单单靠所谓的实物库存控制是远远不够的，它应该是整个需求与供应链管理这个大流程的输出，而这个大流程除了包括仓储管理这个环节之外，更重要的部分还包括：预测与订单处理，生产计划与控制，物料计划与采购控制，库存计划与预测本身，以及成品、原材料的配送与发货的策略，甚至包括海关管理流程。而伴随着需求与供应链管理流程的整个过程，则是信息流与资金流的管理。也就是说，库存本身是贯穿于整个需求与供应管理流程的各个环节，要想达到库存控制的根本目的，就必须控制好各个环节上的库存，而不是仅仅管理好已经到手的实物库存。

第三，库存控制的组织结构与考核。既然库存控制是整个需求与供应链管理流程的输出，要实现库存控制的根本目的就必须要有一个与这个流程相适应的合理的组织结构。直到现在，我们可以发现，很多企业只有一个采购部，采购部下面管仓库。这是远不能适应库存控制要求的。从需求与供应链的管理流程分析，我们知道，采购与仓储管理都是典型的执行部门，而库存的控制应该预防为主，执行部门是很难去"预防库存"的。原因很简单，他们的考核指标在很大程度上是为了保证供应（生产、客户）。如何根据企业的实际情况，建立合理的需求与供应链管理流程，从而设置与之相应的合理的组织结构，是一个值得我们很多企业探讨的问题。

12.3.4.1.3　我国企业库存控制的误区

专家调研发现，企业一般的做法是：能压的货物一律压在货运代理的仓库里，甚至是压在路上，飞机、火车、轮船、汽车上，到处都是货物，只要不进仓库就行。因为一般公司的做法是在计算库存周转率时，以实际收到了的，并且入了账的为准。或者是物到了仓库不入系统，只要不入系统，财务睁一只眼、闭一只眼也就过去了，大家这个时候是一条绳上的蚂蚱，库存价值太高，大家都不好看。又或者到了期末底大出货，跟客户（分销商）打好招呼，帮个忙，先把能发的货先发走再说。大多数制造企业物料种类繁多、供应商成百上千、包装大小不一等等，于是库存配套率就成了一个棘手的问题，它就牵涉到方方面面，但其核心还是库存策略与采购计划的水平及其执行力度的问题。而关于这个问题的解决技术，单是学院派的顾问公司很难拿出方案来。

12.3.4.2　库存管理模型

根据供应和需求规律确定生产和流通过程中经济合理的物资存储量的管理工作。库存管理应起缓冲作用，使物流均衡通畅，既保证正常生产和供应，又能合理压缩库存资金，以得到较好的经济效果。

1915 年，美国的 F. W. 哈里斯发表关于经济订货批量的模型，开创了现代库存理论的研究。在此之前，意大利的 V. 帕雷托在研究世界财富分配问题时曾提出帕雷托定律，用于库存管理方面的即为 ABC 分类法。随着管理工作的科学化，库存管理的理论有了很大的发展，形成许多库存模型，应用于企业管理中已得到显著的效果。

12.3.4.2.1　库存管理模型的分类

不同的生产和供应情况采用不同的库存模型。

（1）按订货方式分类，可分为 5 种订货模型。

①定期定量模型：订货的数量和时间都固定不变。

②定期不定量模型：订货时间固定不变，而订货的数量依实际库存量和最高库存量的差别而定。

③定量不定期模型：当库存量低于订货点时就补充订货，订货量固定不变。

④不定量不定期模型：订货数量和时间都不固定。

以上 4 种模型属于货源充足、随时都能按需求量补充订货的情况。

⑤有限进货率定期定量模型：货源有限制，需要陆续进货。

（2）库存管理模型按供需情况分类可分为确定型和概率型两类。

确定型模型的主要参数都已确切知道，概率型模型的主要参数有些是随机的。

（3）按库存管理的目的分类又可分为经济型和安全型两类。

经济型模型的主要目的是节约资金，提高经济效益；安全型模型的主要目的则是保障正常的供应，不惜加大安全库存量和安全储备期，使缺货的可能性降到最小限度。库存管理的模型虽然很多，但综合考虑各个相互矛盾的因素求得较好的经济效果则是库存管理的共同原则。

12.3.4.2.2　库存管理的 1.5 倍原则

1.5 倍原则是库存管理的主要内容之一，是经过很多公司的销售实践总结出来的安全存货原则，具体数据是建立在上期客户的销量基础上本期建议客户订单的依据。1.5倍原则备货是销售人员必须掌握的工作职责之一，是主动争取客户订货量并时刻掌握客户销售情况的营销策略。它是建立在提高客户销量和利益基础之上，因而能赢得客户信任，客户容易采纳。

1.5 倍原则也是一个科学依据。但是，正如很多营销规律一样，必须灵活掌握和应用，避免生搬硬套。比如，如果遇到特殊情况应适当变化（如天气、节假日等），否则会影响生意。

1.5 倍原则用好了以后，可以保证客户有充足的存货，减少断货、脱销的可能性，保证客户随时都能买得到所需产品，帮助客户不漏掉每次成交的机会。

（1）1.5 倍库存原则与做订单的关系。

在销售人员做销售拜访时，要向客户建议合理的订货量，这就是"做订单"，是销售人员在拜访客户时必做的工作之一。所谓的做订单就是根据客户前一阶段的销售量，结合新的促销活动或者季节时机或者天气等等因素，向客户建议合理的订货量，并动员他按建议订货。在做订单时要用到客户卡上所记录的资料，所以做好订单的前提，就是正确地填写好客户卡。只有这样，才能够有效地利用 1.5 倍原则进行库存管理，提高拜访的效率和效益，尽最大可能扩充销售，这也是销售人员的关键职责之一，是直接作用于销售的。也有销售人员是以"拿订单"的思想从事工作的。拿订单与做订单是不同的，一个被动，一个主动。拿订单意味着主动权掌握在客户手中，而做订单则是主动的，它是根据客户的销售和库存研究以后的结果做出的订单计划。显而易见，两个工作方法是完全不同的效果，做订单能保证对客户销售情况的准确掌握，也能保证客户的资金、空间、精力和时间等得到最有效的利用，创造最大利润。

（2）做订单的步骤。

第一步：检查客户记录卡上的数据。

第二步：计算自上次拜访后的实际销量。

比如：上次拜访时的库存数；上次拜访时的订货量；本次拜访时客户的现有库存数。以上这些数据销售代表在拜访客户时都已填入客户卡，在计算自上次拜访后的销量时，销售代表将使用它们，因此客户卡上的这些数据应正确无误。

第三步：建议新的订货量。

在建议新的订货量时要强调1.5倍的安全存货原则，具体计算方法如下：

安全存货量＝上次拜访后的实际销量×1.5

建议的订货量＝安全存货量－现有库存

（3）怎样让客户接受1.5倍原则下的订货计划。

在实际工作中，由很多销售人员同样十分清楚上面的步骤，并且能够准确计算出按照1.5倍原则得出的订单数，但是却得不到符合该原则的订单。怎样才能够避免这类情况呢？

关键在于在做订单的时候要注意掌握让客户接受建议的技巧。有些客户并不了解按照1.5倍原则做订单的好处，销售人员必须能够让客户明白：

按照此原则建议的订货量是比较合理的，保证客户维持合适的存货数量，避免断货，货架空间可以得到高效的使用；

有了一定的存货量，可以满足消费者的购买需求，不会遗漏任何成交机会；

1.5倍的存货原则可以帮助客户有效地利用空间和资金，不致带来货物积压、资金、空间无效占用等损失；

1.5倍的存货原则再加上存货周转可以保证客户提供给消费者的永远是新鲜的产品，这可以很好地改善售点形象，带动其他商品的销售；

让客户了解销售人员所做的工作就是帮助客户更好地满足消费者的需求，提高客户的销量和利润；

销售人员必须利用自己所掌握的知识和技巧取得客户的信任，这种信任一旦建立，客户就会接受1.5倍原则做订单的建议。

如果销售人员是严格按照拜访路线和频率进行销售的，对每一个客户的拜访都有一定的周期，还可以告知客户1.5倍安全库存可以有效保证客户在这一拜访周期内既不断货，又不压货。

12.3.4.2.3　存货周转

存货周转是对客户进行库存管理的一项主要内容，也是公司销售人员的重要工作职责之一。销售到客户处的商品不是一下子就可以卖完，必定会持续一段时间，并且存货总是存在的，对于食品来说，更加复杂的是它存在一个保质期的问题。由此可见，存货必须被科学有效地管理。

（1）什么是存货周转。

存货管理的主要内容是存货周转。什么是存货周转呢？它包括两种类型：前线存货和后备存货的周转。前线存货是指陈列在货架或者零售商购物环境处的散装商品；后备存货指的是存放在仓库内的用于补货的货物。存货周转的内容包括前线存货和后备存货的周转。它要求销售人员一方面应及时向客户的货架上补充货物，保证货架里面的产品陈列符合生动化标准；另一方面应遵循先进先出的原则进行存货周转，目的是保证客户提供给消费者的产品永远是新鲜的。实际上，所谓存货周转就是对暂时未卖出的货架上的产品依据先进先出的原则进行循环。

存货周转是销售人员在销售拜访时必须动手做的一项日常工作，保证客户提供给消费者的永远是最新生产日期的产品。存货周转不仅仅是销售人员的重要职责之一，而且要指导并影响客户做日常的存货周转。

销售人员必须使客户明白：存货周转可以有效而且直接刺激销售。显然，如果陈列在货架上的货物卖完了没有及时补货，就会失去许多销售机会，而且，存放在仓库里的产品也无法卖出去，失去的销售机会将永不再来。

没有存货就没有利润。货架上没有的产品是无法卖出去的，合理的产品存货是保证有货可卖的最简单的方法。

促进进货并且帮助客户正确地准备商品库存。大多数的客户都是根据他们的存货情况来决定订货的品种和数量。如果仓库里的产品快没有或已经没有了，店主就会订货，所以如果销售人员帮助客户将他们库存的产品摆放到货架上，使他们的仓库空出来，自然会订货。

销售人员在日常拜访时帮助客户进行货架补货，这不仅能刺激销售，而且节约客户的时间，节约自己的时间。这个工作不仅是销售代表的工作职责，高级别的销售主管、经理在拜访零售商时也要帮助客户做存货周转，而且还要影响客户帮助做及时补货。优秀的公司和销售人员明白：销售工作不只是将产品卖给客户就结束了，而是直到消费者购买到并开始实际消费新鲜的产品才算告一段落。为了保证消费者购买到的一定是新鲜的产品，按照先进先出的原则，这样就可能避免产品过期现象，避免客户退货的事情发生，更好地满足消费者的需求，最终会为客户赢得销量和利润。

（2）怎样进行存货周转？

如何进行存货周转？销售人员根据公司的规定和标准及时更换不良品，对客户的存货进行管理，努力做客户的专业顾问，主动为客户提供全面的存货管理服务，而不仅仅只是"接订单"。

要做到这一点，销售人员必须做到：对公司的产品知识掌握全面，例如保质期、代码的意义、产品存放的条件等。再比如，将产品放在太阳直照的地方会褪色，进而影响品质，不易卖出。

其次，销售人员必须了解各种包装的适用范围和库存量的多少。也就是通过了解消费者和客户的需求，了解各种品牌、包装的知识、向客户推荐正确的包装和品牌的产品组合，这是保证客户正在销售符合消费者需求的产品，进行客户管理的前提条件。

再次，要深刻理解存货周转的原则。有三个原则必须遵守：动手周转货架上的陈列产品；落实先进先出的原则；把存货数记入客户卡。

另外，存货周转也要讲究方法和技巧。全面的产品知识可以帮助掌握保质期、储存条件、消费者购买的最佳时机设定；各种包装的适用范围和库存量的熟悉可以帮助销售人员判断不同零售商执行的分销标准以及根据该零售商的出货情况设定合适的库存数量；预测机会可以帮助销售人员更加理性地思考问题并提前考虑到一些影响生意的因素，比如季节的影响等；了解经营和空间上的限制条件，帮助你根据这些情况发挥不同的生意主张并成功地销售给零售商，从而取得合作和促进业绩提升的机会；商品化活动显然可以通过现场的销售刺激提高销量。

再比如，存货周转对客户而言有很多实实在在的好处。主要有，帮助客户管理货架和后备仓的存货可以节约客户的时间，节约厂家的时间；准确的存货周转更可以随时了解存货量，判断销售状况、做好补货工作，等等。

12.3.4.3 供应链管理下的库存控制

12.3.4.3.1 JIT 库存控制

JIT（Just InTime）意为及时或准时。它是 20 世纪 70 年代日本创造的一种库存管理和控制的现代管理思想，在日本丰田集团得到广泛实施，并取得巨大的成效。JIT 是一种倒拉式管理，即逆着生产工序，由顾客需求开始，订单—产成品—组件—配件—零件或原材料，最后到供应商。

（1）JIT 的特点：

①它把物流、商流、信息流合理组织到一起，成为一个高度统一、高度集中的整体。

②体现了以市场为中心，以销定产，牢牢抓住市场的营销观念，而不是产品先生产出来再设法向外推销的销售观念。

③生产活动组织严密，平滑顺畅，没有多余的库存，也没有多余的人员。

④实现库存成本大幅度下降。

（2）JIT 采购的特点

①采用少的供应商，甚至单源供应。

②对供应商的选择需要进行综合评价。

③密切进行信息交流，信息高度共享。

④交货时间要求严格。

⑤采取小批量采购策略。

12.3.4.4 库存预警时间系统

通常情况下，企业的库存应由两部分组成：安全库存与批量库存。前者直接决定了企业服务水平的高低，或者有效地保证了企业生产与销售的顺利进行。根据这两类库存的特点，可以认为若由企业自备安全库存，而物流公司为企业提供批量库存，则是更现实、更有效的做法。

该种库存控制方法主要是由一个库存预警时间系统组成。它是指当企业发现自己该批"批量库存"处于需要补充的时候，向物流公司发出"警告指示"，要求物流公司立即送下一批批量库存来补充。在这一过程中，企业该于何时发出送货指示便成为关键，我们把它称为库存预警时间点。显然，库存预警时间点不能定得太早，但也不能太晚。如果太早，那么当物流公司将货送来时，企业势必得用自备仓库来容纳这些货物，这就违背了企业要求库存最小的原意；如果太晚，那么物流公司就没有充足的时间来备货与送货，势必造成货物无法及时到达，从而使企业遭受一定的损失。由此看出，在库存预警时间系统中，最关键的部分就是库存预警时间点，它是否得到了合理的确定直接影响到该系统能否发挥出最佳的作用。因此，我们必须对整个"流程"进行考察，从而确定出合理的预警时间点。

12.3.4.5　MRP 库存控制

MRP 是物料需求计划（Material Requirement Planning system）的简称，这种方法是由美国著名生产管理和计算机应用专家欧·威特和乔·伯劳士在对多家企业进行研究后提出来的。MR 被看做是以计算机为基础的生产计划与库存控制系统。

（1）根据市场预测和客户订单，正确编制可靠的生产计划和生产作业计划，在计划中规定生产的品种、规格、数量和交货日期，同时，生产计划必须是同现有生产能力相适应的计划。

（2）正确编制产品结构图和各种物料、零件的用料明细表。

（3）正确掌握各种物料和零件的实际库存量。

（4）正确规定各种物料和零件的采购交货日期，以及订货周期和订购批量。

（5）通过 MRP 逻辑运算确定各种物料和零件的总需要量以及实际需要量。

（6）向采购部门发出采购通知单或向本企业生产车间发出生产指令。

12.3.4.6　回收物流

12.3.4.6.1　回收物流的基本概念

回收物流（returned logistics）指不合格物品的返修、退货以及周转使用的包装容器从需方返回到供方所形成的物品实体流动。即企业在生产、供应、销售的活动中总会产生各种边角余料和废料，这些东西的回收是需要伴随物流活动的。如果回收物品处理不当，往往会影响整个生产环境，甚至影响产品的质量，占用很大空间，造成浪费。

随着社会经济的发展，社会上各类消费品逐年增加，随之产生的废旧品也日益增多，虽然各种产品的性能不断改善，使用期也在延长。然而，不论何种产品，最终都将被废弃而面临如何处理问题。由此形成回收物流，也使回收物流的合理化成为亟待研究的问题。

回收物流系逆向物流的一部分，包含了从不再被消费者需求的废旧品变成重新投放到市场上的可用商品的整个过程的所有物流活动。回收物流是与传统的正向物流方向正好相反的系统。它的作用是将消费者不再需求的废弃物，运回到生产和制造领域重新变成新商品或者新商品的某些部分。

目前的回收物流体系将大量废旧品仅回收到掩埋或焚烧处理的终端，其不但达不到重新利用的效果，也达不到无害化处理的要求，反而对环境形成了很大的破坏。没有处理的大量废旧品占用大面积的山谷、沟壑和土地，造成了土地资源的严重浪费。虽然也有一些城市也按法规的要求，对废旧品进行了分类处理，但很难达到环保的要求。

废旧品的回收处理过程是能源开发和再利用的过程，其虽然来源于生活，危害于人类，但是它完全可以成为人类可利用的不竭资源，是宝贵的物质财富。融智力、科技等要素于废旧品回收处理与再利用，可节约大量的土地资源，减少对环境的污染、破坏。

12.3.4.6.2　回收物流链上各点的工作

（1）制造企业。

制造企业是产品的生产者，它在回收物流合理化中是一个关键环节，如果能解决好制造企业的问题，就能促使回收物流的合理化。

生产或制造商品企业的生产原料可采用原物料、再生物料，制造过程中采用可再用的工具或器械，生产过程剩余的废弃品或物料可以进行适当的资源回收，并在生产时就要注意到产品的回收问题，尽量做到绿色生产。从源头上提高物品的回收活性。

（2）物流中心。

目前我国物流中心的闲置率已经达到 60%，可以考虑把回收物流系统纳入其中，这样能在一定程度上减轻物流中心的压力，在物流中心，可以用两次包装进行理货等作业，并用废弃物分类的处理方式，得到资源回收的效益。

（3）消费者。

消费者从一定程度上影响着制造企业在原料选择和制造方式中的取向，如果对消费者的购物意向能进行合理引导，也是为我国回收物流趋于合理化的有效途径。为提高废弃物的回收活性，消费者还可采用正确的废弃物分类，一方面可增加资源的复生效率，另一方面也可减少废弃物对于环境的污染。

（4）回收企业和处理中心。

回收企业担负着将废旧品进行处理的任务，他们对废旧品的处理方式，将直接影响到最终这些废旧品处理的合理程度，是回收物流合理化的一个重要方面。处理中心在处理方式上，可根据被处理物品的状况，用回收或再生的方式恢复其经济价值或效益对低价值的废弃物，采用无害化的掩埋、造肥或焚化产生能源的方式进行处理等。

12.3.5 经济生态圈与市场监管

12.3.5.1 经济生态圈

以经济产业链为基本构成，描述一个区域经济相互促进与抑制的现象，凸显大小企业在经济活动中扮演的不同角色定位。

经济生态圈的视野能够真正重视小型企业在区域发展中的作用，并且将农业、工业、商业不同部门不同领域的经济作用结合起来分析，从而能系统完整地描述及规划区域经济。

在市场经济过程中，各类型企业均在一个区域经济的范畴内相互促进与抑制。如果单纯放大某一类型企业的经济能量势必抑制其他类型企业的发展。因此，作为市场管理部门或政府机构，有义务将一个区域的经济生态圈充分激活，并通过一系列行政或经济、法律的手段平衡市场的发展，使各类型企业都能够得到长足的发展，从而使区域经济呈现共生共荣的发展态势。

12.3.5.2 市场监管

12.3.5.2.1 市场监管的作用

工商行政管理是规范市场行为，维护市场秩序，使资源配置符合国家政策法律制度的要求，保护和巩固经济关系，达到巩固国家政权、保护公民、法人和其他经济组织的合法权益，这说明：工商行政的市场管理是行使权力的一种经济管理，是建立和执行市场经济法律制度的管理，也是规范市场行为，调节各种经济关系的管理。

12.3.5.2.2　市场监管的内容

市场监管要严格市场主体准入和市场经营两个方面。市场准入行为是从审核登记开始的，在审核登记中，要支持重点行业的建立和发展，防止不合理的投资，禁止非法经营活动。在审核后，加强回访和巡查是否有违反登记进行经营的行为，如超范围、虚假验资、抽逃出资和"三无"企业等。主体准入是市场监管的第一关，经严格依法审批申请，对符合条件的确立其资格，明确权利和义务。市场准入确立后进行跟踪监管，是市场行为的监管，一些经营者，在取得行为后，不择手段的进行制假、售假、操纵垄断和不正当竞争，进行虚假宣传，甚至投机倒把等，扰乱了社会主义市场经济秩序，损害了其他经营者和消费者的合法权益，加深了市场经济秩序的矛盾，综合这些情况，市场监管要从整体出发，研究其成因和对策，从宏观方面建立良好的经济秩序。

市场监管的准入行为和经营行为是从宏观方面说的，而市场监管是一个全方位的过程，微观方面也不可轻视，由于一个个微观形成了宏观，微观监管是宏观管理的具体体现。也就是说，由具体的行政行为来规范市场准入行为和市场经营行为，只有通过对某一经营者的具体违法行为进行处罚，处罚一户带动一片的现象，才能使市场经济健康有序的发展。

12.3.5.2.3　市场监管中的"三公"原则

保护投资者的利益，关键是要建立起公平合理的市场环境、平等的交易机会和获取信息的机会，在理性的基础上，自主地决定交易行为。因此，建立和维护证券市场的公开、公平、公正的"三公"原则，是保护投资者合法利益不受侵犯的基本原则，也是保护投资者利益的基础。"三公"原则的具体内容包括：

（1）公开原则。

公开原则又称信息公开原则。公开原则的核心要求是实现市场信息的公开化，即要求市场具有充分的透明度。信息公开原则要求信息披露应及时、完整、真实、准确。信息公开原则是公平、公正原则的前提。

（2）公平原则。

公平是指机会均等，平等竞争，营造一个所有市场参与者进行公平竞争的环境。按照公平原则，所有市场参与者均享有公平的市场待遇，按照公平统一的市场规则进行各种活动。

（3）公正原则。

公正原则要求监督管理部门在公开、公平原则基础上，对一切被监管对象给以公正待遇。公正原则是实现公开、公平原则的保障。根据公正原则：立法机构应当制定体现公平精神的法律、法规和政策；监管部门应当根据法律授予的权限公正履行监管职责。要在法律的基础上，对一切市场参与者给予公正的待遇。对违法行为的处罚，对纠纷事件和争议的处理，都应当公正进行。

"三公"原则是贯穿市场运行过程的基本原则。建立公开、公平、公正的市场环境，保证所有的市场参与者都能按照市场经济的原则，在相互尊重对方利益的基础上进行市场经济活动，是市场规范化的一个基本要求，也是各方合法利益的前提和基础。

12.3.6 企业资源计划 ERP

12.3.6.1 企业资源计划 ERP 概述

ERP 是一个复杂的信息系统，企业应用 ERP 并从中获得收益。ERP 不仅是一套计算机系统，更是一种管理哲思的先进体现。近几十年以来，随着信息技术的不断发展，ERP 也从单一的订货点法一路走来，完成了从 MRP（Material Requirement Planning，物料需求计划）到 ERP（EnterPrise Resource Planning，企业资源计划）、URP（Union Resource Planning，联盟体资源计划），并最终将与基于互联网的 EC（Electronic Commerec，电子交易）相结合，从而走向 UIC（Union Interactive Center，联盟体互动中心），形成具有互联网时代特色的电子商盟。

ERP 系统起源于制造业的信息计划与管理，从 20 世纪 40 年代发展到今天，经历了 5 个不同的阶段：20 世纪 40 年代的库存控制订货点法、20 世纪 60 年代的时段 MRP、20 世纪 70 年代的闭环 MRP、20 世纪 80 年代的 MRP Ⅱ 和 20 世纪 90 年代的 ERP。

尽管 MRP、闭环 MRP 和 MRP Ⅱ 理论在相应的阶段都发挥了重要的作用，但是，随着市场竞争日趋激烈、企业管理模式的不断创新，以及科学技术的不断进步，MRP Ⅱ 的局限性也逐渐表露出来：

（1）企业竞争范围扩大，对企业提出了更高的要求。例如，要求在企业的各个方面加强管理，要求企业有更高的信息化集成，要求对企业的整体资源进行集成管理。

现代企业的竞争是综合实力的竞争，要求企业有更强的资金实力，更快的市场响应速度。因此，企业管理信息系统仅停留在对制造部分的信息集成与理论研究是远远不够的。与竞争有关的物流、信息与资金要从制造部分扩展到全面质量管理、企业的所有资源（包括分销资源、人力资源和服务资源）及市场信息和客户资源，并且要求能够处理工作流。

（2）企业规模不断扩大，多集团、多工厂要求协同作战，统一部署，这已超出了 MRP Ⅱ 的管理范围。

全球范围内的企业兼并和联合的行为不断兴起，跨国企业集团不断涌现，金融危机背景下的收购热潮波澜壮阔，企业呈现出规模越来越大、工厂分布越来越分散的趋势。这种情形下，要求集团与集团之间，集团内多工厂之间统一计划、协调生产步骤，汇总信息，调配集团内部资源。

（3）信息全球化趋势的发展要求企业之间加强信息交流和信息共享，知识管理被越来越多地应用。企业之间既是竞争对手，又是合作伙伴，信息管理要求搞到整个供应链上。

上述问题逐一展现在企业管理者面前，而这些问题在 MRP Ⅱ 之中却无法解决。于是，这种背景下，以新的需求为契机，新的信息管理体系逐步酝酿。在 20 世纪 90 年代，MRP Ⅱ 发展到了一个新的阶段：ERP（Enterprise Resources Planning，企业资源计划）。简要地说企业的资源包括三大流：物流、资金流和信息流。ERP 也就是对这三种资源进行全面集成管理的管理信息系统。

概括地说，ERP 是建立在信息技术基础上，利用现代企业的先进管理思想，全面地集成了企业的所有资源信息，并为企业提供决策、计划、控制与经营业绩评估的全方位和系统化的管理平台。

12.3.6.2　企业资源计划 ERP 所蕴含的管理哲思

12.3.6.2.1　ERP 的基本理念

ERP 即企业资源计划（Enterprise Resource Planning）是以管理思想为基础，建立在信息技术之上的一整套管理信息系统，其目的是整合、优化企业资源。

ERP 核心理念是平衡，平衡是合理化运营企业的基本思想。所谓平衡就是资源和需求的平衡，这种平衡包括基础的物料资源（数量、结构）与需求的平衡，也包括更高的能力资源（数量、结构）与需求的平衡，以及物料与能力在时间维度上与需求的平衡，即与时间资源的平衡。平衡符合 JIT 的基本思想，克服短缺或过剩所造成的资源浪费。目前，企业的种种管理问题就是因为失衡造成的；反之，管理和计划水平的落后也会造成失衡。

企业的现实生产运营也是按平衡思想来组织和驱动的，ERP 系统将这种业务逻辑转化为软件逻辑。从物料清单（Bill Of Material，缩写为 BOM）开始就孕育着平衡的思想，从最终产品的数量和结构反推出所需要物料的数量和结构，实现第一个层次在静态上的平衡。毛需求和净需求的概念就体现了动态平衡的演化，从物料到能力、再到时间资源。APS（高级计划与排程）使基于有限排程的平衡达到了前所未有的调度。随着 ERP 纵向和横向的演化，资源和需求的平衡将突破企业边界，扩展到整个供应链，从而实现供应链上资源与需求的平衡。

ERP 是当今国际先进的企业实施管理模式，宗旨是：将企业的人力、资金、材料、设备、方法、信息和时间七项资源实现综合优化管理，使企业在激烈的市场竞争中全方位地发挥足够的能力从而取得最好的经济效益。ERP 也是一种管理理论和管理思想，不仅仅是信息系统。它利用企业的所有资源，包括内部资源与外部市场资源，为企业制造产品或提供服务创造最优的解决方案，最终达到企业的经营目标。作为企业管理思想，它是一种新型的管理模式；而作为一种管理工具，它同时又是一套先进的计算机管理系统。ERP 的出现，将有助于企业内部解决"信息孤岛"问题，提供统一、共享的信息环境。

12.3.6.2.2　ERP 对于整个供应链的管理

ERP 的核心是管理思想和管理方法，如供应链管理、柔性生产、精益生产、先进排程、全面质量管理、约束理论和作业成本法的运用等，关键是要实现对整个供应链的有效管理。

（1）对整个供应链资源进行管理。

现代竞争已不是单个企业之间的竞争，而是整个供应链之间的竞争。优化企业资源，必须要管理、整合、优化整个企业供应链的资源。

（2）精益生产、同步工程和敏捷制造。

精益生产的思想就是以越来越少的投入——较少的人力、较少的设备、较短的时间和较小的场地创造出尽可能多的价值，同时也越来越接近用户，提供他们确实需要的东西。企业按大批量生产方式组织生产时，纳入生产体系的客户、销售代理商、供应商，以及协作单位与企业的关系已不是简单的业务往来，而是一种利益共享的合作关系，基于这种合作关系，组成了企业的供应链，即精益生产的核心。

精确地定义价值是关键性的第一步；确定每个产品（或在某些情况下确定每一产品系列）的全部价值流是第二步；紧接着就是要使保留下来的、创造价值的各个步骤流动起来，使需要若干天才能办完的订货手续在几小时内办完，使传统的物资生产完成时间由几个月或几周减少到几天或几分钟；随后就要及时跟上不断变化的顾客需求，因为一旦具备了在用户真正需要的时候就能设计、安排生产和制造出用户真正需要产品的能力，就意味着可以抛弃销售，直接按用户告知的实际要求进行生产，即按用户需要拉动产品，而不是把用户不想要的产品硬推给用户。

敏捷制造（Agile Manufacturing）是指企业采用现代通信手段，通过快速配置各种资源（包括技术、管理、人），以有效和协调的方式响应用户需求，实现制造的敏捷性。企业面临特定的市场和产品需求，在原有的合作伙伴不一定能够满足新产品开发生产的情况下，企业通过组织一个由特定供应商和销售渠道组成的短期或一次性的供应链，形成"虚拟工厂"，把供应和协作单位视作企业组织的一部分，运用"同步工程（Simultaneous Engineering，SE）"组织生产，用最短的时间将产品打入市场，同时保持产品的高质量、多样化和灵活性，即敏捷制造的核心。

敏捷制造依赖于各种现代技术和方法，而最具代表性的是敏捷虚拟企业的组织方式和拟实制造的开发手段。

（3）事先计划与事中控制。

ERP 系统中的计划体系主要包括：主生产计划、物料需求计划、能力需求计划、采购计划、生产计划、销售执行计划、利润计划、财务预算和人力资源计划等，而且这些计划功能与价值控制功能已完全集成到整个供应链系统中。

另外，ERP 系统通过定义事务处理相关的会计核算科目与核算方式，在事务处理发生的同时自动生成会计核算分录，保证了资金流与物流的同步记录和数据的一致性，从而实现了根据财务资金现状，可以追溯资金的来龙去脉，并进一步追溯所发生的相关业务活动，便于实现事中控制和实时做出决策。此外，计划、事务处理、控制与决策功能，都要在整个供应链中实现。ERP 之所以要求每个流程业务过程最大限度地发挥人的工作积极性和责任心，是国为流程与流程之间的衔接要求人与人之间的合作，这样才能使组织管理机构从塔式结构转为 T 形或菱形结构。扁平化的组织机构提高了企业对外部环境变化的响应速度。

（4）集成思想。

集成思想包括内部集成和外部集成，内部集成使信息的处理和共享能力覆盖到企业的基本管理单元，外部集成有助于实现供应链和协商商务。集成包括系统集成信息集成，也包括管理功能的集成。

12.3.6.3　ERP 的主要逻辑

12.3.6.3.1　软件逻辑

软件逻辑泛指软件所能实现的业务运作模式与操作流程，包括软件的功能架构、工作流及用户界面等。软件逻辑有两种，一种是完全定制的软件，虽然也有一些平台化的模块，但真正的软件逻辑是需要结合企业的业务逻辑，重新设计并开发的。另一种则是成熟的产品，软件本身由成熟的软件模块、业务逻辑架构，包括不同行业的业务模式、业务流程和用户视图等。软件逻辑是软件系统的命脉，也是软件承载业务的具体表现形式。

12.3.6.3.2　MRP 逻辑

MRP 采用倒推无限排程，通过物料清单展开制品的需求，并生成生产计划。MRP 逻辑有两个重要假设，无能力约束和无物料约束，即 MRP 逻辑假设生产订单可以按截止日期完工，而不考虑资源能力；生产订单开工日期可以在不考虑物料可用量的情况下确定。在一些 ERP 系统中，MRP 逻辑计算可变提前期和作业的截止日期，充分考虑了可用的能力。MRP 逻辑还支持基于定额的排程，这种排程考虑变动提前期。MRP 逻辑，特别是考虑变动提前期和排程计算的 MRP 逻辑，为使多数情况下的供应链同步化，为生产活动构建了一个简单而又全面的模型。

12.3.6.3.3　APS 逻辑

APS 是一种基地供应链管理和约束理论的先进计划与排程工具，包括大量的数学模型、优化及模拟技术，其功能优势在于实时基于约束的重计划与报警功能。在计划与排程的过程中，APS 将企业内外的资源与能力约束都囊括在考虑范围之内，用复杂的智能化运算法则，进行常驻内在计算。APS 逻辑代表了传统 MRP 逻辑排程思想的重大改变。APS 应用资源和物料约束进行有限排程，为每一资源生成详细的生产计划，APS 应用将排程结果上传到 ERP 系统，用来协调采购活动和做出交货承诺。APS 逻辑包括资源能力模型、详细的工艺路线信息、物资清单、有限排程规则。APS 逻辑通过基于能力和物料约束的有限排程，使供应链活动同步。

APS 逻辑在所需的物料和资源可用量充足的情况下，排定一项工序的开始日期。APS 逻辑通常将计划收货和采购提前期作为一个给定的约束条件，而不是假设可以对物料进行赶工。APS 应用已经趋于成熟，并与一些 ERP 系统结合在一起，成为协调供应链活动的主要驱动力。

12.3.6.3.4　ATP 逻辑

近期计划稳定性是解决众多相冲突目标时要考虑的重要因素。与近期计划稳定性相关的问题包括根据可用量（TP）做出交货承诺。基于可用量（TP）逻辑的交货承诺，可以减少和分离出例外情况。ATP 逻辑为可承诺量逻辑，ATP 逻辑有若干变化形式。ATP 逻辑可以为指定数量提供一个承诺日期，或者为指定日期提供可用量，对指定的数量检查可用量，代表正向有限排程。

12.3.6.3.5　CTP 逻辑

可用能力（CTP）逻辑与可承诺（ATP）逻辑一起应用。单一的 CTP 逻辑，可以利用物料清单和顺向有限排程，根据指定数量的标准产品或制定产品确定承诺日期。简单方法的 CTP 采用每一资源的无限负载规则计算可承诺的发运货复杂方法的 CTP 采用每一资源的有限负载规则，每种资源可用能力的复杂模型和较复杂的排程规则计算可承诺的发运日期。

12.3.6.3.6 补货逻辑

为了应对需求，ERP 系统中的补货方法传统上主要采用 MRP 逻辑，甚至是订货点逻辑。物料的补货方法描述供应链的一个基本计划参数，基于 MRP 逻辑的方法入手。普通 MRP 逻辑生成计划供应订单来覆盖未满足的物料需求，主要计划参数包括物料的主要来源、提前期、日耗用率、供应天数和覆盖天数。

12.3.6.3.7 逻辑适配

逻辑适配是指在 ERP 应用中，保证软件逻辑与业务逻辑的一致性（可以通过信息资源规划来实现）。在商业模式相对稳定的前提下，从商业模式中抽取业务逻辑，再用软件逻辑来匹配这种业务逻辑，或者重新设计和开发新的软件逻辑，保证其逻辑一致性。如果商业模式出现较大变动，则需要重新抽取并设计新的业务逻辑，并重新匹配和承载新的软件逻辑。

12.4　实训内容

本实训内容为原创，需要使用一定的教具，并遵循一定的规则来进行。以下将按照实训的准备步骤逐一说明。

12.4.1　实训角色分配

角色人数分配如表 12.1 所示：

（1）市政厅：设置 1 家，招聘员工 7 名。

（2）材料公司：设置 1~2 家，每家招聘员工 4 名。

（3）电器厂：设置 N 家，每家招聘员工 4 名。

（4）运输公司：设置 N 家（每 2 家电器厂设置 1 家运输公司），每家招聘员工 3 名。

（5）消费者：设置 N 家（设置数与运输公司数相同），每家成员 3 名。

表 12.1　　　　　　　　　　角色分配人数例表

企业类型	企业数				每家企业人数
	A	B	C	D	
市政厅	1	1	1	1	6
材料公司	1	2	2	1	6
电器厂	4	8	10	4	4

表12.1(续)

企业类型	企业数				每家企业人数
	A	B	C	D	
运输公司	3	4	5	3	3
消费者	2	4	5	3	3
人数合计	43	74	88	46	—

通常一个自然班人数为 45 人左右,有时也可能会有两合班的情况出现。为了简化角色人数的计算,按表 12.1 中给定的人数进行就比较合理。表 12.1 中的"每家企业人数"是经过实际测试的比例数,比较合理,一般情况下不用改变。"人数合计"则为一个自然班的人数,根据自然班的人数和计划分配的每家企业的人数,可以得出每个企业类型的企业数。各企业人数一旦固定,通常不能更改,同类型企业人数相等以示公平公正。

12.4.2　实训教具与初始工作

12.4.2.1　教具

实训过程充分融合"不插电"的桌面游戏与沙盘演练的特点,让学生动手操作,因此主要的操作都不需要利用电脑(财务人员记账例外),学生都利用各类教具进行操作。以下分别介绍各类教具(如图 12.3 ~ 图 12.10 所示):

图 12.3　座签

图 12.4　回收物流用兑换勋章

图 12.5　货币

图 12.6　升级用绿星、红星、白星

图 12.7　装具

图 12.8　材料之一:JX 机芯

图 12.9　材料之二：LK 内壳

图 12.10　材料之三：WK 外壳

12.4.2.2　准备工作

（1）材料准备：全部材料交给材料公司保管。

（2）勋章准备：全部勋章交给市政厅保管。

（3）现金准备：全部现金交给市政厅保管。

（4）座签准备：全部座签给市政厅保管。

（5）星牌准备：全部星牌（绿星、红星、白星）交给市政厅保管。

12.4.2.3　初始准备工作

（1）座签初始与招聘：

根据前面的企业角色分配，每家企业选出一名总经理，该名总经理到市政厅处领取座签和初始现金。然后各家总经理按角色分配人数例表上的各企业人数（含该总经理自己）开始招聘员工，直到招聘完成为止。

招聘完成后按适量领取装具，然后回到自己的企业所在位置。将座签放在显眼的位置。

（2）初始现金：

每家材料公司分配 1000 元、每家电机厂分配 3000 元、每家物流公司分配 1000 元（市政厅发勋章 10 枚）、每家消费者分配 5000 元。

初始现金将约束每家企业的采购能力，通常情况下不做调整。

12.4.3　实训流程及相关规则

12.4.3.1　日常运作基本流程

日常运作流程从下订单开始，经过材料采购、生产产品、发货收款、拆分回收等过程，形成一个完整、全面的闭环操作，完整流程图如图 12.11 所示。

（1）下订单。

从消费者开始，向电器厂下订单。

（2）购置材料。

①电器厂接到订单后，向材料公司购置材料（全新材料），由运输公司按标准承运，由电器厂支付新材料运费。

②运输公司和材料公司产生销售收入后，支付给市政厅 10% 的税金和 20% 的工资。运输公司每次运输需要另付养路费 50 元（市政厅可视情况进行浮动）。

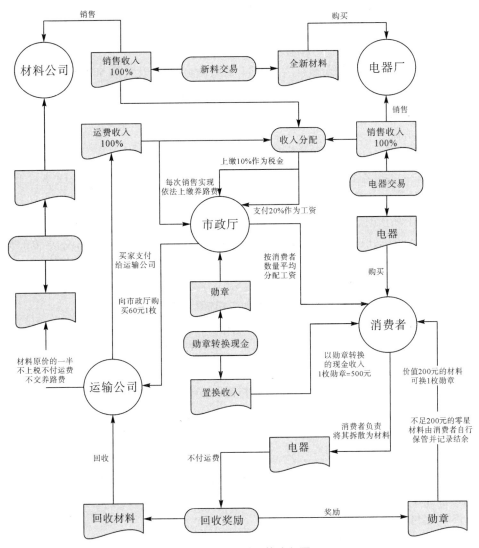

图 12.11 实训完整流程图

生产产品。

电器厂购买新材料后，开始组织生产。

发货收款。

电器厂委托运输公司运输电器产品给消费者，消费者支付产品运费给运输公司，并向电器厂支付购置费。

拆分回收。

消费者负责将产品拆分成材料（回收材料），委托运输公司回收材料，运输公司按全新材料的价值，每 200 元的价值奖励 1 枚勋章给消费者。此过程不存在销售收入，消费者不需要支付运费，运输公司不需要支付税金、工资和养路费。

（6）回料销售。

运输公司将回收的材料以全新材料的半价销售并运输给材料公司，产生的回料销售收入不需要上税和支付工资。材料公司收到回料后，可以作为全新材料再销售给电器厂。

（7）兑换现金。

消费者凭拥有的勋章向市政厅兑换现金，每枚勋章可以兑换 500 元（初次确定为 500 元，市政厅可视情况进行浮动）；物流公司勋章不够时可向市政厅购买，50 元 1 枚（可由市政厅浮动）。

（8）星级升降

每季（45 分钟）由市政厅对同行上缴税金加工资进行排名：

升级规则——排名第一的升级，依次为白星、红星（收回白星）、绿星（收回红星）；降级规则——不再为第一的降级，依次为红星（收回绿星）、白星（收回红星）、收回白星。每季结束时，白星企业享受该季本企业上缴总税款 5% 的奖金；红星企业享受该季本企业上缴总税款 10% 奖金；绿星企业享受该季本企业上缴总税款 20% 奖金。（该规则为可选规则，消费者排名第一则发 1 枚勋章奖励）

（9）置业公司（消费者）收入过高时。

市政厅可以适当收取所得税，税收规则由市政厅制定。

（10）市政厅资金过低时。

市政厅可以向中央银行（老师扮演）申请新增发行货币。

（11）如果实训持续一天，即上午结束后，下午依然有课。

委托材料公司记录每家企业的材料数并回收、委托市政厅记录每家企业的现金并回收，下午上课时再按此记录重新发放。

（12）工资交给市政厅的理由。

本来工资应交给各企业员工，不过由于本实训过程中无法模拟现实世界中的消费品消费。因此，所有企业的工资交给市政厅，由市政厅根据当时情况直接发给置业公司（消费者），以便于拉动经济。

（13）支付定金。

任何一家消费者下订单的同时，必须按总金额支付 20%～25% 的定金，电器厂交货时支付余款。如果电器厂交货时消费者不付余款的，则电器厂可没收定金，并向市政厅举报。市政厅核实后，酌情处罚。

注意

1. 上交税金和工资，是按每次总销售收入计算的，计算税金、工资时不能扣除各项成本（诸如不能扣除工资、材料、养路费、运费等）。

2. 一些企业存在资金账，账目中如果存在收入，那么同一行不能写支出，写支出应在下面另起一行写；账目中如果存在支出，那么同一行不能写收入，写收入只应在下面另起一行写。

3. 会计账目中，"摘要"一栏应该写中文的工作任务和工作内容，不要记录数据。比如"实现产品销售收入"、"交纳养路费"等。

4. 所有的运费应该由买家承担，如电机运费应该由消费者承担、新材料采购费应该由电器厂承担。

12.4.3.2　销售价格

材料与成品的销售一般情况下参照图 12.12 和图 12.13 的数据进行，不过在市场竞争的环境中，各企业可以适当地进行浮动。由于自由经济的不可控性，一段时间之后，既定的价格变化与基准情况差别非常大，可能会导致一些企业倒闭。如果是同行竞争原因导致的，则可以接受；如果是行业性的、毁灭性的倒闭，则说明需要市政厅以政府的方式进行适当的市场干预（公开、公平、公正的原则进行），保证既定的行业存在。如果某个行业消失，则整个经济生态圈将面临崩溃，整个实训过程将无法进行下去。

 WK 外壳： 材料费 70 元 物流费 20 元（每件） WK 外壳售价：不高于 70 元 WK 外壳售价：不低于 58 元	 LK 内壳： 材料费 40 元， 物流费 10 元（每件） LK 内壳售价：不高于 40 元 LK 内壳售价：不低于 33 元	JX 机芯（彩色玻璃弹珠）： 材料费 40 元 物流费 10 元（每件） JX 机芯售价：不高于 40 元 JX 机芯售价：不低于 33 元

备注：

（1）物流费为每件的物流费，如 10 元是指 1 件 10 元，2 件 20 元……5 件 50 元；不过，如果批量足够大，可以与运输公司商量大批量打折。物流运输费由买家支付。

（2）电器厂按订单计算出所需材料数量，并向材料公司购买。电器厂从材料公司采购的均视为全新材料，材料费用如上图；运输公司从置业公司（消费者）处回收的材料为回收材料，回收材料的费用按规则打折并且不收运输费。

图 12.12　全新材料费用一览图

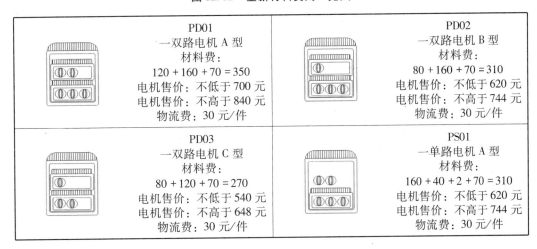

图 12.13 （图中内容）

PD01
一双路电机 A 型
材料费：
120 + 160 + 70 = 350
电机售价：不低于 700 元
电机售价：不高于 840 元
物流费：30 元/件

PD02
一双路电机 B 型
材料费：
80 + 160 + 70 = 310
电机售价：不低于 620 元
电机售价：不高于 744 元
物流费：30 元/件

PD03
一双路电机 C 型
材料费：
80 + 120 + 70 = 270
电机售价：不低于 540 元
电机售价：不高于 648 元
物流费：30 元/件

PS01
一单路电机 A 型
材料费：
160 + 40 + 2 + 70 = 310
电机售价：不低于 620 元
电机售价：不高于 744 元
物流费：30 元/件

表（续）

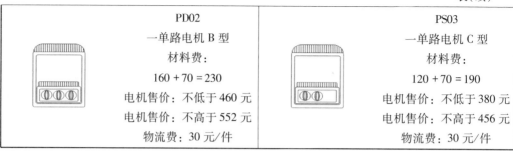

备注：

（1）消费者按此图向电器厂下订单，电器厂交货后负责验收、并付款给电器厂；电器厂接到订单生产。

（2）物流运输费由买家支付，电器产品参考卖价为材料费的两倍（价格可根据行情适当调整）

图 12.13　电机产成品制造费用一览图

12.4.3.3　禁忌规则（如果违反以下规则，由市政厅进行罚款）

（1）禁止垄断行为。

如哄抬物价、恶意采购大量材料造成竞争对手无法采购材料组织生产等，每次罚款 200 元。

（2）不按规定交税、支付工资、支付养路费。

按原费用双倍罚款。

（3）不通过运输公司，自行运输材料和产品。

每次罚款 200 元。

（4）每季（45 分钟）内不从事日常运作活动。

每次罚款 1000 元。

（5）消费者未将材料拆散就换取勋章。

每次处罚违规的运输公司和消费者各 200 元。

（6）消费者拆分电器后的材料私下卖给电器厂。

每次罚款 500 元。

（7）消费者接收电器厂不合格产品

每次处罚违规的消费者和电器厂各 300 元。

（8）法定休息日有从事生产、物流的行为。

每季（45 分钟）结束后，由教师约定 10～20 分钟休息时间作为法定休息日，可用来算账，但不得从事任何生产、物流工作，否则每次罚款 200 元。

（9）禁止购买材料和电器产品的约束条件。

消费者禁止购买材料、材料公司禁止购买电器产品。

（10）未通过市政厅私下以现金交易勋章的企业。

发现后，双方每次各罚款 500 元。

12.4.4 实训相关表格

12.4.4.1 材料公司资金账（如表 12.2 所示）

表 12.2 　　　　　　　　　　　　材料公司资金账

季度	序号	摘要	收入	支出					结余
		初始现金	1000	回收材料	税金	工资	其他	支出小计	1000
1	1								
	2								
	3								
	4								
	5								
	6								
	7								

表 12.2 可以使用 Excel 制作，可以设定支出小计、结余部分为自动按公式计算。摘要需填写具体的收入或支出理由，季度则填写该笔收支属于第几季（每 45 分钟为一季）。

12.4.4.2 材料公司全新材料销货报表（如表 12.3 所示）

表 12.3 　　　　　　　　　　　材料公司全新材料销货报表

季度	序号	摘要	销售数量			销售单价			销售金额			合计
			WK 外壳	LK 内壳	JX 机芯	WK 外壳	LK 内壳	JX 机芯	WK 外壳	LK 内壳	JX 机芯	
1	1											
	2											
	3											
	4											
	5											
	6											

表 12.3 可以使用 Excel 制作，可以设定销售金额部分为自动按公式计算。摘要需填写具体的对方单位，季度则填写该笔收支属于第几季（每 45 分钟为一季）。

12.4.4.3　电器厂资金账（如表 12.4 所示）

表 12.4　　　　　　　　　　　　　　电器厂资金账

季度	序号	摘要	收入				费用支出						结余
		初始现金	销售收入	其他收入	收入小计		购买材料费	材料运费	税金	工资	其他支出	支出小计	3000
1	1												
	2												
	3												
	4												
	5												

表 12.4 可以使用 Excel 制作，可以设定收入小计、支出小计、结余部分为自动按公式计算。摘要需填写具体的收入或支出理由，季度则填写该笔收支属于第几季（每 45 分钟为一季）。

12.4.4.4　电器厂材料账（如表 12.5 ～ 表 12.6 所示）

表 12.5　　　　　　　　　　　　电器厂材料账 A（局部）

季度	序号	摘要	WK 外壳								LK 内壳							
			采购			领用			结余		采购			领用			结余	
			数量	单价	采购金额	数量	单价	领用金额	数量	库存价值	数量	单价	采购金额	数量	单价	领用金额	数量	库存价值
1	1																	
	2																	

表 12.5 可以使用 Excel 制作，可以设定采购金额、领用金额、结余数量、库存价值部分为自动按公式计算。摘要需填写对方单位，季度则填写该笔收支属于第几季（每 45 分钟为一季）。

表 12.6　　　　　　　　　　　　电器厂材料账 B（局部）

JX 机芯								当期库存价值合计
采购			领用			结余		
数量	单价	采购金额	数量	单价	领用金额	数量	库存价值	

表 12.6 为表 12.5 的未完部分，可以使用 Excel 制作，可以设定采购金额、领用金额、结余数量、库存价值部分为自动按公式计算。

12.4.4.5　电器厂成品账（如表 12.7～表 12.9 所示）

表 12.7　　　　　　　　　　　　电器厂成品账 A（局部）

季度	序号	摘　要	PD01 双路电机 A 型					PD02 双路电机 B 型				
			生产数量	销售数量		结余		生产数量	销售数量		结余	
				数量	单价	销售金额	数量	销售累计		数量	单价	销售金额	数量	销售累计
1	1													
	2													
	3													
	4													
	5													
	6													

表 12.7 可以使用 Excel 制作，可以设定销售金额、结余数量、销售累计部分为自动按公式计算。摘要需填写对方单位，季度则填写该笔收支属于第几季（每 45 分钟为一季）。

表 12.8　　　　　　　　　　　电器厂成品账 B（局部）

PD03 双路电机 C 型					PS01 单路电机 A 型					PS02 单路电机 B 型				
生产数量	销售数量		结余		生产数量	销售数量		结余		生产数量	销售数量		结余	
	数量	单价	销售金额	数量	销售累计	数量	单价	销售金额	数量	销售累计	数量	单价	销售金额	数量	销售累计

表 12.8 为表 12.7 的未完部分，可以使用 Excel 制作，可以设定销售金额、结余数量、销售累计部分为自动按公式计算。

表 12.9   电器厂成品账 C（局部）

PS03 单路电机 C 型						当前销售累计合计
生产数量	销售数量			结余		
	数量	单价	销售金额	数量	销售累计	

表 12.9 为表 12.8 的未完部分，可以使用 Excel 制作，可以设定销售金额、结余数量、销售累计部分为自动按公式计算。

12.4.4.6　置业公司（消费者）资金账（如表 12.10 所示）

表 12.10   置业公司（消费者）资金账

季度	序号	摘要	收入					支出				结余
			市政厅发放分配工资	勋章兑现		其他收入	收入小计	购买电机	电机运费	其他支出	支出小计	5000
		初始现金		数量	金额	5000						
1	1											
	2											
	3											

表 12.10 可以使用 Excel 制作，可以设定勋章兑现的收入金额、收入小计、支出小计、结余部分为自动按公式计算。摘要需填写对方单位和具体的产品，季度则填写该笔收支属于第几季（每 45 分钟为一季）。

12.4.4.7　置业公司（消费者）消费记录（如表 12.11～表 12.12 所示）

表 12.11   置业公司（消费者）消费记录 A（局部）

摘要	销售企业	购买数量					
		PD01 双路电机 A 型	PD02 双路电机 B 型	PD03 双路电机 C 型	PS01 单路电机 A 型	PS02 单路电机 B 型	PS03 单路电机 C 型

表 12.11 可以使用 Excel 制作。摘要需填写备注，季度则填写该笔收支属于第几季（每 45 分钟为一季）。

表 12.12　　　　　　　　置业公司（消费者）消费记录 B（局部）

购买单价						购买金额					
PD01 双路 电机 A 型	PD02 双路 电机 B 型	PD03 双路 电机 C 型	PS01 单路 电机 A 型	PS02 单路 电机 B 型	PS03 单路 电机 C 型	PD01 双路 电机 A 型	PD02 双路 电机 B 型	PD03 双路 电机 C 型	PS01 单路 电机 A 型	PS02 单路 电机 B 型	PS03 单路 电机 C 型

表 12.12 为表 12.11 的未完成部分，可以使用 Excel 制作，可以设定购买金额部分为自动按公式计算。

12.4.4.8　运输公司资金账（如表 12.13 所示）

表 12.13　　　　　　　　　　运输公司资金账

季度	序号	摘要	收入金额	支出金额						结余
		初始 现金	1000	税金	工资	养路费	购买勋章	其他支出	支出小计	
1	1									
	2									
	3									

表 12.13 可以使用 Excel 制作，可以设定勋章兑现的支出小计、结余部分为自动按公式计算。摘要需填写对方单位和具体的产品，季度则填写该笔收支属于第几季（每 45 分钟为一季）。

12.4.4.9　运输公司数量账（如表 12.14 所示）

表 12.14　　　　　　　　　　运输公司数量账

季度	序号	摘要	对方单位	收入数量	支出数量	结余数量	购入单价	折算金额
1	1	收到市政厅发放初始勋章	市政厅	10		10		0
	2					10		0
	3					10		0

表 12.14 可以使用 Excel 制作，可以设定结余数量、折算金额为自动按公式计算。摘要需填写对方单位和具体的产品，季度则填写该笔收支属于第几季（每 45 分钟为一季）。

12.4.4.10　市政厅现金日报表（如表 12.15 所示）

表 12.15　　　　　　　　　　市政厅现金日报表

季度	序号	摘要	对方单位	收入现金						支出现金						
				收到税金	收到工资	收到养路费	收到罚款	其他收入	收入小计	分配工资	勋章兑换现金		星级企业类型	星级企业奖金	其他支出	支出小计
											兑换数量	兑换金额				
1	1								0			0				0
	2								0			0				0
	3								0			0				0
	4								0			0				0
	5								0			0				0

表 12.15 可以使用 Excel 制作，可以设定兑换金额、支出小计为自动按公式计算。摘要需填写对方单位和具体的收支理由，季度则填写该笔收支属于第几季（每 45 分钟为一季）。

12.4.4.11　材料公司排名（市政厅填写）（如表 12.16 所示）

表 12.16　　　　　　　　　　材料公司排名（市政厅填写）

季度	序号	太丰材料公司				远洋材料公司				万成材料公司				银谷材料公司				总计
		收到税金	收到工资	累计	所占份额	收到税金	收到工资	累计	所占份额	收到税金	收到工资	累计	所占份额	收到税金	收到工资	累计	所占份额	
1	1																	
	2																	
	3																	

表 12.16 可以使用 Excel 制作，可以设定累计、所占份额、总计为自动按公式计算。累计是指从第序号 1 开始到当前这一行为止，该公司收到税金和收到工资的合计。

12.4.4.12　运输公司排名（市政厅填写）（如表 12.17 所示）

表 12.17　　　　　　　运输公司排名（市政厅填写）

季度	序号	飞鹰运输公司				流星运输公司				彩虹运输公司				华天运输公司				总计
		收到税金	收到工资	累计	所占份额	收到税金	收到工资	累计	所占份额	收到税金	收到工资	累计	所占份额	收到税金	收到工资	累计	所占份额	
1	1																	
	2																	
	3																	

　　表 12.17 可以使用 Excel 制作，可以设定累计、所占份额、总计为自动按公式计算。累计是指从第序号 1 开始到当前这一行为止，该公司收到税金和收到工资的合计。

12.4.4.13　电器厂排名（市政厅填写）（如表 12.18 所示）

表 12.18　　　　　　　电器厂排名（市政厅填写）

季度	序号	天工电器厂				西亚电器厂				正泰电器厂				高峰电器厂				总计
		收到税金	收到工资	累计	所占份额	收到税金	收到工资	累计	所占份额	收到税金	收到工资	累计	所占份额	收到税金	收到工资	累计	所占份额	
1	1																	
	2																	
	3																	

　　表 12.18 可以使用 Excel 制作，可以设定累计、所占份额、总计为自动按公式计算。累计是指从第序号 1 开始到当前这一行为止，该公司收到税金和收到工资的合计。

12.4.4.14　置业公司排名（市政厅填写）（如表 12.19 所示）

表 12.19　　　　　　　置业公司排名（市政厅填写）

季度	序号	天湖置业公司				鼎升置业公司				云海置业公司				旺达置业公司				总计
		兑换勋章金额	领取工资	累计	所占份额	兑换勋章金额	领取工资	累计	所占份额	兑换勋章金额	领取工资	累计	所占份额	兑换勋章金额	领取工资	累计	所占份额	
1	1																	
	2																	
	3																	

表 12.19 可以使用 Excel 制作，可以设定累计、所占份额、总计为自动按公式计算。累计是指从第序号 1 开始到当前这一行为止，该公司收到税金和收到工资的合计。

12.4.5 实训数据分析

实训完毕，各组（公司）提交数据，并将数据与市政厅数据进行核对以保证数据的正确性。

然后，根据市政厅中同类企业的税金等贡献额排名，评出优先级（见表 12.20）。

表 12.20　电子厂排名与份额示例：从中可见"天工电器厂"份额最大

天工电器厂				西亚电器厂				神马电器厂				黎明电器厂				总计
收到税金	收到工资	累计	所占份额	收到税金	收到工资	累计	所占份额	收到税金	收到工资	累计	所占份额	收到税金	收到工资	累计	所占份额	
240	480	720	29.59%	190	380	570	23.43%	303	606	909	37.36%	78	156	234	9.62%	2433
432	864	2016	36.36%	150	300	1020	18.40%	230	460	1599	28.84%	225	450	909	16.40%	5544
450	900	3366	35.47%	145	290	1455	15.33%	480	960	3039	32.03%	240	480	1629	17.17%	9489
195	390	3951	34.37%	234	468	2157	18.76%	240	480	3759	32.70%			1629	14.17%	11496
450	900	5301	37.40%	250	500	2907	20.51%	192	384	4335	30.59%			1629	11.49%	14172
240	480	6021	38.57%	240	480	3627	23.23%			4335	27.77%			1629	10.43%	15612
		6021	36.80%	250	500	4377	26.75%			4335	26.49%			1629	9.96%	16362

优先级的评比，可在季末进行，亦可在实训全部结束时进行。如果在季末进行，则优秀级评比数据可用于星级升降；或者给予优秀企业奖励、退税等活动。另外，优秀级评比的结果，也可以用于教师最终评定实训成绩。

12.5　实训思考与练习

（1）本次实训中哪些规则不容易记住，不容易搞清楚？

（2）谈谈本次实训的体会（如成功与不足之处）。

（3）本实训中你做了什么样的创新以使实训效果更好？

（4）如何在本实训中设计升级系统以鼓励企业进步？如何保证升级系统的公平性、让人人都愿意积极升级、不占用正常流动资金并有效防止舞弊行为？

（5）本实训未来还可以做哪些具体的改进（概要设计）？

（6）改进本实训设计（详细设计）。请为本实训设计一些其他的创新规则，以改进本实训，使本实训的趣味性和体验类型更丰富（除了文字以外，必要时请以图形、表格来完善）。

参考文献

［1］张旭梅等．物流信息管理［M］．重庆：重庆大学出版社，2008.

［2］卢奇，张光，张静等．第三方物流仿真与实践［M］．北京：经济科学出版社，2007.

［3］苟娟琼，常丹．ERP原理与实践［M］．北京：清华大学出版社，北京交通大学出版社，2005

［4］程控，革扬．MRPⅡ/ERP原理与应用［M］．北京：清华大学出版社，2002.

［5］邓超．企业资源规划系统（ERP）规范应用指南［M］．北京：电子工业出版社，2003.

［6］王成钢，陈登斌．BtoC电子商务配送系统建设［M］．长沙：湖南师范大学出版社，2008.

［7］张铎，林自葵．电子商务与现代物流［M］．北京：北京大学出版社，2002.

［8］罗鸿，王忠民．ERP原理·设计·实施［M］．北京：电子工业出版社，2003.

［9］陈庄，杨立星，刘永梅，毛华扬．ERP原理与应用教程［M］．北京：电子工业出版社，2003.

［10］苏选良，祝枫，时遇辉．企业资源计划高级教程：应用导向的理论与实践［M］，北京：电子工业出版社，2007.

［11］白世贞，刘莉．现代仓储管理［M］．北京：科学出版社，2010.

［12］李向文．第三方物流及信息化管理模拟实验教程［M］．北京：中国人民大学出版社，2010.

［13］邬跃，李彦萍，梁晨等．物流实验教程［M］．北京：高等教育出版社，2009.

［14］梁金萍，于晓胜．物流管理实务［M］．北京：清华大学出版社，2010.

［15］陈子侠，彭建良．物流技术与物流装备［M］．北京：中国人民大学出版社，2010.

［16］缪兴锋，李超峰．现代物流装备与技术［M］．北京：中国人民大学出版社，2010.

［17］张晓萍，严永年，吴耀华，荆明．现代生产物流及仿真［M］．北京：清华大学出版社，1998.

［18］周全申．现代物流技术与装备实务［M］．北京：中国物资出版社，2002.

［19］王海兰，史纪，杨轶．物流设施与设备管理［M］．北京：中国人民大学出版社，2011.

［20］李文斐，张娟，朱文利．现代物流装备与技术实务［M］．北京：人民邮电

出版社，2006.

　［21］裴少锋，曹利强，梁彤伟. 物流技术与装备学［M］. 广州：中山大学出版社，2006.

　［22］刘明菲，王槐林. 物流管理［M］. 北京：科学出版社，2008.

　［23］吴灼亮. 物流管理实验教程［M］. 天津：天津大学出版社，2009.

　［24］苟娟琼，郭春芳. 电子商务导论［M］. 电子工业出版社，2009.47－52.

　［25］石钟韶，周建华. 抢位互联网——URP 如何水平商业世界［M］. 北京：人民邮电出版社，2007.

　［26］郭启华，金红艳. 基于建构主义学习理论的教育学教学改革［J］. 长春大学学报，2004，14（5）：107－110.

　［27］何克抗. 建构主义的教学模式、教学方法与教学设计［J］. 北京师范大学学报（社会科学版），1997（5）：75－81.

　［28］王江涛. 融合传统 ERP 的协同电子商务模式研究［J］. 商场现代化，2007（497）.

　［29］百度百科. 网络交易［OL/EB］. http：//baike. baidu. com/view/1439135. htm

　［30］百度百科. 网络销售［OL/EB］. http：//baike. baidu. com/view/591724. htm

　［31］百度百科. 网络购物［OL/EB］. http：//baike. baidu. com/view/84241. htm

　［32］阿里巴巴电子商务初级教程国内贸易方向［M］. 北京：清华大学出版社，2004.

　［33］C2C 电子商务创业教程［M］. 北京：清华大学出版社，2005

　［34］阿里巴巴电子商务初级教程国际贸易方向［M］. 北京：清华大学出版社

　［35］百度百科. 运输方式［OL/EB］. http：//baike. baidu. com/view/1034830. htm

　［36］百业网. 公路零担货物运输业务流程［OL/EB］. http：//taiz. 100ye. com/msg/16581460. html

　［37］保运通. 物流货物运输及物流运输方式［OL/EB］. http：//www. baoyuntong. com/Activities/10－2. html

　［38］百度百科. 管道运输［OL/EB］. http：//baike. baidu. com/view/673842. htm

　［39］http：//wenwen. soso. com/z/q131305302. htm

　［40］徐承东. 使用 RFID 标签的优点及规避风险的方法［OL/EB］. 科技时代. http：//tech. sina. com. cn/smb/2008－12－22/1122926727. shtml

　［41］绿色软件联盟. 好运进销存管理系统 v3.0［OL/EB］. http：//www. xdowns. com/soft/softdown. asp？softid＝40036

　［42］美萍管理软件. 美萍商业进销存管理系统使用手册［OL/EB］. http：//www. mpsoft. net/mpjxc. htm

　［43］免费进销存［OL/EB］.. http：//baike. baidu. com/view/2976795. htm

［44］进销存系统［OL/EB］..http：//baike. baidu. com/view/3128317. htm

［45］企博网. 进销存系统［OL/EB］.http：//www. bokee. net/classificationmodule/biz/post_ view. do？id＝2683063

［46］北京安易软件有限责任公司. 安易 2000 系列软件［OL/EB］.http：//www. fec. com. cn/anyi/erp2. php3

［47］百度百科. 进销存管理系统［OL/EB］.http：//baike. baidu. com/view/568463. htm

［48］凤凰网. 什么是 RFID 技术［OL/EB］. http：//finance. ifeng. com/stock/special/wlbk/gmxx/20090917/1250660. shtml

［49］条码知识［OL/EB］. 少伯. http：//shaobolabel. com. cn/fuwuzhichi. htm

［50］智库. 百科. http：//wiki. mbalib. com.

［51］百度百科. 组织结构［OL/EB］. http：//baike. baidu. com/view/543252. htm

［52］百度百科. 公司起名［OL/EB］. http：//baike. baidu. com/view/155409. htm

［53］法律快车. 公司经营范围详解［OL/EB］. http：//www. lawtime. cn/info/gongsi/jyfw/20110217104650. html

［54］法律快车. 确定公司经营范围［OL/EB］. http：//www. lawtime. cn/info/gongsi/jyfw/2008102632276. html

［55］百度知道. http：//zhidao. baidu. com

［56］加盟圈. 企业选址基本原则［OL/EB］. http：//www. jmq. cc/xuetang/tiyao/3058. html

［57］百度文库. 关于西电集团选址的调查报告［OL/EB］. http：//wenku. baidu. com/view/03d692d026fff705cc170af0. html

［58］设施选址：影响企业效益的一个决定性因素［OL/EB］. http：//blog. sina. com. cn/s/blog_ 5d9711c40100bgtt. html

［59］修雪芳. 制造企业物流信息管理系统分析与研究［D］. 武汉：武汉理工大学硕士论文，2004.

［60］百度百科. 第三方物流信息系统［OL/EB］. http：//baike. baidu. com/view/3774925. htm

［61］百度百科. 第三方物流信息系统［OL/EB］. http：//baike. baidu. com/view/3774925. htm

［62］互动百科. 生产企业物流［OL/DB］. http：//www. hudong. com/wiki/生产企业物流

［63］百度百科. 第三方物流［EB/OL］. http：//baike. baidu. com/view/3128. htm

［64］百度百科. 主生产计划［OL/DB］. http：//baike. baidu. com/view/238699. htm

［65］百度百科. 物料需求计划［OL/DB］. http：//baike. baidu. com/view/925868. htm#4

［66］百度百科. 关键词：市场分析、市场定位 http：//baike. baidu. com/

实训软件提供商简介

招商局物流集团易通交通信息发展有限公司简介

招商局物流集团易通交通信息发展有限公司（E－TRANS INFORMATION DEVELOPMENT CO. LTD）是一家致力于中国交通产业信息化和中国物流信息化的大型高新技术企业。公司成立于2000年7月，总注册资金5000万人民币，是招商局物流集团全资子公司，主营物流实体运营、物流及交通信息化产品研发、物流咨询及教育产品研发三大业务。公司自建司以始，以求用现代物流理念和信息技术改造、提升中国交通产业和物流产业，从而成为国内最受尊重的智能管理型企业、一流物流管理服务提供商以及物流信息化和智能交通新技术的领导企业。

图书在版编目(CIP)数据

供应链模式下物流与电子商务综合实训教程/梁云主编. —成都:西南
财经大学出版社,2012.3(2018.1重印)

ISBN 978 - 7 - 5504 - 0527 - 1

Ⅰ.①供… Ⅱ.①梁… Ⅲ.①电子商务—物流—供应链管理—教材
Ⅳ.①F713.36②F252

中国版本图书馆 CIP 数据核字(2011)第 277042 号

供应链模式下物流与电子商务综合实训教程

主编:梁云

副主编:陈久梅 刘四青 王荣

责任编辑:刘佳庆

助理编辑:志远

封面设计:杨红鹰

责任印制:朱曼丽

出版发行	西南财经大学出版社(四川省成都市光华村街55号)
网　　址	http://www.bookcj.com
电子邮件	bookcj@foxmail.com
邮政编码	610074
电　　话	028 - 87353785　87352368
印　　刷	郫县犀浦印刷厂
成品尺寸	185mm × 260mm
印　　张	19.75
字　　数	450 千字
版　　次	2012 年 3 月第 1 版
印　　次	2018 年 1 月第 3 次印刷
印　　数	3001—4000 册
书　　号	ISBN 978 - 7 - 5504 - 0527 - 1
定　　价	35.00 元